方杲 —— 著

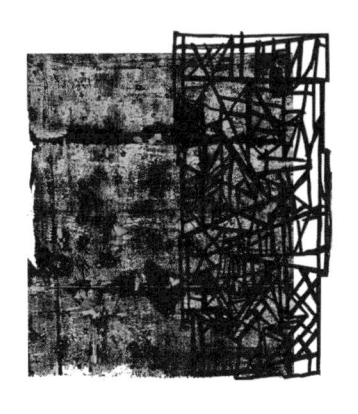

非理性

人类认识之翼

社会科学文献出版社
SOCIAL SCIENCES ACADEMIC PRESS (CHINA)

序言：无限丰富的人类精神

方杲博士的专著《非理性：人类认识之翼》经过多年的打磨而面世了，这是一部研究和讨论人类非理性的力作。

本书不是研究西方的非理性主义哲学，而是研究人类精神所具有的非理性。作者的高明之处在于，传统哲学否认或贬低非理性，非理性主义哲学把非理性的作用夸大，而本书则遵循恩格斯所提出的"全面地看问题"的辩证法，力争给予人类的非理性以恰当的认识和评价。

在19世纪以前，非理性在人类的词汇中是个贬义词，理性是褒义词，异于理性的人类精神要素是"非"的，是错的，是不合理的。典型的表现是宗教神学，基督教的教义和观念中包含大量的神秘、情感、想象和编造的成分，其基本属性是非理性的。但是，神学家们定要给它穿上理性的外衣，以获得其真理性。"基督二性""实体转化"等教义是不可能通过理性论证的，于是，你只有相信了，才能理解，就成为正统的态度；你若坚持理解在先，就是一种异端的行为。神学家们强行给宗教穿上理性真理的外衣，说明人类的基本观念是：只有理性才是真理，非理性等于荒谬。

西方文化擅长做分析，这使柏拉图成为最早提出并论证人类精神的非理性因素的哲学家。在《理想国》中，柏拉图认为，正如在理想国家中有三种人一样，人的精神也有三种。国家的统治者，其美德是智慧，同样，人也必须有理性；国家的保卫者，其美德是勇敢，同样，人也有激情（情绪）；国家的供养者，其美德是节制，同样，人也有欲望。理性使人智慧，激情使人勇敢，欲望需要节制，一个人做到这三方面，正如国家一样，就实现了正义。柏拉图明确地使用了非理性这个概念，这是心理学史上的重要成果。

19世纪中叶，传统哲学在其原有的思维方式内已经达到发展的顶点，黑格尔的理论体系综合了哲学史上的一切成果，成为不可逾越的高山。哲学的发展必须改变方向。同时，人类科学特别是进化论、人类学、考古学、社会学的发展，使传统哲学那种解释世界的功能失去意义，科学不依赖那些已经能给人类提供关于世界的总图景和答案的传统哲学。哲学必须面对变革，实行革命。一方面，哲学要改变原来的解释世界的宏大叙事，从事改造世界的实在的研究；另一方面，哲学家们发现了人类精神的新的宝库，打开了非理性世界的大门。也可以说，人类精神已经成熟到可以坦率地承认非理性的存在及其合理性，展现出自己的无限丰富性。

非理性主义哲学出现的同时，人类的文学、艺术也开辟了与传统相异的新领域，产生了新的派别和作品。

弗洛伊德提供了人类非理性的心理学基础，存在主义哲学广泛传播，使非理性成为人们所熟知的精神现象。非理性的发展和研究推动了人类社会的进步，使人类从单纯的理性、知识的狭窄领域，进入精神、文化的广阔境界。如果只从知识的视角观察，人们只能看到原始人群的愚昧、落后；如果从文化的视角观察，人们就能发现原始人群丰富的精神世界，人类将更加平等，所有民族的文化都获得合理性与尊重。

在人们的日常生活中，在世界事务中，无论是在柴米油盐的小事，还是影响久远的大事中，非理性都发挥着难以评估的作用。我们无法确定人们在做决定时，理性和非理性起作用的比例。各国都要求烟草生产商在烟盒上写明"吸烟有害健康"，所有的烟草生产商都坦然照办而不担心。生产商们知道，这种理性的告诫改变不了吸烟者非理性的选择。

有的人信仰上帝，有的人信仰安拉，有的人信仰天理良心。谁的信仰好？谁的信仰是真理？不能这样提问，这不是个理性问题。今天，人类生产的发展，已经可以保证让全球70多亿人都过上衣食无忧的生活，但是，每年却有成百万的人死于饥饿和贫穷，人类为什么不能像嘴里说的那样实现平等和人道主义呢？

美国前总统特朗普说同中国的贸易较量一定赢，加税和制裁双管齐下，结果一场较量下来，中国出口美国的商品数量大增，美国对中国的贸易逆差扩大。在这种形势下，特朗普还说他赢了，而美国许多人却相信他。这是美国的群体无理性。

即使在科学领域，非理性也在发挥作用，本书提供了意志、直觉、想象等在科学研究中发挥作用的实例。

本书名为《非理性：人类认识之翼》，主要论述和讨论非理性在认识中的作用，在"非理性"这一主题上，本书具有开拓性的意义。

陶渊明说："此中有真意，欲辨已忘言。"这种不可言说的体验和意境，实是一种非理性的精神现象。从老子玄之又玄的本体，到追求神似的艺术品，中国文化中非理性的境界在人类文化史上是极其卓越的。期待更多的非理性研究成果出现，以揭示我们无限丰富的人类精神。

高文新
2021年3月1日于吉林大学东朝阳路宿舍

目 录

绪 论 …………………………………………………………… 001
　一　非理性问题研究的提出 ………………………………… 004
　二　非理性研究中的悖论问题 ……………………………… 009

第一章　西方文化传统中理性思想的发展历程 ……………… 014
　一　古希腊时期：探索自然的奥秘中伴随理性的萌芽 …… 015
　二　中世纪：哲学是神学的婢女 …………………………… 017
　三　近代：作为评判一切标准的理性 ……………………… 020
　四　现代：反理性主义的理性思想 ………………………… 034

第二章　西方文化中的非理性问题 …………………………… 043
　一　前哲学时期的非理性表现：原始思维中理性与非理性的认知
　　　和思维的混沌统一 ………………………………………… 043
　二　基督教神学中的非理性 ………………………………… 054

第三章　西方文化史中对非理性的认识 ……………………… 066
　一　哲学时代的非理性 ……………………………………… 066
　二　神学时代的非理性 ……………………………………… 088
　三　启蒙主义时代的非理性 ………………………………… 104
　四　现代的非理性 …………………………………………… 129

第四章　非理性的本质、特征和产生机制 …………………… 170
　一　非理性的本质 …………………………………………… 170
　二　非理性的特征 …………………………………………… 180
　三　非理性认识产生的机制 ………………………………… 188

第五章　非理性因素在人类认识中的作用 …… 203
一　非理性在人类认识活动中的动力作用 …… 204
二　非理性在认识中的选择定向作用 …… 215
三　非理性在人类认识中的调控作用 …… 224
四　非理性在认识过程中的消极作用 …… 230

结语　非理性与人类认识图景 …… 236

参考文献 …… 242

后　记 …… 247

绪 论

人是一种复杂的动物，是理性与非理性的统一体。从一般情况来理解，人不同于其他动物的地方在于人是理性的。这里的理性不应理解为狭义的理性，而应理解为包含非理性因素在内的广义理性，换言之，一个完整的人是理性和非理性的统一体，缺少任何一方面的"人"都不是健全的"人"。在人类的历史发展中，理性和非理性相互依存、相互影响、相互作用，共同推动着人类历史不断向前发展，从这个意义上来说，人类历史既是一部理性发展史，也是一部非理性发展史。

在西方哲学的发展史中，虽然理性长期占主导地位，但非理性也没有完全消失，始终是一股"潜流"，与理性相伴而行。从宏观的层面来看，对哲学的时代划分可以借用美国出版的一套"导师哲学家丛书"的划分标准：古希腊罗马是理性萌芽的时代（丛书中没有这个时代），中世纪是信仰的时代，文艺复兴是冒险的时代，17世纪是理性的时代，18世纪是启蒙的时代，19世纪是思想体系的时代，20世纪是分析的时代（也是非理性主义时代）。理性主义和非理性主义之所以都能称为"主义"，它们的共同点是都没有正确处理理性与非理性的辩证关系，而把自己"偏爱"的一方强调过头了。唯物辩证法告诉我们，物极必反，当把某一方的地位抬得过高时，也就是它开始走向衰落之时。

在古希腊时期，苏格拉底强调，没有经过理性审视的生活是不值得过的生活，这种高扬理性的希腊哲学在亚里士多德那里达到鼎盛，开始走向衰落。马克思说："希腊哲学在亚里士多德那里达到极盛之后，接着就衰落了，这也没有什么可惊奇之处。"[1] 在希腊化时期，哲学家们不再关心自然和社会，而把注意力集中在人自身上，在追求灵魂的解脱和安宁的过程中，

---

[1] 《马克思恩格斯全集》（第1卷），人民出版社，1995，第16页。

最终导致对理性的怀疑、对信仰的盲从，使哲学和宗教合流。到了中世纪，基督教取得了绝对的统治地位，其他意识形态都成了神学的婢女，丧失了独立性。恩格斯明确指出："中世纪的历史只知道一种形式的意识形态，即宗教和神学。"[1] 在这种背景下，正统的经院哲学家都坚持信仰，压制和摧残理性。这一类型的代表就是第一个经院哲学家安瑟伦。他虽然认为理性与信仰可以达成一致，但主张信仰高于理性，理性应该服从信仰，以信仰为前提。他说："我决不是理解了才能信仰，而是信仰了才能理解。"[2] 这一思想在中世纪影响深远。

到了近代，随着自然科学的发展，人们逐渐摆脱了宗教和神学的桎梏，崇尚科学，崇尚理性，开始为人类寻求具有绝对性的知识。近代哲学家在崇尚理性的同时，曲解了人性，从而使得无论是经验论哲学家，还是唯理论哲学家，都按照他们各自的理论原则将其贯彻到底，经验论走向了怀疑论，唯理论走向了独断论，都没有达到自己的目的。到了德国古典哲学时期，经过康德到黑格尔，理性主义哲学达到了鼎盛时期，继承了理性主义前辈的逻辑路数，坚持用理性来建构人的世界，这样的人的世界就是一个抽象的理性世界，这样的抽象世界是一个"单向度"的世界，与人实际生活的"多向度"的世界相去甚远。这种理性主义，在黑格尔那里达到登峰造极的地步。自然界、人类社会、人的自我意识（其中包括非理性因素）都是绝对精神外化的不同表现形式。理性主义忽视或贬低人类精神中的其他部分，就为非理性主义的出场搭建好了舞台。

以叔本华为开端的非理性主义思潮开始成为西方哲学的发展主流。非理性主义思潮看到传统的理性主义思潮的理论缺陷，只是片面地抬高和夸大理性的地位和作用，贬低或忽视非理性的地位和作用，但矫枉过正，采用了与理性主义不同的思维方式，强调非理性的地位和作用。这是对传统理性主义思潮反思的畸形结果。叔本华认为，"生存意志是一切生物最深层的核心"[3]，主张从意志出发认识世界和自我；柏格森提出人的生命意志只

---

[1] 《马克思恩格斯文集》（第4卷），人民出版社，2009，第289页。
[2] 北京大学哲学系外国哲学史教研室编译《西方哲学原著选读》（上卷），商务印书馆，1993，第240页。
[3] 〔德〕叔本华：《悲喜人生：叔本华论说文集》，范进等译，天津人民出版社，2007，第97页。

能依靠直觉延绵下去；尼采接过叔本华反理性主义的旗帜，指明并不存在绝对真理，这是真正的非理性主义的转折；萨特否认历史的规律性，他的存在主义理论极端地认为人已经丧失了主体性，并追求绝对的自由。非理性主义的历史功绩在于指出了传统理性主义不公正看待非理性的地位和作用，强调非理性是人类精神的重要因素，在人类认识和社会发展中起着不可忽视的作用。但是非理性主义思潮犯了理性主义思潮类似的错误，一方面是脱离社会实际来谈论人类精神中的非理性因素，以非理性来取代传统理性主义中的"理性"；另一方面在于把"意志""自我""生命冲动""直觉""自由意志"等非理性因素作为人类和社会历史的本体论根源，认为非理性对社会历史的发展起决定作用。非理性主义思潮的不足之处，被后现代主义哲学家一语道破。在后现代主义者看来，现代的非理性主义走的仍然是"逻各斯"中心主义的道路，只不过是用理性的方式来构建非理性，仍然是建构主义的思路，不能彻底摆脱理性的制约，也就是说，在反理性的程度上还不够彻底。后现代主义采取解构的方式来反理性主义。

回顾整个西方哲学史，我们看到，不论是理性主义还是非理性主义都存在片面性，存在不足之处，这是它们片面理解的结果。这两大思潮的理论缺陷向我们提出了"人类之谜"的问题：如何看待人类精神中的理性和非理性，非理性在人类认识中起什么样的作用？尝试着对这些问题进行回答，就是本书的初心和使命。

本书从马克思主义的人学立场出发，认为人是认识的主体，是知、情、意的统一，是理性和非理性的矛盾统一体。我们应正确运用矛盾分析方法认识理性和非理性。正是理性和非理性的相互依存、相互作用、相互影响，才使人之为人，使人类社会稳步发展。从人类精神的构成来看，理性和非理性的地位不分伯仲，就它们在人类认识和社会发展中的地位和作用来看，人应当在理性的主导下充分发挥非理性的积极作用。如果没有理性，人的非理性会迷失方向，就会使人的生活充满不确定性、无规范和无序性；如果缺少非理性，理性也会失去驱动力，人的生活就会乏味、枯燥、死板。因此，片面强调人的理性或非理性都是错误的。

正是基于这一指导思想，本书主要是以"非理性及其在人类认识中的作用"为主题，围绕西方哲学中的非理性，即西方哲学中表现出来的非理性和对非理性的认识，非理性的本质、特征和产生机制以及非理性在人类认识中的作用等问题进行了分析。

在绪论部分，重点讨论两个问题：一是非理性问题研究的提出；二是非理性研究中的悖论问题。

一　非理性问题研究的提出

人类精神就其完整的意义来说，是由理性和非理性两部分构成的，现实和完整的人都是理性和非理性、灵魂和肉体、理智和情感的统一体。正是这两部分的相互依赖、相互补充，才使人类精神得到全面发展。但是，人类精神的理性和非理性相统一的思想是一回事，人们对这种统一思想的认识又是一回事。长期以来，由于各种原因，人们忽视甚至歪曲了非理性及其在人类认识中的作用。为了正确认识人类精神中的非理性及其在认识中的作用，对非理性及其在人类认识中的作用进行研究，就具有重大的理论意义和现实价值。

（一）非理性问题研究的原因及意义

马克思指出："人以一种全面的方式，就是说，作为一个完整的人，占有自己的全面的本质。人对世界的任何一种人的关系——视觉、听觉、嗅觉、味觉、触觉、思维、直观、情感、愿望、活动、爱，——总之，他的个体的一切器官，正像在形式上直接是社会的器官的那些器官一样，是通过自己的对象性关系，即通过自己同对象的关系而对对象的占有，对人的现实的占有。"[1] 马克思的这段话说明了人是一个完整的人，是一个理性和非理性相统一的人。

从哲学史来看，自从苏格拉底提出"认识你自己"以来，人们就一直在对"人"进行认识，然而人们没有真正认识自己，没有认识到理性和非理性的统一及二者在人类认识中的作用。人们要么强调理性的作用而贬低非理性的作用，要么侧重非理性，以非理性来遮蔽理性。正如恩格斯在《自然辩证法》中所说："不应当牺牲一个而把另一个片面地捧到天上去，应当设法把每一个都用到该用的地方，但是只有认清它们是相互关联、相

---

[1] 《马克思恩格斯文集》（第1卷），人民出版社，2009，第189页。

辅相成的，才能做到这一点。"① 恩格斯的这段话可以作为我们研究非理性问题的指导思想。

从柏拉图开创了理性主义思潮起，整个西方哲学的思维方式从总体上说是理性主义的思维方式，即使是非理性主义思潮也采用理性的思维方式，难怪怀特海说整个西方哲学不过是柏拉图哲学的注解。在理性主义思潮的主导下，就导致了人们对非理性研究的遗忘。

对非理性问题的研究，应该是哲学研究的一个重要组成部分，然而，事实上，在国内，相对理性研究的成果来说，人们对非理性的研究显得落后多了，仅有的一些研究也处于分散状态。如果说理性研究的成果是汗牛充栋，那么非理性研究的成果就是寥若晨星。

非理性研究之所以形成这种局面，可能有以下几方面的原因：一是人们对非理性的误解。这主要是人们从字面上来理解，把非理性与不要理性等同，否定理性。长期以来理性观念深入人心，似乎认为进行非理性研究是在从事另类活动，非理性研究受到歧视。二是人们没有区分非理性主义与非理性，把二者等同起来，即把作为观念形态的非理性主义等同于人本身所固有的精神属性的非理性。人们在批判非理性主义的同时也就批判了非理性，"将孩子和脏水一起泼掉了"。为了避免遭到批判，人们逃避对非理性的研究。三是非理性自身的原因。一方面，非理性所包含的内容十分广泛，另一方面，与理性相比，非理性具有自发性、瞬时性、非逻辑性等特征，因而要认识和掌握非理性是相当困难的，这也给研究非理性增加了难度。

促使本人进行非理性研究的另一个原因：本人多年来在高校教"马克思主义哲学原理"这门公共理论课，在教学过程中，发现我国现行的哲学原理教科书，对非理性只是简单地做出一些纲领性介绍，没有深入详细地分析，这是一个重大的理论缺憾。在同人们的交谈中有时也涉及非理性的问题，却不能给交谈者有说服力的解答，这些成为我对这个问题进行尝试性探讨的动因。随着当今社会和马克思主义理论的发展，现行的哲学原理教科书体系有必要在适当的地方添加非理性的相关问题，以丰富马克思主义理论内容。

---

① 《马克思恩格斯文集》（第9卷），人民出版社，2009，第492页。

研究非理性问题是发展马克思主义理论的需要。马克思主义经典作家没有正面且系统地研究非理性问题，这是他们所处的时代和斗争需要造成的，但这绝不意味着非理性问题与马克思主义理论无缘，而实际上，在马克思、恩格斯、列宁等人的著作中，可以零星地见到他们对非理性问题的叙述。马克思主义理论作为我们认识和行动的指南，就应该包括非理性问题。当今社会，科学技术的高速发展给人类带来福音的同时，也给人类带来了危机和困惑，而人类的危机和困惑需要靠培养人类自身的非理性因素，并运用非理性因素对人类的认识进行补充和调整才能被正确地解决和解答。所以，研究非理性问题是马克思主义哲学回答当今现实社会和人类认识问题的迫切需要，也是发展马克思主义理论的迫切需要。因而对非理性问题的研究具有十分重大的现实意义和理论意义。

（二）国内非理性研究的现状及本书的理论特色

非理性所包含的内容十分广泛，加之其他一些原因，非理性研究在国内还没有得到充分重视。我国的非理性研究始于20世纪80年代，并且绝大多数非理性研究者是对非理性的某一方面进行了探讨，从总体上看，处于零星分散的收集资料阶段，而系统地研究非理性问题就更晚了。同人们对理性的钟爱相比，成系统地研究非理性问题的专著少得可怜，但这些研究确实取得了可喜的成绩，为非理性问题的研究打开了方便之门，改变了长期以来人们对非理性的偏见，并使非理性问题研究在最近几年形成了一股热潮。其中成绩突出的有：夏军的《非理性世界》，对非理性的特征、非理性所包含的内容和要素，以及非理性的各种表现，都进行了深入探讨；冯玉珍的《理性的悲哀与欢乐——理性非理性批判》，则从人类认识史的角度，探讨了现代哲学之前的理性非理性的演变和转化过程；胡敏中的《理性的彼岸：人的非理性因素研究》对非理性的发生机制，非理性因素与创造性认识活动，以及非理性因素与人的素质教育等问题进行了详细的分析；何颖的《非理性及其价值研究》，对理性与非理性的双重变奏、非理性的界说以及非理性的作用进行了广泛的分析；王勤的《非理性的价值及其引导：社会发展视野里的非理性问题研究》，着重探讨了社会发展中的非理性问题。

然而，我们必须看到，目前我国的非理性问题研究还存在很多不足。

非理性问题的内容十分庞杂，可能还有许多问题需要进一步探讨，就是上述已经被系统研究的问题也不等于完全解决，由于研究者个人知识结构的不同，对这些问题的研究也存在分歧，还有待对非理性问题感兴趣的研究者来共同探讨。

本人也是出于这个目的对非理性问题进行了不成熟的论述，如果说本书有什么理论特色，本人认为其特色在于：坚持马克思主义哲学的基本立场和观点，以哲学史为背景，在人类认识中以理性居于主导地位，非理性处于从属地位，采用史论结合的方式，分析了非理性问题，即非理性自身表现出来的问题和人们对非理性的认识研究；从宏观层面对非理性的本质、特征、产生机制进行了分析，尤其深入地分析了非理性在人类认识中的作用。然而，由于本人的学识不足，加上写作时间仓促，本书存在许多不足之处，这也是我以后学习需要努力的地方。

（三）本书的理论框架

本书对非理性及其在人类认识中作用问题的粗浅研究，由绪论、正文和结语组成。

绪论由两个部分构成。第一部分简单地介绍进行非理性研究的原因及意义、国内非理性研究的现状及本书的理论特色和本书的理论框架。第二部分分析非理性研究中的悖论问题。进行非理性问题研究，就是要把非理性的非逻辑性、非程序性和不可言说性等特点揭示出来，并用有逻辑性和程序性的语言加以表达，但这样就会出现悖论问题。

正文由五章组成。第一章探讨西方文化传统中理性思想的发展历程。理性和非理性是相对而言的，要研究非理性，就要知道何为理性。总体而言，理性是人们在实践基础上，运用概念、判断和推理等思维方式对客观对象本质的反映。从西方哲学的发展历程来看，由于所处的生存环境不同，人们对理性的理解也就不同。我认为，只有维护人类生存的可持续发展的思想和行为，才算是理性之思、理性之举。

第二章对西方文化中表现出来的非理性问题进行了分析。非理性在西方文化中的表现具体指，前哲学时期人们的认知和思维方式的混沌统一思想和中世纪基督教神学思想。

第三章主要探讨西方文化史中对非理性的认识。对非理性问题有意识地去思考是从柏拉图开始的,从此以后人们对非理性问题的思索就没有间断过,只不过在不同时期人们重视的程度有差异而已。这样就出现了哲学时代的非理性、神学时代的非理性、启蒙时代的非理性和现代的非理性。并对它们进行了粗浅的分析,尤其是对现代的非理性进行了重点分析。在理性主义思潮的影响下,理性极大地推动了生产力的发展,为社会创造了巨大的财富,使人们的生活得到了改善,然而,理性并没有给人类带来预期的福音,反而造成了痛苦。正是看到了理性的这一面,现代非理性主义登上了人类认识的舞台,而非理性主义思潮为了纠正理性主义的缺点,走到了另一极端,过分强调非理性的作用,以非理性来统治理性。在非理性思潮影响下,相继出现了唯意志主义、直觉主义、存在主义等流派。

第四章主要分析了非理性的本质、特征和产生机制。尽管对理性概念的理解不同,但人们都把理性理解为一种认识能力和思维形式,而非理性又是与理性密不可分的人类认识的有机组成部分,非理性也应该是人类的一种认识能力和思维形式,只不过在认识过程中的方式、速度和目的不同而已。鉴于此,我们可以初步把非理性理解为:非理性是在理性指导下,又不同于理性,以社会实践为基础,以直觉、灵感、顿悟等方式揭示认识对象的本质及规律的一种非逻辑、非程序化的认识能力和思维形式。

理性和非理性是人类认识的两翼,它们在人类认识客观世界的过程中逐渐形成,是物质客观世界在人脑中的反映。在人类认识世界和改造世界的过程中,理性和非理性相互依存、相互补充,共同促进人类认识的深化和社会的进步。但由于二者在本性上的差异,它们的特征也不同。理性思维在感性认识的基础上形成概念,然后运用概念进行判断,并按照确定的逻辑进行推理,因而理性思维具有逻辑性、程序性和稳定性等特点。另外,理性思维直接以语言符号为其思维工具,语言符号虽然是人的理性思维的强有力手段,但也给人的思维带来某种限制。而非理性思维以直觉、灵感、想象等非逻辑形式表现出来,这种非逻辑形式是借助于客观世界中非线性规律而展开的思维活动,因而非理性具有非逻辑性、整体性和内在性等特点。

非理性产生的机制有其客观机制和主体依据。我认为非理性认识产生的机制是指非理性在认识活动过程中,影响这种认识活动的各组成因素的结构、功能及其相互联系,以及这些因素产生影响、发挥功能的作用过程和作用原理。非理性认识的形成,具有坚实的客观机制,又有主体依据,是客体物质运动和主体思维活动的辩证统一。因此,对非理性认识形成机制的分析就应从客观机制与其主体依据两大方面进行,以揭示非理性认识形成过程的基本动因和内在机制。对非理性认识形成机制的研究,有助于在把握非理性认识的概念内涵、本质特征的基础上,进一步揭示非理性认识形成的奥秘,以达到对非理性认识产生过程的科学理解,从而推进非理性认识的深入研究。

第五章主要介绍非理性因素在人类认识中的作用。认识是认识主体通过认识工具观念地再现、接收和把握客体的过程,是主体和客体之间的一种观念形态的相互作用,这种相互作用的结果,就是主体和客体在观念上的统一。而主体对客体的反映形式是多种多样的,既有理性的反映形式,也有非理性的反映形式。非理性在人类认识中的作用是通过具体的非理性因素的作用体现出来。所谓非理性因素是指认识主体在认识过程中出现的非逻辑的思维方式以及主体心理结构上的本能意识。前者是一种不自觉的认识能力,包括直觉、灵感、想象和顿悟等;后者实际上是一种精神力量,它虽然不是独立的因素,却渗透到主体的认识和活动中,从而推动人类认识的发展,包括情感、意志、无意识、信念和欲望等。因此,我们分析非理性在人类认识中的作用,也是通过具体的非理性因素进行的。非理性因素在人类认识中既起积极作用也有消极影响。非理性因素在认识中的积极作用主要表现为动力作用、选择定向作用和调控作用等,而消极的非理性因素对认识活动起束缚阻碍作用、误导作用以及消极的认知定势影响人类认识向纵深方向发展。

结语部分简单地总结了非理性与人类认识图景的关系。随着时代的发展和人类认识的深化,人类认识呈现出新的认识图景:一方面,认识活动在时空上巨大扩展;另一方面,认识活动在选择性和建构性的基础上实现了深度分化与高度综合化。而这些新特征是理性认识和非理性认识共同作用形成的。

二 非理性研究中的悖论问题

哲学作为人类认识世界和把握世界的一种方式,要么以理性的方式表达出来,要么以非理性的方式进行。长期以来,理性方式在哲学舞台上占主导地位。然而，随着时代的发展，理性把握世界方式的弊端日益凸显，理性的发展并没有达到人们预期的目的，由于人类对理性工具使用不当，理性没有给人类带来真正的福音，反而给人类造成了一定的灾难，正是在这样的背景之下，涌现出一股研究非理性的热潮。而非理性的研究包含一个潜在的悖论：一方面，对非理性进行科学研究就要采取严格的逻辑思维方式，以清晰的语言将它表达出来；另一方面，非理性因素自身具有非程序性、瞬时性、非逻辑性和不可言说性等特点，这些特点决定了无法用理性的方式来衡量非理性。也就是说，存在如何用理性的逻辑思维方式来把握和表达具有非程序性、非逻辑性和不可言说性的非理性的矛盾。

要进行非理性研究，首先必须研究非理性的本质，而关于非理性的本质，长期以来没有形成统一的认识。不同学科在涉及非理性问题时，也做了不同的理解，从总体上看，他们对非理性的理解有一个共同点：一方面，他们都是把非理性放到理性的对立面来理解的，并且做字面上的理解，以为非理性就是"不要理性""丧失理性""荒谬绝伦""不合逻辑"等，似乎一切与理性相对的贬义词是非理性的应有之义，并对非理性的理解仅做价值评判；另一方面，他们只看到非理性因素的消极作用，并把这种作用加以夸大。这样，非理性在人们的心目中就是一个被"丑化"了的形象，似乎谁要是与非理性发生联系，就会被人们看成"异类"。这种心态也影响了学术界，自然导致对非理性的曲解，正如夏军教授所言："哲学家们认为非理性就是荒诞无稽、逻辑混乱；心理学家认为非理性是人的原始欲望和本能；伦理学家认为非理性是违背人伦之举；宗教学家认为非理性是背离神祇的异端；法学家认为非理性是越轨行为或犯法行为；政治学家认为非理性是缺乏理智的盲目的政治手段，有时则专指暴力或杀戮。"[①] 对非理性概念的这种曲解是从中国哲学的角度进行的，而在西方哲学中，非理性本身是一个认识概念，它同理性一起构成人类认识的两翼。因此，不从整体上科学地研究非理性问题，在价值观上就不能转变对非理性的偏见，不对非理性概念进行重新认识，就无法辩证地看待非理性在人类认识中的地位和作用问题。

我认为，非理性是指不受人的目的和意识支配的一切内在体验和认识

[①] 夏军：《非理性世界》，上海三联书店，1998，第2页。

方式，它具有非程序性、非逻辑性和不可言说性等特点。非理性研究的主要内容之一就是揭示人的非理性的内在体验和认识方式，而非理性研究的对象缺乏外在的客观实在性，从而导致对非理性进行研究的方法与对理性进行研究的方法不同。非理性研究的悖论就体现在其研究方法上，非理性本身不存在悖论问题。对理性的研究是按照逻辑的程序进行的，科学理性就是最典型的例证。波普尔认为，科学知识的增长，一般来说，要经历四个阶段，即问题—假设—检验—新问题，这个模式表示人的认识和科学研究的逻辑性，以解决问题为基础。理性方法的本质特点就在于其逻辑性。而由于非理性自身的特性，目前对非理性研究还没有达到完全意义上的科学实证。目前对非理性的研究，一方面通过数据、公式、统计、表格、问卷和实验等方法进行，另一方面对被研究者主观体验的陈述进行分析，而被研究者一般用形象化的语言来描述他们的内在体验。

非理性研究的方法无论是前者还是后者都与语言和逻辑表达方式分不开。而语言和逻辑表达方式就其本质属性来说，均属于理性范畴。用理性的标准去解释非理性就会陷入悖论，因为按照通常的理解，我们无法用理性的方法去解释非理性的认识或情感。戴维森感慨地说："非理性是在理性范围之内的失败。"① 这种失败实际上是运用理性的标准衡量非理性的不可能性，即非理性研究中的悖论。

然而，要进行非理性研究又不得不运用语言和逻辑等理性方法进行。上述非理性研究的两种方法最终都要转换成语言才能表达出来并被文字记载下来，只有这样才能供研究者进行分析研究，从而加强对非理性的认识；另外，也可以作为文化成果保存下来，使之具有传承性。在非理性问题的研究中，语言能否承担这样的艰巨任务呢？

语言在我们的生活中占据中心地位，并且具有强大的逻辑功能，是进行意义理解的决定性因素。许多哲学家都做过论述，卡西尔曾说，语言"具有决定意义的特征并不是它的物理特性而是它的逻辑特性。从物理上讲，语词可以被说成是软弱无力的；但是从逻辑上讲，它被提到了更高的甚至是最高的地位；逻各斯成为宇宙的原则，并且也成了人类知识的首要

---

① 戴维森：《非理性的悖论》，转引自江怡《实践推理中的非理性：从中国哲学的观点看》，《世界哲学》2004 年第 5 期。

原则"。"在这个人类世界中,言语的能力占据了中心地位。因此要理解宇宙的'意义',我们就必须理解言语的意义。"① 伽达默尔则更进一步揭示出了语言是我们的存在方式,海德格尔则认为,语言是我们存在的家。语言居于中心地位和有特殊功能,这是针对理性而言的,语言的这种地位和功能适合非理性吗?也就是说,通过语言表达出来的意义同主体的非理性认识和体验能完全符合吗?即使语言能对非理性认识进行表达,它以何种方式来表达,并能达到什么程度?这都是非理性研究需要注意的问题。

  从我们搜集的资料来看,人们为了分析非理性在人类认识中的作用,通常是运用形象思维和象征性的语言来表达。所谓形象思维,是指在思维过程中,认识主体自始至终不脱离具体形象,伴随着强烈的情感、意念等活动,并趋向于一定的完美的整体结构的思维。它具有形象性、情意制动性和整体性等特征。而这种思维方式往往会促使认识主体的非理性认识突然出现,并表现为创造性认识,使认识发生质的飞跃。爱因斯坦说过:"写下来的词句或说出来的语言在我的思维机制里似乎不起任何作用。那些似乎可以用来作为思维元素的心理实体,是一些能够'随意地'使之再现并且结合起来的符号和多少有点清晰的印象……这种结合的活动似乎就是创造性思维的基本特征。"② 据说凯库勒发现苯分子的结构不是运用逻辑思维推导出来的,而是得益于他在梦中看到一条蛇咬住自己的尾巴旋转不已,从而使他百思不得其解的问题被破解了。爱因斯坦所说的将头脑中的清晰印象随意地组合,凯库勒利用蛇的环形破解苯分子结构,实际上运用的是形象思维。大数学家高斯在谈到一个思索数年而未能解决的问题在瞬间解决的愉快心情时说:"终于在两天前我成功了……象闪电一样,谜一下子解开了。我自己也说不清楚是什么导线把我原先的知识和使我成功的东西连接了起来。"③ "象闪电一样"就是一种象征性的语言,这种语言只能使被表达的对象生动,但它与被表达对象之间还是有一定差异。

  非理性研究中存在的悖论,为其研究增添了难度。我们只有正视这些悖论,并坚持科学的、历史的原则和方法,才能正确地对待非理性,处理

---

① 〔德〕恩斯特·卡西尔:《人论》,甘阳译,上海译文出版社,1985,第143页。
② 《爱因斯坦文集》(第1卷),许良英等编译,商务印书馆,1976,第416页。
③ 转引自田运《思维科学简论》,北京工业学院出版社,1985,第116页。

好理性与非理性的关系。

一般来说，在一定条件下，人类对其所认识的对象都是近似正确，这就说明人类认识的相对性，也表明人类思维的有限性。目前人类的思维能力还不能解释物质世界中的所有现象。科学的重大发现，往往不是在理性思维方式下取得的，恰恰相反，是在非理性思维方式的启示下取得的。科学史上这样的事例举不胜举。然而要打破传统的理性思维方式可不是一件容易的事情，因为我们每个人都是从传统中来，传统的理性思维方式在我们心目中根深蒂固，它具有强大的力量，不管我们是否意识到，它总是在影响并塑造我们。所以伽达默尔认为："历史性正是人类存在的基本事实，无论是理解者还是文本，都内在地嵌于历史性之中，真正的理解不是去克服历史的局限，而是去正确地评价和适应这一历史性。理解的历史性具体体现为传统对理解的制约作用。传统是不管我们愿不愿意就先于我们，并且是我们不得不接受的东西。它是我们存在和理解的基本条件。"[①] 从发展的观点看，今天是非逻辑、非理性的东西，随着人们认识能力的提高，在未来就有可能成为逻辑的、理性的东西。任何非逻辑、非理性的东西，换个角度来看，就会成为理性的、逻辑的东西。马克斯·韦伯早就看到了理性和非理性界限的相对性，他说："从一种观点来看是合理的，从另一种观点来看很可能是不合理的。"[②] 从这个思路出发，我们可以说非理性的东西也有可能是理性的，既是理性的东西，就能够用逻辑思维来把握，并可以用语言来表达。作为纯理性思维的哲学就是来源于非理性，亚里士多德曾说过哲学始于惊异，这就是有力的证据。

非理性研究中存在的悖论是我们从理性的角度来界定的，之所以有这种悖论出现，是因为我们目前还没有找到正确研究非理性的方法，随着时代的发展，人类认识方式的进步，人们对非理性研究的深入，非理性研究中的悖论现象就可能会消失。

---

① 刘放桐等编著《现代西方哲学》修订本下册，人民出版社，1990，第764页。
② 〔德〕韦伯：《新教伦理与资本主义精神》，彭强、黄晓京译，陕西师范大学出版社，2002，第25页。

第一章　西方文化传统中理性思想的
　　　　发展历程

"理性面若没有它的另一面——非理性面——是不可思议的，并且在真实世界中，从来没有不具另一面而出现过。唯一的问题是此另一面以何种形式出现？它如何存留？以及他如何被人掌握。"① 这句话反过来也适用于非理性，因为理性和非理性是人类认识的有机组成部分，二者是相伴而行的，因此，要进行非理性研究，也就离不开对理性的认识。"为要显示理性与非理性在一切思想的基础上多面的区别，从哲学自身诸种实际原则中对哲学史做一番分析是需要的。"②

哲学从本性上说是理性的事业，即进行抽象思维和逻辑推理的事业。在西方哲学史中，"理性"是一种符合逻辑的规范要求，也被看作万物的运动规律，也是人类活动的基本规范。理性的基本精神是一切行为都需要符合规范，需要按照某种确定的规则行事。我们可以说，西方哲学是理性的哲学，西方社会是理性的社会。"理性"是指人所具有的抽象思维和逻辑推理能力。从这一意义上说，西方人对"理性"的理解，总体来看具有一致性。如果从人的生存价值来说，不同时期的哲学家对理性的理解就有很大的差别。从哲学产生到现在，西方人对"理性"的理解发生了惊人的变化。不仅古希腊哲学的理性不同于近现代哲学的理性，而且现代西方人理解的理性也不同于近代西方人所理解的理性。

"理性"一直占统治地位，在这一概念的掩盖下，西方哲学内部呈现出各异的观点。何以至此？因为人总是具有时代性的，因此，对理性的理解

---

① 〔美〕W. 考夫曼编著《存在主义》，陈鼓应、孟祥森、刘崎译，商务印书馆，1987，第192页。

② 〔美〕W. 考夫曼编著《存在主义》，陈鼓应、孟祥森、刘崎译，商务印书馆，1987，第193~194页。

也就具有时代性。由于从"理性"概念产生至今,时间跨度大,现在理解的理性就不同于古代理解的理性,海德格尔所理解的理性也不同于笛卡尔、康德、黑格尔理解的理性。总之,理性是一个具有历史性的概念。

一 古希腊时期:探索自然的奥秘中伴随理性的萌芽

古希腊历来被认为是欧洲文明的摇篮,也是欧洲乃至整个西方哲学的故乡。古希腊哲学大体上可分为三个阶段。

第一阶段,探索宇宙本原。

从公元前7世纪至公元前6世纪,哲学家们重视对宇宙本原的研究,这个阶段的哲学可以称为自然哲学。由于对世界本原的回答不同、哲学家居住地不同,形成了米利都学派、爱非斯学派、毕达哥拉斯学派和爱利亚学派等。米利都学派以"水""无定者""气"为世界本原;爱非斯学派的赫拉克利特认为,世界万物是符合规律地燃烧和熄灭着的火;毕达哥拉斯学派把"数"视为事物的原型,认为数构成宇宙的"秩序","凡物皆数";爱利亚学派的巴门尼德认为千变万化的世界是虚幻的,是无法认识和把握的,只有"存在"才是唯一真实的东西,"存在"是单一的、有限的、不变的、不可分割的。其后的自然哲学家们又提出了"水""火""气""土"四元素说,种子说、原子说等,以探求世界的本原;有的则进一步探求运动变化的原动力,认为有一种最精细的、能动的、物质性的东西即"努斯",促使热和冷、干和湿等相对应以及"种子"从原始混合体中分化出来,开始运动,并构成宇宙和具体事物。

第二阶段,从研究自然到研究人。

公元前5世纪,古希腊哲学的重点由研究自然转移到了研究人。这时的智者不相信有真正的存在和客观真理,普罗泰戈拉提出了"人是万物的尺度"。自称是"爱智者"的苏格拉底认为存在客观真理,真正的知识是从具体的道德行为中寻求的对各种道德的普遍定义,寻求定义的方法就是论辩诘难。

第三阶段,哲学的系统化。

公元前4世纪,古希腊哲学进入系统化阶段,代表人物有柏拉图和亚里士多德。柏拉图提出了理念论,认为现实的、可感知的世界不是真实的,在它之外存在一个永恒不变的、真实的理念世界。理念是个别事物的原型，个别事物是理念的"摹本"；以个别事物为对象的感觉不可能是真正的知识源泉，而真知识是不朽灵魂对理念的"回忆"。亚里士多德不同意柏拉图的理念论，他把理念称为"形式"，认为"形式"不能脱离个别事物而独立存在，形式是事物的本质，存在于事物之内。具体事物是由质料因、形式因、动力因和目的因构成的。质料与形式结合，是潜能转化为现实的运动。但亚里士多德又提出了一个事物最后的目的、运动最终的原因即"第一推动者"，认为它是没有质料的形式。亚里士多德去世后，希腊文化逐渐与罗马文化相结合，先后出现了许多哲学流派，主要有伊壁鸠鲁学派、斯多葛学派和以皮浪（也译作皮罗）为代表的怀疑学派等。它们在前人思想发展的基础上进行了比较深入的探讨，涉及了伦理问题及宗教问题。

古希腊哲学内部虽然存在观点分歧，但从总体上看，古希腊哲学的理性又具有共同点。第一，古希腊的理性没有把精神与自然完全区别开，一个主要表现是对自然迷信和对天体崇拜。古希腊哲学中水、火、气、土、种子、原子等，虽然都是自然界中的事物，但都具有统摄万物的能力。亚里士多德还认为天体具有生命、有理智和思想，是神。第二，古希腊的理性是把理性思想等同于神，这几乎是所有古希腊哲学家的共性。毕达哥拉斯把"数"视为神，柏拉图努力宣扬理性神的概念，亚里士多德称他的第一哲学为神学，把最高的思想，即思想自身的思想视为神；斯多葛学派则把普遍理性认作神。第三，古希腊的理性中没有意志概念。这里所说的意志不是感性欲望之类的感性意志，而是一种在绝对本质面前能意识到自己的主观性的自我意识。

从总体来看，古希腊时期的哲学，既有其优点，也有其不足之处。其优点表现在，这一时期的思想家是从自身所处的环境和自己所从事的职业出发，对宇宙世界进行观察，是以物质的具体形态来解释世界，从而得出相应的关于世界本原的结论；其不足之处表现在，这一时期，人类社会的科学还没有产生，也就是说，人们的认识和实践活动是没有科学知识指导的，人们对于世界的认识完全是建立在经验和直观的猜测基础上。在人们的经验和直观的猜测中包含着理性因素和非理性因素，并且这种理性因素和非理性因素都是在探索自然奥秘的过程中萌芽的。

二 中世纪：哲学是神学的婢女

当历史的车轮驶入中世纪，基督教成为中世纪占统治地位的宗教之后，却变得越来越专断和暴虐，以至于把社会生活的一切方面都纳入它的绝对控制之下，尤其是对精神生活的控制，在中世纪达到了无以复加的程度。在中世纪只有一种意识形态，即宗教和神学。在这种情况下，一切社会意识形式都被打上了深深的宗教烙印，所有的学科和思想都丧失了独立存在的意义，无不处于基督教的阴影之下，都成了宗教的附庸和工具。人的本质也以神的本质形式表现出来。这样，以理性萌芽的人的本质被异化为宗教的神的本质。"无限的或属神的本质，就是人的精神本质；但是，这个精神本质被从人里面分离出来，被表象成为一个独立的存在者。"① 神学把人的本质中的理性和感性、灵魂与肉体、主体与客体的分离进一步绝对化了。客观世界的"逻各斯"被抽象化、绝对化，进而抬高成具有人格的神——上帝。宗教神学是西方中世纪意识形态领域的主导思想，它不承认"人的本质"，重神而轻人是其本质。在这种情况下，人们的社会生活和日常生活，精神生活与物质生活都带有一种神秘色彩，人类被自身设置的陷阱所迷惑。宗教神学思想也影响了人们对理性的认识。

基督教神学是宗教家以古希腊的柏拉图的思想和亚里士多德的思想为蓝本发展起来的，其代表人物分别是基督教神学的创始人奥古斯丁和经院哲学的大思想家托马斯·阿奎那。

（一）奥古斯丁的思想

奥古斯丁利用柏拉图的"理念论"思想，并把柏拉图"理念论"中的二元分离推向了极端，它一味强调灵魂与肉体、彼岸与现世、精神与物质之间的对立，完全否定了二者之间的统一，从而发展出一种彻底唾弃世俗生活的唯灵主义，其目的是为基督教正名。基督教的理念是唯有灵魂才能达到的圣洁天国，基督教的本质精神就是灵肉对立和唯灵主义，认为精神比物质更加具有根本性，认为作为思维对象的概念世界比作为感觉对象的

---

① 北京大学哲学系外国哲学史教研室编译《十六—十八世纪西欧各国哲学》，商务印书馆，1975，第281页。

现象世界更加本质和真实。人们在现实世界中只有听从上帝的旨意才能获得幸福。他的"原罪说"就是为神正论提供一个理论依据。

奥古斯丁的"原罪说"指出，上帝在造人时，赋予人类自由意志，但并不支配人的意志。人的自由意志是一种"中等之善"，它既可以趋向德性、真理、智慧等永恒之大善，也可以沉溺于肉体快乐等世俗之小善，前者形成美德，后者导致罪恶。奥古斯丁指出，人类只有自觉地选择爱上帝，人也只有在选择顺从上帝的时候才是自由地行使意志，才能得到上帝的恩惠。他指出人类的祖先亚当和夏娃在伊甸园里犯了罪，造成人性的堕落，而他们的子孙，一切人天生就有罪。因为人的原罪，人世世代代都要受到惩罚。人不能拯救自己，只有依靠上帝的"恩典"才能得救。因此，人要向上帝祈祷、请求赎罪，去掉人本身的各种世俗的愿望，方能达到善。奥古斯丁认为，上帝是真实的存在，具有至高无上的权力，人的本质也只是对上帝本质的体现，因为上帝"至高、至美、至能、无所不能、至仁、至义、至隐、无往而不在，至美、至坚、至定，……负何一切，充裕一切，维护一切，创造一切，养育一切，改进一切"。① 一切都体现了上帝的智慧与安排，如不是上帝的意志，人的一根头发也不会掉下来。既然人世间的一切全由上帝安排，人生在世的使命或价值就不是苏格拉底所主张的对理性问题给予理性回答，而是信仰上帝、顺从神意、鄙视自己，甘当上帝的奴仆。从以上内容可以看出，奥古斯丁的核心思想是：人的本质是邪恶的，人要爱上帝、鄙视自己，人只有顺从上帝的旨意，才不至于迷失方向。

（二）经院哲学的思想

如果说教父哲学以一种扭曲的方式把柏拉图哲学推向了神秘主义的极端，那么经院哲学则同样以一种片面的方式把亚里士多德哲学推向了形式主义的极端。他们把亚里士多德关于潜能与现实、形式和质料、四因的学说，改造为基督教神学中的目的论，宣称一切都是神的安排；把亚里士多德提出的宇宙运动的第一推动者解释为神。

经院哲学（Scholasticism）通常又被称为烦琐哲学，因讲究烦琐的概念辨析和逻辑论证而得名。在这方面，比较典型的例子有安瑟伦的上帝存

---

① 〔古罗马〕奥古斯丁：《忏悔录》，周士良译，商务印书馆，1981，第30页。

的本体论证明、托马斯·阿奎那关于上帝存在的宇宙论和目的论证明。

安瑟伦的本体论证明是典型的先天证明，他首先断定上帝存在，然后从上帝的观念推论出上帝的存在。他的论证大概是这样的：我们每个人的心中存在两种观念，一种是只存在于心中，而实际上不存在；另一种是既存在于心中，实际上也存在。这两种观念相比，后一种观念比前一种观念"更伟大"。他断言我们每个人心中都具有绝对完善的上帝观念，而这个绝对完善的上帝观念，不可能仅存在于我们心中，如果仅在心中存在，实际不存在，则上帝便不够伟大了，就会有比上帝更伟大的观念。这是不可能的。由此，他得出结论，上帝作为无与伦比伟大的观念既存在于心中，也存在于现实中。

阿奎那不同意安瑟伦的关于上帝的本体论证明，认为人的理性无法认识上帝本身，所以不能从上帝的概念本身做"先天的证明"。人的理性只能从结果认识原因，从被造物认识创造者，所以应该进行"后天的证明"。阿奎那利用亚里士多德的相关理论进行了上帝存在的五种证明：（1）"运动的证明"；（2）"原因的证明"；（3）"必然性的证明"；（4）"事物存在等级的证明"；（5）"目的因的证明"。

除了安瑟伦和阿奎那以外，还有其他哲学家对一些极其无聊问题，例如一个针尖上能站多少个天使、亚当和夏娃有没有肚脐眼、天国的玫瑰有没有刺等进行了烦琐论证。这些逻辑论证就其内容来说是毫无意义的，因为上帝以及亚当、夏娃等都只是信仰的对象，关于他们的任何具体特性的描述都只能是想象的结果，既不能在感性的范围内加以直观，也不能在理性的范围内进行证明。

无论是以奥古斯丁为代表的教父神学还是以阿奎那为代表的经院哲学，它们的共同点都是使人臣服于上帝。上帝拥有对人的绝对支配权，人必须让肉体生活服从于精神生活，让感官知觉服从于理性灵魂；人的理性就是对上帝的体验，人只能无限接近但永远不能到达上帝，只能服从上帝的意志；理性活动表现为仰慕上帝、热爱上帝和信仰上帝。这样，人的理性就被剥夺而交给了上帝，人成了上帝在人间的工具。而人的自然欲望和要求则被看作"原罪"，是必须彻底排除的。于是灵魂与肉体被彻底割裂开来，人变成了双重存在，而这种双重化又统一于世俗生活中的禁欲主义。

中世纪基督教哲学虽然具有种种扭曲和偏颇的形式，但是对于西方哲学精神向自身内部的深化仍然具有十分重大的意义,它既是构成西方哲学发展的一个必不可少的环节,又为后来人类的理性主义和近代民主政治思想播下了种子。一方面,经院哲学通过逻辑论证而不是单凭狂热的信仰来确定真理的做法培养了一种理性的精神。虽然理性神学仍旧承认信仰的至高无上性和不可动摇性,但是它所倡导的那种注重逻辑证明的方法却无疑为近代理性主义的勃兴埋下了哲学最初的种子。另一方面,在这种宗教神学思想中也孕育着近代人学思想的原则。至高无上的、万能的上帝在造人时,曾赋予人以自由、永生与幸福,但人的堕落,使之丧失,而人本身罪孽深重,不能凭自身能力救赎自己,只有"至高、至美、至能"的上帝才能使那些崇敬上帝、热爱上帝、信仰上帝的人重获自由、永生与幸福。这就包含近代西方的"自由、平等、博爱"思想。这一原则只有在启蒙时代才被有意识地提出来。

三 近代:作为评判一切标准的理性

时代发展到近代才扭转了古希腊哲学心向外求的思维方式,即以客体为中心来解释一切事物。近代哲学是通过文艺复兴运动的洗礼发展起来的,可以说,近代是理性的时代,理性是时代的主旋律,把人或人的意识看作最高权威,从而取代上帝的地位。但在对理性的理解上,思想家们的认识存在分歧,分歧的根源在于对知识的起源和人的本质的理解。从整体来看,理性思想的发展,大致可以归结为两条途径:一是以培根、霍布斯、洛克、18世纪法国启蒙思想家和德国费尔巴哈等人为代表的感性主义的理论,我们称之为感性主义路线,这一派的基本思想是以人的实验和经验来观察世界,使哲学向自然复归;另一种理论是以笛卡尔、斯宾诺莎、康德、黑格尔为代表的理性主义的理论,被称为理性主义路线,这一派的基本思想是以理性来观察世界,使哲学向理性复归。

(一)感性主义路线的理性思想

走感性主义路线的思想家主张以人的经验和实验对自然界进行解释。在这个问题上有两点值得我们注意:一是他们所指的人是个人;二是他们把人从社会关系的整体中抽取出来,还原为自然人,从而确定人具有与生俱来的本质和个人应具有的自然权利,并以此作为原则,去批判社会及其变化的不合理性。因此，尽管不同的思想家对人的本质的理解与阐述互不相同，但这条路线的主流倾向却是明确的：知识不能超出感性经验的范围，人的本质是自然的、利己的。

1. 16世纪英国的经验主义思想

英国唯物主义和整个现代实验科学的真正始祖培根认为，人的一切知识来源于对客观世界的感觉而不是来源于头脑里固有的东西，他以此否定柏拉图的"理念论"。培根认为一切知识来源于对客观世界的感觉，就是说，对客观世界的感觉是人类知识的源泉，而不是我们头脑中原来就有的东西。关于知识的起源培根是这样说的，"全部解释自然的工作从感官开端，是从感官的认知，经由一条径直的、有规则的和防护好的途径以达于理解力的认知，也即达到正确的概念和原理"。[1] 他加了这么多的定语，"径直的、有规则的和防护好的途径以达于理解力的认知"，其目的是要表明一切知识都是从感官开始的，而不是像理性主义所讲的从理性本身开始的。培根同时指出，感觉是有局限的。这表现在感觉的领域是很狭窄的，而且带有主观性，难免有些虚妄，达不到事物内部的本质。如何弥补感觉的缺陷呢？培根较古人更进一步，提出实验证实原理，即通过实验验证弥补感觉的缺陷，并保证认识的真理性。他说，一切比较真实的对自然的解释，是由适当的例证和实验得到的，感觉所决定的只是接触到实验，而实验所决定的则接触到自然和事物本身，即通过实验，最终可以发现事物的本质和真相，并证实认识与事实相符合。人们对经验世界个体的掌握、归纳的方式，是具有严格的规则的，是一种有别于亚里士多德的三段论的方法，培根称之为"新工具"的归纳法。

培根虽然重视经验，但并不止于经验。他认为经验的局限性虽然可以依靠科学实验来补救，但在科学实验中和在掌握了实验的资料之后，还必须运用理智的能力对这些资料进行加工分析，形成概念和公理，以揭示自然事物的"形式"、规律。这是一个直接从感觉出发，然后循序渐进通过科学实验，借以为人的理智开辟道路的过程。由此出发，培根既反对根本抛弃经验的纯思辨的理性派哲学家，也反对狭隘经验派哲学家。他将前者比作蜘蛛，将后者比作蚂蚁，他认为"真正的哲学家"应该像蜜蜂，既要到

---

[1] 〔英〕培根：《新工具》，许宝骙译，商务印书馆，2005，第236页。

田间采集花粉，同时还要用自己的能力把采集的花粉进行加工。这实际上是在经验和理性间架起了一座桥梁。

就人与自然的关系而言，培根认为，"人是自然的仆役和解释者"，这种思想揭示了自然规律的客观性是不以人的意志为转移的，人要想服从自然和解释自然，就必须认识自然，达到主观与客观相统一，才能驾驭自然。人类要想征服自然，唯一的力量或者力量的源泉就是科学知识，而科学知识来源于对自然规律的认识，"他所能做的和了解的，就是他在事实上或思想上对自然过程所观察到的那么多，也只有那么多：除此以外，他什么都不知道，也什么都不能做"①。只有认识了自然规律的人，才有能力驾驭自然。因为符合自然规律的人类知识本身就是一种强大的力量。他说，"人的知识和人的力量结合为一"②，"达到人的力量的道路和达到人的知识的道路是紧挨着的，而且几乎是一样的"③。这是培根著名的知识就是力量的论断。因此，培根大力推崇知识，倡导科学。他还认为，要发展科学知识，就必须清除思想认识上的障碍，这种障碍就是盘踞在人们头脑中的各种错误观念或偏见，培根称之为"假想"。

沿着培根开创的经验论道路，托马斯·霍布斯依据当时的自然科学发展的成果，创立了近代第一个机械唯物主义哲学体系，他也被恩格斯称为"第一个近代唯物主义者（十八世纪意义上的）"。④ 霍布斯首先批判了宗教神学对人的本质的否定，认为唯有人的本质而非神的本质才是道德的基础。而他对人的本质的分析完全是建立在机械唯物论之上的。他把物质的特性归结为广延性，并以此一方面批判基督教的上帝和笛卡尔的心灵实体，另一方面阐述了他的自然观和人学思想。他认为人是自然的一部分，只不过人比自然中的其他事物更为精致而已。人的活动与机器的活动没有根本的不同。在他的代表作《利维坦》中，他把人比作一只钟表，认为人的心脏如钟的弹簧，人的神经如钟的游丝，人的骨骼如钟的齿轮，人的整个活

---

① 北京大学哲学系外国哲学史教研室编译《西方哲学原著选读》（上卷），商务印书馆，1993，第 345 页。
② 北京大学哲学系外国哲学史教研室编译《十六—十八世纪西欧各国哲学》，商务印书馆，1975，第 9 页。
③ 北京大学哲学系外国哲学史教研室编译《十六—十八世纪西欧各国哲学》，商务印书馆，1975，第 47 页。
④ 《马克思恩格斯全集》（第 37 卷），人民出版社，1971，第 489 页。

动与钟表的运转没有两样。那么怎样从人的活动中看出人的本质呢？霍布斯认为，人的活动无论是生命活动还是自主活动，目的只有一个，即在于人的生命的保存和延续，因此可以说，人的本质是自保自爱，倾向于自我的，不惜一切手段获得个人利益和权利。他把社会国家之前的状态称为"自然状态"，在自然状态中，虽然人人都有自然权利，但是因为人都是自然的，每个人都有权说这是我的，就造成人与人之间的全面战争和敌对状态，这时人对人就像狼对狼一样，反而享受不了自己的权利，为了避免这种危险，保障个人的生命财产、实现和平，人们就把自己的部分权利让渡出来，交给第三者，于是就出现了国家。霍布斯认为，利己自爱是人的天性，并不是罪恶的。

在认识论上，霍布斯是培根唯物主义经验论的继承者。他认为，感觉是一切知识的源泉，而"一切观念最初来自事物本身的作用，观念就是事物的观念"①。这就是说，观念是人们关于事物性质的反映，他从唯物主义经验论的角度批判了笛卡尔的天赋观念论，并认为观念只不过是帮助人们记忆事物的名称。他虽然批判了天赋观念论，但也不否认理性思维的作用，他指出，感觉经验只认识事物的现象，而要认识事物的本质，还需要"推理的工作"。不过他所说的"推理的工作"只是感觉观念的单纯的数量加减运算。

洛克继承和发展了霍布斯的经验论原则，他认为人的心灵是"白板"，一切知识都是来源于经验。知识之所以能来源于人的经验，是由人的主体能力决定的。洛克就利用人的主体能力来拒绝天赋观念论，他说，"凡是存在于理智中的无不先在感觉之中"，"我们的一切知识建立在经验上的，而且最后是导源于经验的。"②洛克的经验有感觉和反省之分，感觉是外部经验，反省是内部经验；把感觉经验的性质分为第一性质和第二性质；从知识的起源看，洛克又把观念分为简单观念和复杂观念。其中感觉经验、第一性质和简单观念是外界客观事物作用于人的感官所产生或是客观事物本身所固有的，而反省经验、第二性质和复杂观念是人利用其主体能力对感

---

① 北京大学哲学系外国哲学史教研室编译《十六—十八世纪西欧各国哲学》，商务印书馆，1975，第92页。
② 〔英〕洛克：《人类理解论》（上册），关文运译，商务印书馆，2009，第74页。

觉经验、第一性质和简单观念的作用而产生的。洛克在遵循经验主义原则，把知识限定在经验范围内的同时，还指出，人们只有或然的知识，没有必然的知识。他的思想中潜在地包含着不可知论思想。洛克的主体性思想，后来被贝克莱继承，他的不可知论思想被休谟发展了。

2. 18世纪法国启蒙主义思想

在人学思想上，洛克从资产阶级的人的本质出发，把资产阶级的自我保存、自私自利的阶级本质说成"普遍人的本质"。但他不同意霍布斯所说的人与人之间的状态是互相厮杀的战争状态，而主张应保持和平、自由的自然状态，通过订立契约，建立政府、国家来保证人的自由、平等及私有财产权利不被侵犯。这一思想后来被18世纪法国启蒙思想家继承。

在法语中，"启蒙"是光明之意，光明就是理性之光。当时先进的思想家认为，人们处于黑暗之中，应该用理性之光驱散黑暗，把人们引向光明，用理性而不是用权威来判断一切事物，只畏惧真实，只尊重科学，不再信奉偶像与教条。他们著书立说，积极地批判专制主义和宗教愚昧和封建特权主义，宣扬的天赋人权、三权分立、自由、平等、民主和法治的思想，推动了资产阶级的革命和改革。启蒙运动就是欧洲历史上一次思想大解放。

启蒙运动就是启迪蒙昧、反对愚昧主义、提倡普及文化教育的运动。启蒙思想家把基督教会看作人类发展和幸福的最大障碍，认为是基督教会使人狂热，导致人们以宗教的名义犯罪；信仰引发狂热，如同发烧使人神志不清一样。他们指出，中世纪在宗教的鼓吹下，人们沉迷在宗教所预设的幻象中，并且把幻象看作现实，提出把幻象看成预言的人只是在自欺欺人，同时还指出，人类未来的幸福不是依靠取悦上帝或是遵循神的指令，而幸福生活就在眼前，理智、正确地处理好和他人的关系，就可以获得幸福。

启蒙运动就其精神实质来看，它是宣扬资产阶级政治思想的运动，并非单纯是文学运动。它是文艺复兴时期资产阶级反封建、反禁欲、反教会斗争的继续和发展，直接为1789年的法国大革命奠定了思想基础。启蒙思想家用理性启迪人类，从理论上证明封建制度、宗教信仰的不合理，唤醒沉睡在无知、迷信和偏见中的人们。因此，他们提出一整套哲学理论、政治纲领和社会改革方案，要求建立一个以"理性"为基础的社会。他们主张以政治自由对抗专制暴政，用信仰自由对抗宗教压迫，用自然神论和无神论摧毁天主教权威和宗教偶像,用"天赋人权"反对"君权神授"的观点,用"人人在法律面前平等"反对贵族的等级特权,进而建立资产阶级的政权。

启蒙思想家是时代的产儿,是敢于向旧观念、旧制度挑战的斗士。恩格斯指出:"在法国为行将到来的革命启发过人们头脑的那些伟大人物,本身都是非常革命的。他们不承认任何外界的权威,不管这种权威是什么样的。宗教、自然观、社会、国家制度,一切都受到了最无情的批判;一切都必须在理性的法庭面前为自己的存在作辩护或者放弃存在的权利。"① 恩格斯这里所说的理性,是指人的一种自然能力,即人们在生活中形成的自然、人性和经验的能力。启蒙思想家以伏尔泰、孟德斯鸠和卢梭为代表。

伏尔泰是法国启蒙运动的领袖,是 18 世纪法国资产阶级启蒙运动的旗手,被誉为"思想之王""法兰西最优秀的诗人""欧洲的良心"。他主张天赋人权,认为人生来就是自由和平等的,提出法律应以人性为出发点,在法律面前人人平等。猛烈抨击天主教会,但主张信仰自由和信仰上帝。

孟德斯鸠反对君主专制,提出三权分立学说,认为国家的权力应分为立法权、行政权和司法权,彼此制衡。三权分立学说是古希腊、古罗马政治理论的发展,它体现了人民主权原则,奠定了近代西方政治与法律理论发展的基础,也在很大程度上影响了欧洲人对东方政治与法律文化的看法。他所提出的三权分立学说直到现在仍为一些国家所采用。

卢梭继承了洛克的"人民主权说",进而提出"主权在民"的主张,他认为一切权力属于人民,权力的表现和运用必须体现人民的意志,社会秩序是由人民约定的。他对人权的理解建立在"自由、平等、博爱"和"天赋人权"的思想上,深入探讨了平等问题,单凭理性从人性中推出人类不平等的根源,还论证了从不平等发展到平等的必然性。卢梭认为,在"自然状态"下,人类只有自然条件上的不平等,没有政治社会上的不平等,但随着人类社会进步,生产力的提高,人类开始出现私有财产,从而推动人类社会从"自然状态"进入"社会状态"。在"社会状态"下,人类社会出现了政治上的不平等,并且这种不平等经历了三个阶段:第一个阶段是私有财产的产生,出现了财富的不平等;第二个阶段是财产富有者为了

---

① 《马克思恩格斯文集》(第 3 卷),人民出版社,2009,第 523 页。

保护他们的财产，引诱穷人签订契约，扩大政府权力，出现了压迫者与被压迫者间的不平等；第三个阶段是合法的权力转变为专制的权力，产生了封建暴君的专治统治，出现了主人与奴隶之间的不平等。这时不平等达到顶点，也就预示着要开始走向其对立面，向平等进发。"这就是不平等的最后阶段，也就是结束循环、接触到我们原来的出发点的极点。"① 卢梭对不平等思想的论述包含否定之否定的辩证法思想。"这样，不平等又重新转变为平等，但不是转变为没有语言的原始人的旧的自发的平等，而是转变为更高级的社会契约的平等。压迫者被压迫。这是否定的否定。"②

就人民与政府的关系而言，卢梭主张通过社会契约建立自由平等的国家。在这样的国家里，政府只是根据法律进行统治，政府和官吏是人民委任的，人民有权委任他们，也有权撤换他们，甚至有权举行起义，消灭奴役压迫人民的统治者。

启蒙时期的哲学家把社会政治制度的弊端完全归结为认识的问题，他们认为人的理性乃是自然的赐予，而不是宗教或"文明"的产物，只要经过启蒙，通过知识的普及，人的理性得以成熟，人性就会有很大进步，就会认识到自己的权利和利益，就会改变不合理的封建制度。换言之，他们认为只要按理性的要求把世界解释清楚了，一切问题似乎都可以迎刃而解了。他们还认为否认上帝存在是不合乎理性的，因为这个世界太有条理了，因此不可能没有上帝，也认为灵魂不朽是合理的，认为人是否有一个不朽的灵魂不是信仰问题，而是理性的问题。

总之，启蒙运动所宣扬的天赋人权、三权分立、自由、平等、民主和法治的思想，推动了资产阶级的革命和改革。

3. 19 世纪德国人本主义思想

在感性主义路线上，将神学完全融入人类学，使唯物主义重新登上哲学宝座的是 19 世纪德国古典唯物主义哲学的集大成者费尔巴哈。他把自己的学说称为人本主义。费尔巴哈的人本主义哲学是通过批判宗教神学和黑格尔的唯心主义来完成的。

---

① 北京大学哲学系外国哲学史教研室编译《西方哲学原著选读》（下卷），商务印书馆，1993，第 78 页。
② 《马克思恩格斯文集》（第 9 卷），人民出版社，2009，第 147 页。

费尔巴哈从唯物主义视角,对人的起源、本质、地位、作用以及研究人的方法做了系统论述。费尔巴哈说:"人不是导源于天,而是导源地,不是导源于神,而是导源于自然界。"① 人是自然界长期发展的产物,是自然界的高级生物。因此,只有从人出发才能解释其他一切。"人是自然界最高级的生物,所以当我想要弄清自然的起源和进程的时候,我必须从人的本质出发,以人的本质为基础。"② 费尔巴哈认为:"人的本质是理性、意志、心情。一个完善的人,是具有思维的能力,意志能力和心情能力的。……理性、爱和意志力是完善的品质,是最高的能力,是人之所以为人的绝对本质,以及人的存在的目的。理性、意志、爱或心情并不是人所具有的力量,而是建立人的本质的元素,因此,理解这些元素是不能离开人的本质。……只有人性的东西是真实的实在的东西;因为只有人性的东西才是有理性的东西;人乃是理性的尺度。"② 费尔巴哈虽然认为人是从自然界产生的,但没有把人的本质完全归结为自然本质,他说直接从自然界产生的人,只是纯粹自然的本质,还不是真正的人,真正的人是人的作品,是文化、历史的产物。费尔巴哈虽然意识到人的社会性,但把人的社会性只作抽象的理解。从时间上和空间上说,自然界是第一性的,但从地位上说,人是第一性的。研究人的本质应运用适合人的方法。费尔巴哈说:"我的方法是什么呢?是借助于人,把一切超自然的东西归结为自然,又借助自然,把一切超人的东西归结为人,但我一贯地把明显的历史的经验的事实和例证作为依据。"③

费尔巴哈的人本学思想体现在他关于认识、道德伦理等方面的理论中。在认识论上,他的人本学认识论将"实在的和完整的人的实体"作为认识的原则和主题,并以此批判改造了黑格尔的思维与存在同一学说,提出并论证了人本学唯物主义的反映论的两条原理,即"思维依赖存在"和"人是思维与存在统一的基础"。在伦理学上,费尔巴哈退回唯心主义阵营,伦理学是以抽象的人作为出发点,这里的人是作为"有生命、有感觉、有愿

---

① 〔德〕路德维希·费尔巴哈:《费尔巴哈哲学著作选集》(上卷),荣震华等译,商务印书馆,1984,第677页。
② 北京大学哲学系外国哲学史教研室编译《西方哲学原著选读》(下卷),商务印书馆,1993,第469页。
③ 〔德〕路德维希·费尔巴哈:《费尔巴哈哲学著作选集》(上卷),荣震华等译,商务印书馆,1984,第249页。

望的生物"。伦理学领域的"人的最内秘的本质不表现在'我思故我在'的命题中，而表现在'我欲故我在'的命题中"。① 人的最大愿望是保存生命、追求幸福。费尔巴哈认为，人们对物质生活的追求、对性的追求甚至自杀都是追求幸福的表现。他说："为了美满完整的幸福，自然也必须有完整美满的身体；但也正因此，畸形的残缺不全的幸福总之也仍然是幸福。"② 如果生命都没有了，就根本没有幸福。这一点实际上也是对基督教神学和唯心主义的批判，因为基督教神学认为人死之后可以上天堂，唯心主义往往认为灵魂不朽。他还认为趋乐避苦也是人的本性。"我不想受到苦难，我想得到幸福。"对性的追求就是对幸福的追求。如费尔巴哈所说："在荷马的赞美歌中，我们知道安希兹是怎样热烈地恋爱着维纳斯，以至兴奋地高呼说：'哦！你这个像女神一样的姑娘，只要能和你同床，我立刻死去也愿意'。"③ 这说明，性是人们生活的重要组成部分。在费尔巴哈看来自杀不是拒绝幸福，而是痛苦和不幸的解脱。费尔巴哈说："自杀者所以希望死，不是因为死是一种祸害，而是因为死是祸害和不幸的终结。"④ 费尔巴哈认为，人的幸福不仅体现在个人的幸福生活上，而且表现为不阻碍他人追求幸福生活。利己和利他的统一可以通过"义务""良心""同情心"来实现。他认为人是一种社会的动物，人的本质不是单独性的而是社会性的。费尔巴哈这样说："孤立的、个别的人，不管是作为道德实体或作为思辨实体，都未具备人的本质。人的本质只是包含在团体之中，包含在人与人的统一之中，这个统一只是建立在'自我'和'你'的区别的实在性上面的。"⑤ 为了实现利己与利他的和谐，每个人的利己行为都应遵循基本的道德原则：一是不要因为暂时的幸福而损害了更高的和更长远的幸福，凡是与人对于幸福追求相适应的行为就是善，反之，就是恶。二是个人在追求自己的幸

---

① 〔德〕路德维希·费尔巴哈：《费尔巴哈哲学著作选集》（上卷），荣震华等译，商务印书馆，1984，第432页。
② 〔德〕路德维希·费尔巴哈：《费尔巴哈哲学著作选集》（上卷），荣震华等译，商务印书馆，1984，第543页。
③ 〔德〕路德维希·费尔巴哈：《费尔巴哈哲学著作选集》（上卷），荣震华等译，商务印书馆，1984，第554~555页。
④ 〔德〕路德维希·费尔巴哈：《费尔巴哈哲学著作选集》（上卷），荣震华等译，商务印书馆，1984，第540页。
⑤ 〔德〕路德维希·费尔巴哈：《费尔巴哈哲学著作选集》（上卷），荣震华等译，商务印书馆，1984，第185页。

福时也得尊重别人追求幸福的愿望，否则，自己的幸福也实现不了。在费尔巴哈看来："我的权利就是法律所承认的我的追求幸福的愿望，我的义务就是我不得不承认别人追求幸福的愿望。"① 自己追求幸福的权利和承认他人追求幸福的愿望的义务，两者是统一的。三是每个人都应听从自己内在的"良心"或"同情心"的指引。费尔巴哈说："受到内心的、亲切的、诚恳的和自愿的限制的道德，也使我的追求幸福的愿望同你的以及别人的追求幸福的愿望取得协调。"② 因为内在良心的指引，每个人都能够在内心中接受"自愿的限制的"道德规章，从而使得我自己的幸福追求和别人的幸福追求能够达到某种和谐。

费尔巴哈的人的本质思想，在当时德国对于反抗宗教神学和唯心主义思辨哲学将人看成是上帝的创造物的观点起到了思想启蒙作用。但是费尔巴哈抛弃了黑格尔的辩证法，长期脱离实践，他过多地强调人的自然属性，把人看成是生物学的实体，把人的本质看成是抽象的、单个人所固有的，脱离具体历史、具体社会的东西。这一切使他尽管在人的身上找到把思维与存在统一起来的唯物主义基础，却没有把二者真正统一起来，并把唯物主义原则贯彻到底。费尔巴哈未完成的工作由马克思和恩格斯来完成。

（二）理性主义路线的思想

在近代西方，理性在感性主义路线中，同时也伴随着理性主义路线的发展，这两条路线是不断地相互斗争，从而推动了近代人类理性思想的发展和高扬。理性主义路线是以笛卡尔、斯宾诺莎、康德和黑格尔为主要代表。

1. 16世纪至17世纪理性主义思想

近代理性主义流派的思想发端于人的理性，人的自我意识是贯穿其中的一条红线。这个阵营内部的差异在于对"自我意识"的理解不同，有的思想家把"自我意识"理解为人的自我意识，有的思想家把"自我意识"理解为"大我"的意识。

---

① 〔德〕路德维希·费尔巴哈：《费尔巴哈哲学著作选集》（上卷），荣震华等译，商务印书馆，1984，第432页。
② 〔德〕路德维希·费尔巴哈：《费尔巴哈哲学著作选集》（上卷），荣震华等译，商务印书馆，1984，第431页。

笛卡尔的"我思"作为近代理性的自由意志原则的最初端倪，还只是被作为一种自我意识来把握，康德、费希特的先验自我意识则是具有实践意义的、普遍的、能动的自身规定的意志，这是近代理性的自由意志概念的充分显露。至于黑格尔哲学是彻底以自由意志概念为自己的绝对原则。可见，普遍的、能动的自由意志是德国古典哲学的最高原则，也是近代理性的最高原则。

笛卡尔、斯宾诺莎是欧洲近代著名的理性派哲学家，他们认为，只有把握了事物本质的理性认识才是靠得住的，才是真理。近代理性派认为，知识的普遍必然性和逻辑确定性不能在感性中寻求。依据这种逻辑，笛卡尔首先提出普遍的原则，即"我思故我在"的第一原理。以理性作为判断真伪的唯一尺度，只有理性才能提供科学知识的逻辑确定性、普遍必然性、科学有效性。就他们强调理性认识的重要性而言，他们在近代西方认识史上是有功绩的，但他们只强调理性认识的重要性，并由此贬低感性认识的重要性，否认理性认识必须以感性认识为来源，因而他们的观点带有很强的片面性。这主要是由于以笛卡尔、斯宾诺莎为代表的理性派，受文艺复兴运动和近代自然科学的影响。一方面，理性哲学既是对古代理性原则的进一步发挥，又带有新的时代气息和阶级内容。在中世纪，宗教神学是唯一的意识形态，哲学是神学的婢女，人没有任何自由可言，人的自主力和创造力都被扼制。文艺复兴运动提倡人性，反对神性；提倡科学，反对愚昧；提倡自由，反对封建迷信。因此，近代理性主义带有浓厚的人文特色和启蒙精神，它是上升时期资产阶级思想家们反对封建斗争的思想武器，又是他们追求社会和人生理想的根本体现。另一方面，近代理性哲学受近代自然科学的影响，主要是数学、几何学和力学的影响，因此，它又明显带有机械唯物论的特点。例如，笛卡尔提出"动物是机器"的著名论断；斯宾诺莎《伦理学》的体系按照几何学的方法构建，他把人的思想、情感、欲望当作几何学上的点、线、面来加以研究，提出公理和定义，然后进行证明，进而演绎。后来法国唯物主义哲学家拉美特利把笛卡尔的"动物是机器"的论断进一步发展为"人是机器"的论断。可见，笛卡尔、斯宾诺莎所说的"理性"，明显地打上了17世纪机械唯物论的烙印，它与后来康德的先验理性和黑格尔的对立面相统一的"理性"有很大的差异。

如果说笛卡尔、斯宾诺莎等近代理性派哲学家树立了理性的绝对权威，那么康德则对近代理性进行了批判。西方近代理性主义内部的经验理性论和大陆唯理论对阵，到了18世纪末，双方都陷入困境，无法再在自己的轨道上继续发展。哲学自身的发展必然要求弥合英国经验理性论和大陆唯理论之间的分歧，寻求摆脱理性困境的出路，康德哲学应运而生。康德在《纯粹理性批判》中说："人类理性具有此种特殊命运，即在其所有知识之一门类中，为种种问题所困，此等问题以其为理性自身之本质所加之于其自身者，故不能置之不顾，但又因其超越理性所有之一切能力，故又不能解答之也。"[①] 理性的困惑源自两方面，其一是关于理性自身的合理性，这一点，最完美的逻辑也无法自证。理性的源头问题，是一个无止境的问题，追溯理性的源头也可以说是一个无穷倒推的过程，类似于寻求宇宙的第一推动力，属于理性自身无法解决的问题。所以无论后来的逻辑发展到多么完美，终究在起步处失掉至关重要的一步。由此可见，人类的理性是凄惶的，像个育婴堂里留下的孤儿，尽管日后可能辉煌，但其本质仍然是身世不明的。其二，受理性压制的感性或者经验等其他一些形而下的东西，固然有其超越其他意识的优越感，但是它永远无法成为最上层，其上层的问题仍然存在，即理性所不能解释的问题仍然存在。事实上，从经验中总结出来的规律常给人以先验之假象，这实属理性之过错。

2. 德国古典理性主义思想

康德高举批判理性大旗，企图把经验理性论和大陆唯理论的观点融入他的哲学体系中，全面探索科学及形而上学成立的条件。康德认为"一直到现在为止，哲学是独断的：它往前进行而没有预先批判它自己的能力。现在必须批判，或开始不偏不倚地考察理性一般的能力；康德怀有这样的目的，写了他的三种'批判'：即《纯粹理性批判》，考察理论的理性或科学；《实践理性批判》，考察实践的理性或道德；《判断力批判》，考察美学和目的论判断，或艺术和自然中的目的"。[②] 康德认为，一切科学知识都从经验开始，但不能从经验中产生，在他看来，形成科学知识不仅需要经验，而且还需要有主体内在的先天条件，即构成一切知识的先天形式。他在《纯粹理性批判》中分"先验感性论""先验分析论""先验辩证论"三部

---

① 〔德〕康德：《纯粹理性批判》，蓝公武译，商务印书馆，1997，第3页。
② 〔美〕梯利：《西方哲学史》，葛力译，商务印书馆，2000，第433页。

分详细地探讨了人类认识中的先天形式，进行哲学史上的"哥白尼革命"。

康德通过对先天形式的考察，发现人的认识是由感性到知性，再由知性进到理性的过程，感性和知性只能认识和解决现象问题，至于在现象之后的本体则是理性认识的对象，因为理性的本性就是超越现象去探索更深的条件和根本，把握世界的绝对总体。但理性又不像感性和知性那样有自己赖以把握世界的思维工具，因此只能借助知性的范畴来追求理念、认识"物自体"。康德认为，理性一旦这样进行它的工作，就必然会陷入先验幻相，产生二律背反，最终无法达到它的目的，即认识"物自体"。换言之，康德的"物自体"是理性的一道天然屏障，使现象界和本体界之间不能互相通达，这样，康德在完成他的"哥白尼革命"后，又以一种更加尖锐的方式使理性重新陷入了困境。

黑格尔认为康德的批判之所以使理性重新陷入困境，原因在于康德割裂了理性与现实的关系，使理性与现实处于不可调和的冲突与分裂之中。康德认为，人类的理性只能认识和把握存在的现象而不能认识和把握存在的本质，这就把现象和本质对立起来，认识论和本体论对立起来，造成理性和现实的冲突，思维不能到达自在之物的彼岸，从而使自在之物成为一个永恒的谜、不可知的黑洞。黑格尔认为，康德之所以犯这种错误，在于他没有深刻地挖掘人类思维功能的内在统一性，只停留在思维的较低阶段——知性领域，没有上升到把握全部现实的思辨理性。黑格尔正是在批判康德哲学的过程中阐述了他的思辨理性。黑格尔的思辨理性是在最深的层次上把握全部现象的内在统一性，他说："哲学的最高目的就在于确定思想与经验的一致，并达到自觉的理性与存在于事物中的理性的和解，亦即达到理性与现实的和解。"[①] 为了达到理性与现实的和解，必须辩证地考察理性。康德认为理性在认识世界本质时产生矛盾，陷入二律背反，理性在把握本质时产生"先验幻相"，这说明世界的本质，一切事物的最高统一体是不能被理性把握的，因此得出了物自体不可知的结论。而黑格尔的思辨理性则认为理性在认识世界时陷入矛盾正表明理性把握了世界的本质，"思辨的思维唯在于思维把握住矛盾并在矛盾中把握住自身"[②]。因此，只有思

[①] 〔德〕黑格尔：《小逻辑》，贺麟译，商务印书馆，1996，第43页。
[②] 〔德〕黑格尔：《逻辑学》（下卷），杨一之译，商务印书馆，2009，第67页。

辨理性"从对立面的统一中把握对立面"才能使思维把握全部现实,从而跨越康德哲学中"现象"与"自在之物"之间不可逾越的鸿沟。黑格尔指出:"康德只走到半路就停住了,因为他只理解到现象的主观意义,于现象之外去坚持着一个抽象的本质、认识所不能达到的物自身。殊不知直接的对象世界之所以只能是现象,是由于它自己的本性有以使然,当我们认识了现象时,我们因而同时即认识了本质,因为本质并不存留在现象之后或现象之外。"① 黑格尔依据"从对立面的统一中把握对立面"的思想,把整个世界视为绝对理念自身的演化,认为绝对理念自身包含既对立又统一的两个方面。它们的对立统一使绝对理念(绝对精神)自身沿着正、反、合三段论的模式进行着概念的演化。"自我意识的完成,就是绝对知识的主客统一性。就这个主客体统一性内在原理而言(纯粹而普遍的),便是黑格尔逻辑学的对象;就这个主客体统一性内在原理的现实表现而言,这又构成了黑格尔的《自然哲学》和《精神哲学》的对象;自然哲学,是以这个主客统一性的原理中的客观性这一环节所外化成的自然为对象;精神哲学,是以这个主客统一性的原理中的主观性这一环节所表现人的精神为对象,而人的精神,就是自然的本质作为精神的自我意识。"②

从上面的分析可以看出,黑格尔的思辨理性既不同于笛卡尔等的机械唯物论的理性,也不同于康德的批判理性,黑格尔的思辨理性哲学是一个包罗万象的大全,克服了其前辈们"理性"思想的缺陷,使理性的地位达到了无以复加的地步。理性的这种辉煌,也就意味着理性主义开始衰落。一方面,西方近代理性主义在"人是自然界的主宰"的思想下进行运作,表现在科学理性和技术理性的突飞猛进上;另一方面,近代理性主义把理性作为判断真伪的唯一尺度,尤其是黑格尔把一切都包容在理性之中,这实际上就是非理性之举。正如 C. W. 莫里斯所言:"要使理性成为形形色色、多方面、错综复杂的人的自我的最终和完整的目标,这就是非理性。"③

---

① 〔德〕黑格尔:《小逻辑》,贺麟译,商务印书馆,1996,第276页。
② 邹化政:《黑格尔哲学统观》,吉林人民出版社,1991,第1~2页。
③ 〔美〕C. W. 莫里斯:《开放的自我》,定扬译,徐怀启校,上海人民出版社,1985,第3页。

四　现代：反理性主义的理性思想

在黑格尔之后，出现了许多哲学流派，并且这些流派都是以反对黑格尔开始的，换言之，他们都与近代理性主义走的不是一条路线，即走反近代理性主义的道路。由于海德格尔是一位反理性主义比较彻底的思想家，这里仅以他的思想为代表进行分析。

（一）海德格尔反近代理性主义的原因

后期海德格尔是一位公开与欧洲近代理性主义唱对台戏的现代西方哲学家。海德格尔明确地说："只有当我们得知几百年来受颂扬的理性是思想的最顽固的对手之后，思想才能开始。"① "几百年来受颂扬的理性"，指欧洲自启蒙运动以来的理性，即欧洲近代理性主义的"理性"。而"思想"则是后期海德格尔所倡导的东西，并且为此写了《哲学的终结和思的任务》一文。在文章中海德格尔分析了两个问题：一是哲学为什么在现时代终结了，哲学的终结意味着形而上学的完成；二是哲学终结之际为思留下了什么样的任务。海德格尔指出："早在希腊哲学时代，哲学的一个决定性特征就已经显露出来了：这就是科学在由哲学开启出来的视界内的发展。科学之发展即科学从哲学那里分离出来和科学的独立性的建立。这一进程属于哲学之完成。这一进程的展开如今在一切存在者领域中正处于鼎盛。它看似哲学的纯粹解体，其实恰恰是哲学之完成。"② "哲学之终结显示为一个科学技术世界以及相应于这个世界的社会秩序的可控制的设置的胜利。哲学之终结就意味着植根于西方—欧洲思维的世界文明之开端。"③ 既然哲学终结了，现在思的任务就是放弃以往的思想，即西方近代理性主义的思想，而去规定思的事情，即"被思为澄明的那种圆满丰沛的无蔽本身"。可见，后期海德格尔把欧洲理性主义视为"思想"的最顽固的敌人，并对其进行了尖锐的批判。

海德格尔为什么要对西方近代理性主义进行尖锐的批判呢？简单地说，

---

① 〔德〕马丁·海德格尔：《林中路》，孙周兴译，上海译文出版社，1997，第263页。
② 〔德〕海德格尔：《面向思的事情》，陈小文、孙周兴译，商务印书馆，1998，第70页。
③ 〔德〕海德格尔：《面向思的事情》，陈小文、孙周兴译，商务印书馆，1998，第70页。

是因为西方近代理性主义对人的本质的误解，以及在此基础上产生的人类的生存危机。

我们知道，虽然西方文化内部派别林立，但各学派都有共同的文化背景——基督教。《圣经》中的《创世记》记载，上帝在造完宇宙万物后才按照神的样子造出人来，其目的是使人类成为宇宙万物的主人。这个故事包含两层意思：一是说人类有能力主宰和控制宇宙万物；二是人类同时也是宇宙万物的看护者。西方自启蒙运动以来，只是突出了人类是万物主宰的一面，而忽视了人类对万物的看护义务，从而造成了人类的生存危机。海德格尔意识到了这一问题的严重性。

（二）海德格尔对近代主体性思想的批判

在海德格尔看来，近代的人从中世纪神学的桎梏下解脱出来，回归自身，确立了人的自主性，但同时也容易造成误解：人从理性的生物和上帝的子民变为万物存在的模式和真理的主宰者。笛卡尔的"我思故我在"、康德的"人为自然立法"和黑格尔的"绝对精神"等这些观点都充分体现了近代理性主义的人的主体性思想。海德格尔也正是通过对笛卡尔、康德和黑格尔的主体性思想的批判，来阐述他自己对人的本质的理解。

1. 对笛卡尔主体性思想的批判

笛卡尔以"我思故我在"这一命题敲开了近代哲学的大门，并以"我思故我在"作为他的哲学确定性的"阿基米德点"，建立他的哲学体系。他的继承者们给予"我思故我在"极高的评价。从此，他的头上就环绕着许多光环。黑格尔说："他（笛卡尔——引者）是一个彻底从头做的，带头重建哲学的基础的英雄人物，哲学在奔波了一千年之后，现在才回到这个基础（理性——引者）上面。"[①] 然而海德格尔对笛卡尔的评价与这一评论截然不同。

海德格尔认为，正是笛卡尔的"我思故我在"，堵塞了通达"源头"的道路。笛卡尔自以为"我思故我在"是一个坚不可摧的基点，其实不然，他没有对"我思故我在"进一步透视清楚，即没有思考"我"的存在状态，

---

① 〔德〕黑格尔：《哲学史讲演录》（第4卷），贺麟、王太庆译，商务印书馆，1996，第63页。

没有思考"我思"是如何的"思",没有思考"我在"又是如何的"在"。海德格尔明确指出:"笛卡尔发现了'我思故我在'就认为已为哲学找到一个可靠的新基地。但他在这个'基本的'开端处没有规定清楚的正是这个思执的存在方式,说得更准确些,就是'我在'的存在的意义。"① 在这个不是"阿基米德点"的"阿基米德点"上进行思考,就使得"我在"陷入全无规定之境。但客观地说,笛卡尔的"我思故我在",并不像海德格尔说的那样是一无是处。事实上有了"我思故我在",才有了接下来的以"主体"为核心的近代哲学,正是有了"我思故我在",才有胡塞尔的现象学,这一命题客观上也启示了海德格尔对"存在"意义的追问。

2. 对康德主体性思想的批判

如果说,海德格尔对笛卡尔的主体性思想的批判主要是否定性的,那么,海德格尔对康德的主体性思想持一种"扬弃"的态度:既否定了康德哲学思想的形而上学传统,同时又肯定了康德在主体之为主体方面所做的贡献。从肯定方面看,海德格尔认为,康德虽然是以主体的性质、能力为切入点来阐述主体,但他是"曾经向时间性这一维度探索了一程的第一人或唯一一人",② 并借助"时间"说明了主体"如何在"和"如何思",即在先验感性论中,感性能力运用直观形式——空间、时间——对感觉表象进行整理,进而在先验分析论中,知性以先验图型为中介,利用十二范畴对感性直观提供的材料进行综合统一,从而形成知识。康德虽然没有十分清楚地认识到再生想象力在思中的最高地位,但他毕竟是第一个尝试着从"心理"的角度探讨感性认识和理性认识的关系的人,对主体之为主体的情况,"在某些本质方面多少有所推进","并已经把时间划归到主体方面"。③

海德格尔还指出,虽然康德继承了笛卡尔的"我思",但他的"我思"不是实体,而是思维主体和实践主体。"我思"不是被表象的东西,而是表象活动之为表象活动的形式结构,康德把"我思"称为"逻辑主体"。海德

---

① 〔德〕海德格尔:《存在与时间》,陈嘉映、王庆节译,生活·读书·新知三联书店,2000,第28页。
② 〔德〕海德格尔:《存在与时间》,陈嘉映、王庆节译,生活·读书·新知三联书店,2000,第27页。
③ 〔德〕海德格尔:《存在与时间》,陈嘉映、王庆节译,生活·读书·新知三联书店,2000,第28页。

格尔认为，在康德的主体分析中，有两重积极的意义：一方面，康德看到从存在者层次上把"我"引回到一种实体是不可能的；另一方面，康德坚持"我"即是"我思"。

从否定方面来看，海德格尔仍然把康德归为传统形而上学的人学思想的代表人物，对康德的人学思想主要从否定角度进行分析。海德格尔认为当康德的先验想象力只能确立相对于认识主体来说的经验存在时，就暴露了认识主体的有限性，也表明，"此在"才是一切知识成为可能的条件。海德格尔指出，虽然康德把时间归结到主体方面，但是对时间的分析仍然以流传下来的对时间的领会为准，这使得康德最终没有把"先验的时间规定"结构与功能清理出来，对康德来说这个区域仍然是一片禁地。海德格尔认为，之所以如此，是因为康德继承了笛卡尔的存在论立场，从而使"康德耽搁了一件本质性的大事：耽搁了此在的存在论"。

在康德的三大批判中，以"我""我思""理性"作为人的本质，再次高扬理性是人的本质的思想。海德格尔指出，康德从某种时间性存在者的观念出发，进行他的理论分析，表面上看，康德似乎放弃了笛卡尔的入手点，不再把独立地摆在那里的主体作为开端，但这是个假象，在存在论上，笛卡尔的立场仍然被保留。海德格尔援引康德的话说，"'我'是伴随一切概念的一种纯意识，随着这意识，一种超验的思想主体，别无其得以表象"①。海德格尔指出，康德把"我"理解为主体，从而使"我"滑回到不恰当的实体存在中去了，"因为主体这一存在论概念所描述的不是'我'规定为主体，而是一种总已现成的事物的自一性与持存性，从存在论上把'我'规定为主体，这等于说：把我设为总已现成的事。'我'的存在被领会为 res cogitans（思执）的实在性"②。

客观地评价，康德哲学是西方哲学史上的一个枢纽，后来无论是科学主义哲学还是人本主义哲学都可以追溯到康德。虽然海德格尔对康德的思想持批判态度，但是康德从"时间性"出发去思考问题的方法，对海德格尔有很大的启示，因为"此在"的存在主义是通过时间性展示出来的，就

---

① 〔德〕海德格尔：《存在与时间》，陈嘉映、王庆节译，生活·读书·新知三联书店，2000，第364页。

② 〔德〕海德格尔：《存在与时间》，陈嘉映、王庆节译，生活·读书·新知三联书店，2000，第364页。

这点来说，海德格尔还是要感谢康德的。

3. 对黑格尔主体性思想的批判

怀特海说过，20世纪的每一重要哲学运动都是以攻击黑格尔开始的，其中也包括海德格尔的存在主义对黑格尔的批判。这是因理性主义路线从柏拉图开始，经过笛卡尔、康德等人的发展，到黑格尔这里已经把理性的地位抬高到无以复加的地步，把实体等同于主体。我们知道，思维和存在的关系问题是哲学的基本问题，只是到近代才获得了完全的意义。近代绝大多数哲学家对这一基本问题采取主客二分的方式进行认识，而理性主义哲学家都是充分发扬"思维"的主动性，到黑格尔这里"理性"就主宰了一切。黑格尔说："一切问题的关键在于：不仅把真实的东西或真理理解和表述为实体，而且同样理解和表述为主体。"①

在海德格尔看来，黑格尔崇尚理性，使存在属于思维、客体从属于主体，近代哲学所探索的思维与存在、主体与客体就合二为一了。既然实体就是主体，反之主体也就是实体。所以，近代形而上学在黑格尔那里达到了顶点。海德格尔认为，以实体来规定、理解主体，就把主体当成现成的东西，这仍然是笛卡尔的存在论立场。"笛卡尔认为 conscientia（意识）的本质在于 conqito me conqitan rem（对物有所思），黑格尔的这种'绝对否定性'以为这种看法提供出从逻辑上加以形式化的解释。"② 黑格尔认为："逻辑的体系是阴影的王国，是单纯本质性的世界，摆脱了一切感性的具体性。"③ 在黑格尔那里，活生生的世界变成逻辑的世界，现实的生活变成冰冷的阴影王国。海德格尔认为，在逻辑和共相中寻找人的本质，寻找人类的精神的家园，显然不能触及事物本身，不能把握世界的真谛，更无法揭示出存在者之存在，而只会停留于存在者之中，停滞在颠倒的世界中而不能自拔。同时海德格尔还指出，如果按照近代理性主义的话语方式来理解人，人的本质含义就被遮蔽了。因此，要对人的本质进行真正的理解，就必须摆脱传统的话语方式。基于此，海德格尔自造一个新词——Dasein（此在）——来定义人，并在《存在与时间》中对此在做了十分详细的分析，

---

① 〔德〕黑格尔：《精神现象学》（上卷），贺麟、王玖兴译，商务印书馆，1979，第10页。
② 〔德〕海德格尔：《存在与时间》，陈嘉映、王庆节译，生活·读书·新知三联书店，2000，第489页。
③ 〔德〕黑格尔：《逻辑学》（上卷），杨一之译，商务印书馆，2009，第42页。

这既防止"人"飘向无限的概念存在而与神为伍,同时也防止"人"成为实证科学意义上的感觉存在者与物为伴。Dasein 是具体的存在,处于时间、空间之中,是有限的,但却并非感性的,不是感觉材料。诚然,人是有理性的,但是人的理性和精神却受其存在的限制,以其存在为基础。因为 Dasein 是有限的,所以时间规定了精神,从而是有限规定了无限,这样海德格尔就把黑格尔的哲学颠倒过来,由无限回到有限、由神回到人,找回并抓住被黑格尔放逐了的人,还人的存在以本来面目,使人回归到具体、现实的存在根基上。"只要在居有中有存在和时间,居有就具有这样的一种标准,即把人本身带到它的本真之境,只要人站在本真的时间中,他就能审听存在。通过这一居有,人就被归属到本有之中。"①

4. 海德格尔的主体性思想

西方近代理性主义把人的本质理解为自主的,并且是自然的主人。这一理解直接导致近代理性主义把理性等同于科学、等同于技术,把理性当作工具理性,理性成为唯一的合法的审判官。在近代,如果把理性的要求作为非本源的要求加以拒绝的话,那么,这样的思想就被看作非理性的而遭到批判。在这一思想的影响下,人们加强了对自然的控制,从下面的一些表述中就可以明确当时的思想观点:征服自然、战胜自然、科学地征服世界、控制自然力的冲动等。这些新思想在当时确实振奋了人们的精神,随着人们的物质和精神生活的改善,近代理性主义者就把新的科学方法论的理性——科学和技术——看作是一种能够离开社会环境的独立力量,从而导致了许多社会危机。一些敏锐的哲学家看到了近代理性主义思维方式所带来的危害。威廉·莱斯引用英国罗素的观点,指出"人们认为科学提高了他们对自然的控制进而也有利于他们的幸福和健康,同时也使他们看不清这一事实:由于他们纵容自己整体热情随意的膨胀,这将预示着文明的毁灭"②。接着他指出:"一个反面的讽刺是,这个开发所依赖的巨大工具——科学和技术——也被归入了阻挡新的社会到来的种种障碍之中。在乌托邦传统对手的名单上,如战争和非正义等,又增添了由先进技术组织

---

① 〔德〕海德格尔:《面向思的事情》,陈小文、孙周兴译,商务印书馆,1998,第27页。
② 〔加〕威廉·莱斯:《自然的控制》,岳长龄、李建华译,重庆出版社,1993,第10页。

产生出来的人类关系的消极的特征。"① 恩格斯在《自然辩证法》中对人类用科学技术毫无顾忌地开发自然提出了警告:"我们不要过分陶醉于我们人类对自然界的胜利。对于每一次这样的胜利,自然界都对我们进行报复……因此我们每走一步都要记住:我们决不像征服者统治异族人那样支配自然界,决不像站在自然界之外的人似的去支配自然界——相反,我们连同我们的肉、血和头脑都是属于自然界和存在于自然界之中的;我们对自然界的整个支配作用,就在于我们比其他一切生物强,能够认识和正确运用自然规律。"② 海德格尔更是站在西方理性主义的对立面来看待近代科学和技术的进步。

海德格尔在《林中路》中引述了李尔克的诗句:"世界真命主人/熔之以铸机器,隆隆作响役于其志;然机器并不带来福气。"③ 海德格尔随后就分析了技术统治的危害。"为技术的统治之对象的事物愈来愈快,愈来愈无顾忌,愈来愈完满地推行全球,取昔日习见的世事所约定俗成的一切而代之。技术的统治不仅把一切在者都立为生产过程中可制造的东西,而且通过市场把生产的产品提供出来。人的人性与物的物性都在贯彻意图的制造的范围之内分化一个市场的计算出来的市场价值,这个市场不仅作为世界市场遍布全球,而且作为在者的本质中的意志的意志进行买卖并把一切在者都带入一种计算行为中,这种计算行为却在并不需要数字的地方统治得最不肯放松。"④ 这段话的意思是,技术统治使整个世界成为可控制的对象,包括人在内的一切都可以按照市场价值进行计算,使技术作价的市场遍布全球。在海德格尔看来,这种理性的计算,是人的本质的最大威胁,海德格尔把这种理性计算看作是非理性的。"也许有一种思想,它比理性化过程之势不可挡的狂乱和控制论的摄人心魄的魔力要清醒些。也许恰恰这种摄人心魄的狂乱醉态倒是最极端的非理性呢!"⑤

海德格尔之所以把近代欧洲理性化过程称作"狂乱醉态",是因为在理性的计算下,人仅囿于技术的视野,只知道一味从事技术制造与技术生产,

---

① 〔加〕威廉·莱斯:《自然的控制》,岳长龄、李建华译,重庆出版社,1993,第8页。
② 《马克思恩格斯文集》(第9卷),人民出版社,2009,第559~560页。
③ 洪谦主编《西方现代资产阶级哲学论著选辑》,商务印书馆,1982,第379页。
④ 洪谦主编《西方现代资产阶级哲学论著选辑》,商务印书馆,1982,第380页。
⑤ 〔德〕海德格尔:《面向思的事情》,陈小文、孙周兴译,商务印书馆,1998,第87页。

一味把包括人在内的一切都看成可供利用的原料,"地球及其大气都变成原料。人变成被用于高级目的的人的材料"①。一味地利用和剥削地球和自然,毫不顾忌这样做所引起的严重后果。海德格尔把欧洲技术时代称为"技术的白昼的世界黑夜",欧洲技术时代中的人受制于技术生产和技术制造。然而,海德格尔认为,地球和自然不应被看成人类进步的加油站,而是人类的寓所。在《艺术作品的本源》一文中,在对艺术的沉思中,海德格尔极力恢复自然和大地的本来面目。他说:"希腊人早已提到了 Physis(自然)。后者同时澄明了人把他的居住建立于其上和其中的东西。我们称这个东西为大地。"② "历史的人把他的在世界中的居住建立在大地上和大地中。"③ 这些话表明,海德格尔把大地和自然看作人类的居住地和生存的基地,认为它们是不应该遭受干涉和破坏的。现代技术掩盖了大地和自然的本来面目,把大地和自然作为能源和工业生产的原料库加以利用和剥削,大规模干涉大地和自然,严重威胁人类在地球上的居住与生存,使人类面临失去家园的巨大危险。在近代理性主义者看来,技术制造使世界有秩序,海德格尔指出,其实恰恰是这种秩序把任何"序"都同质化,从而就把一个可能出现的"序"与可能供人居住的领域破坏了。所以,海德格尔把近代欧洲理性化过程称作"狂乱醉态"。

海德格尔批判以理性规定人的传统哲学,目的在于使人们注意到追求理性、追求计算的思想所引起的严重后果。海德格尔认为,人的本质不在于充当一切事物的主宰,而在于"看护存在",即看护自然事物从而又看护人,维护人类长期生存的基本条件。"存在之真理赠送出一切行为的依靠。在我们德语中,'依靠'的意思是'守护'。存在就是守护;存在之真理使绽出之生存寓居于语言中,如此这般地,存在这种守护就把在其绽出的本质中的人守护到存在之真理中去。"④

通过上面的分析,我们可以看出,理性是一个历史范畴,也就是说它不是一个封闭的概念,而是一个开放的系统。随着时代的发展,它的内涵也有所变化,在后来者看来,现有理性具有重大缺陷。从这一角度来看,

---

① 洪谦主编《西方现代资产阶级哲学论著选辑》,商务印书馆,1982,第377页。
② 〔德〕马丁·海德格尔:《林中路》,孙周兴译,上海译文出版社,1997,第282页。
③ 〔德〕马丁·海德格尔:《林中路》,孙周兴译,上海译文出版社,1997,第31~32页。
④ 〔德〕海德格尔:《路标》,孙周兴译,商务印书馆,2000,第423页。

亚里士多德批判柏拉图、康德批判笛卡尔、黑格尔批判其前辈、海德格尔又批判近代理性主义，也就不足为怪。用黑格尔的一句话来说，整个哲学史可以说是理性厮杀的战场。同时也必须看到，人类要生存和发展，又离不开科学和技术的进步。我们必须以史为镜，看到曾使人类获得文明和进步的科学和技术，在迅速发展的过程中却对自然、对人类的基本生存条件产生严重威胁。现在，我们作为身处生态危机中的现代人，不要把一味地向自然索取当作理性行为，而要把保护生态环境、使人与自然和谐共生看作理性的。利用时髦的话说，我们既要金山银山，也要绿水青山，只有维护人类生存的可持续发展的思想和行为，才是理性之思、理性之举。

第二章 西方文化中的非理性问题

西方文化中的非理性问题包含两方面的内容：一是非理性在西方文化中的表现，另一方面是西方思想家对非理性的认识研究。本章讨论第一方面的内容，第二方面的内容在第三章进行论述。非理性在西方哲学中可分为前哲学时期的非理性和中世纪基督教神学的非理性。

一 前哲学时期的非理性表现：原始思维中理性与非理性的认知和思维的混沌统一

前哲学时期的非理性是以后各类非理性的源头，而以后的各类非理性以某种形式再现它的某些特征。因此，要理解各类非理性，就必须先从这个比较"原始的"类型着手。而前哲学时期的非理性是直接表现出来的，因为这一时期人类认知和思维是混沌统一的，对其自身的非理性还没有现代意义的认识，只是将非理性直接表现出来。

前哲学时期的非理性是人类精神的重要组成部分，并且对人类的认识和发展起着重大作用。因此，许多人类学家和哲学家都给予极大的关注并写出了很有影响力的巨著：列维-布留尔的《原始思维》、列维-斯特劳斯的《野性的思维》、恩斯特·卡西尔的《神话思维》、弗雷泽的《金枝》等。他们的基本观点虽然有一定的分歧，但从总体上看，也存在一些共同之处，即在前哲学时期，人类尚未完全摆脱动物的特性，人类认识主要采取了非理性认识形式，其主要特征是：一方面表现为认识性的未分化的本能意识；另一方面表现为非逻辑思维与逻辑思维混沌统一。而这些特征是以直接的方式表现出来。

（一）前哲学时期的古人类混沌的认识方式

人类学家通过对世界不发达民族的研究发现，前哲学时期的古人类的认识方式和思维方式同现代人的认识方式和思维方式相去甚远。古人类的认识方式和思维方式不遵循矛盾律，而对矛盾律的忽视是我们现代的理性所不能容忍的。在这个意义上，列维-布留尔把这种思维称作"原逻辑的思维"。布留尔指出，原始人的认知方式的最大特点是"集体表象"，他们的思维方式服从"互渗律"。

列维-布留尔在《原始思维》中对"集体表象"做了十分详细的阐述："所谓集体表象，如果只从大体上下定义，不深入其细节问题，则可根据所与社会集体的全部成员所共有的下列各特征来加以识别：这些表象在该集体中是世代相传；它们在集体中的每个成员身上留下深刻的烙印，同时根据不同情况，引起该集体中每个成员对有关客体产生尊敬、恐惧、崇拜等等感情。它们的存在不取决于每个人；其所以如此，并非因为集体表象要求以某种不同于构成社会集体的各个体的集体主体为前提，而是因为它们所表现的特征不可能以研究个体本身的途径来得到理解。……它先于个体，并久于个体而存在。"① 这段话的意思是，集体表象是全体成员所共同具有的一种意识和表象，这种表象是以集体的形式世代传承的，并且在每个成员身上留下了深刻的烙印；在人类社会早期，社会生产力低下，科学技术还没有萌芽，再加上当时自然条件恶劣，导致人类的认识能力弱，使主体对客体产生尊敬感、恐惧感和崇拜感等各种情感，这种认知方式不是根据个体来理解集体表象，而是相反，即根据集体来理解个体。从集体表象的定义中，我们可以把原始人的这种认知方式叫作"多式综合的"认知方式。也就是说，在原始人那里，不仅主体内部的知、情、意是处于未分化的状态，而且主体和客体也混杂在一起。原始人的"集体表象"包含主体的情感或运动在内的表象，因为在他们的认识过程中"要独立地观察客体的映象或心象而不依赖于引起它们或由它们所引起的情感、情绪、热情，是不可能的"②。

通过上面的分析可以看出，"集体表象"并不是我们现代意义上的表象。"表象是感性认识的高级形式，它是人脑对过去的感觉和知觉的回忆，

---

① 〔法〕列维-布留尔：《原始思维》，丁由译，商务印书馆，2009，第5页。
② 〔法〕列维-布留尔：《原始思维》，丁由译，商务印书馆，2009，第26页。

是曾经作用于感觉器官的客观对象的形象再现。"① 现代意义上的表象通常被理解为智力方面的或认识方面的现象，表象达到了这样的可分化程度，使我们能够进行抽象和逻辑分类。而原始人的"集体表象"不是智力和认识的产物，它内含情感或运动因素，一切客体被这些因素涂染和浸润后，就平添了神秘的色彩。因而他们所理解的"集体表象"就不是智力或者认识的现象，而是一种更为复杂的表象，是一个还没有分化的东西。基于这种区别，我们的认识与原始人的认识也有很大的差异。在我们的认识过程中，由于意识能够将外在的客体对象，同由客体刺激我们的感官所引起的情感、情绪等内在感受明确地区分开来，因此，认识的过程也是使主观逐渐符合客观的过程，并且认识到，在条件相同的情况下，现象会经常出现，也能被主体所认识。而原始人的认识则不同，在"集体表象"中，理性与非理性、主体与客体、逻辑思维与非逻辑思维还混沌地交织在一起，基于此，与其说是他们对对象的认识，还不如说是他们对对象的感知和体验的直接表现。在原始人的感知和体验中，"集体表象"占有非常重要的地位，这使他们的"认识"打上了神秘的烙印。列维-布留尔在《原始思维》中列举了原始人关于图像、肖像、名字、影子和梦的观念，并且详细地分析了每一种观念自身的特性，而且还分析了这些存在物和现象的神秘属性、神秘能力和隐蔽能力等特性，换言之，原始人"认识"对象比我们现代人认识同一对象要艰难得多。仅举"名字"一例进行分析，就可见一斑。

"名字"这一概念对我们来说是特别熟悉的，它只具有标签的纯粹表面的意义，这个标签可以让我们一方面把不同事物区分开来，另一方面，又不至于使同类事物发生混乱。在原始人看来，"名字"的标签作用是次要的、附属的东西，他们把"名字"看成是某种具体的、实在的和神圣的东西。列维-布留尔引用了 J. Mooney 的一段话："印第安人把自己的名字不是看成简单的标签，而是看成自己这个人的单独的一部分，看成某种类似自己的眼睛或牙齿的东西。他相信，由于恶意地使用他的名字，他就一定会受苦，如同由于身上的什么部分受了伤一样会受苦。这个信仰在从大西洋

---

① 《马克思主义基本原理概论》，高等教育出版社，2018，第 67 页。

到太平洋之间的各种各样部族那里都能见到。"① "名字"的真正作用"表现了、体现了个人与其图腾集团、与祖先（个人常常是祖先的化身）、与个人的图腾或者与那在睡梦中向他现身过的守护神、与保护着他参加的秘密团体的无形力量等等的亲族关系"②。原始人的"名字"具有超越时间和空间的特性，使个体能和祖先同在，能同异地的某物发生某种关系。他们的"名字"之所以有这样的功能，是因为原始人不是脱离那些与他们的社会关系联系着的神秘属性来想象存在物和客体的。这也说明原始人的意识与外界物理事物是统一的。原始人的身体结构和现代人相比区别不大，而对同一事物的解释却有天壤之别，这就说明，原始人和现代人有不同的认知构架，其主要原因是生产方式不同，即"物理的世界完全是社会的世界的复制和摹本"③。而原始人的生活世界是被神秘性包裹的世界，是天人未分、缥缈不定的混沌状态。"在澳大利亚的一些部落中，所有的男人和女人或者属于大袋鼠氏族，或者属于蛇族。据说，云彩属于前一个氏族，太阳则属于后一个氏族。"④ 这些原始部落的生活方式，在现代人看来，仿佛完全是任意的、异想天开的。然而正是这种神秘性吸引着他们的全部注意力。他们的这种生活就决定着他们的思维方式的神秘性。"野蛮人的心灵完全不具有弗雷泽和泰勒的理论所描绘的那些推论和思考的步骤。它不是一种逻辑的而是一种'前逻辑的'或一种神秘的心灵……野蛮人生活在他自己的世界中，这个世界是我们的经验所无法渗透的，对于我们思想的形式也是不可理解的。"⑤ 原始人的思维和现代人的思维属于不同类思维。比如，在一个野蛮部族中，男子正忙于战争事务或别的危险事业，女子则留在家里，试图通过她们的宗教仪式中的舞蹈来帮助他们。或者是部落人外出在森林中打猎时，那些留在村里的人都不能用手接触油和水。在他们看来，如果他们接触的话，猎手们都会手气不佳，猎物将会从他们的手中逃脱。类似这样的事例是非常多的。如果按照我们的经验和"因果规律"的标准来衡量的话，这些想法似乎是荒唐的、不可思议的。原始人在日常生活中是遵

---

① 〔法〕列维-布留尔：《原始思维》，丁由译，商务印书馆，2009，第47页。
② 〔法〕列维-布留尔：《原始思维》，丁由译，商务印书馆，2009，第50页。
③ 〔德〕恩斯特·卡西尔：《国家的神话》，范进等译，华夏出版社，2003，第16页。
④ 〔德〕恩斯特·卡西尔：《国家的神话》，范进等译，华夏出版社，2003，第16页。
⑤ 〔德〕恩斯特·卡西尔：《国家的神话》，范进等译，华夏出版社，2003，第12页。

循"互渗律"或"交感律"而非"因果规律"。

（二）前哲学时期的古人类混沌的思维方式

1. 遵循"互渗律"的思维方式

凡是在我们寻找第二性原因的地方、力图找到稳固的因果关系的地方，原始人却专注于神秘原因，无处不感到神秘原因的作用，他们遵循的是"互渗律"或"交感律"。在原始人的思维中，夫妻是一个整体，每个人与部落也是一个整体，他们之间的联结不会因为地理位置的隔离而减弱，相反会得到增强。某件事情只要涉及这个有机体的一半或一部分，那么另一半或另一部分同样受到影响。正是由于这种缘故，女子在家舞蹈是为丈夫助战，分担他们的恐惧、危险与威胁。对此，列维-布留尔有比较精彩的论述："原始思维所生活的世界只有一部分和我们世界相符合。对我们的思维方式来说，第二性原因的网络可以扩张至无限大，但在他们的思维方式中则找不到这种网络或者是隐藏在背后，而秘密力量、神秘力量、神秘影响、形形色色的互渗则混进知觉所直接提供的材料中，组成了实在世界和看不见的世界的合而为一。在这种意义上说，他们的世界比我们的宇宙更复杂；但另一方面，他们的世界又是完整的和闭塞的。"① 他们的世界之所以复杂，是因为这个世界不仅包括现实的世界，而且包括神秘的世界，后者在他们的生活中处于核心地位；之所以完整和闭塞，是由于他们的世界是一个未分化的统一体，在这个统一体中，理性和非理性是相互渗透、掺和着的。原始人的这种世界观，一方面决定了他们的一切活动都是出于生存本能、情感及需要；另一方面，决定了在他们的认识构架中，情感和激情的因素简直不让理性的认识因素获得任何优势，因而在原始人那里，非理性因素占主导地位并起着主要作用。

由此观之，原始人的认知构架——集体表象——是一种混沌的认知方式，它既是一种主观形态的东西，同时又是一种客观的社会现实；既属于个体，与个体的理智、情感等因素相关，又具有超越个体的意蕴。这种认知方式，使他们缺少分析能力，"他们不要求那些把记录在确定的概念中的预先分析。换句话说，在这里，表象的关联通常都是与表象本身一起提供

---

① 〔法〕列维-布留尔：《原始思维》，丁由译，商务印书馆，2009，第488~489页。

出来的。原始人的思维中的综合……表现出几乎永远是不分析的和不可分析的"①。由于缺少分析能力，他们在处理所面对的外在信息或世界图景时，只能是综合性地进行的，换言之，采取直觉的方式进行。"有了这种直觉，就可以把他们引导向前了。"② 这说明，原始人对对象的认识具有整体性，这种认识的特性凸显出"生命一体化"的最初的非理性认识。

认识和思维是相互联系又相互影响的两个环节，原始人的理性与非理性认识的混沌统一性和神秘性，就决定了原始人的思维也具有原始的混沌统一性和神秘性，即逻辑思维与非逻辑思维的统一性。

按照马克思主义哲学的观点，世界观决定认识论，也就是说，有什么样的世界观就有什么样的认识论和方法论。原始人生活的世界是一个充满神秘性的世界，原始人的意识也是充满神秘性的意识，这就决定了原始人的思维充满神秘性。原始人的思维就是以受互渗律支配的集体表象为基础的具有混沌性、具体性和情感性的思维。

2. 遵循"互渗律"的思维的特征

原始人的思维是混沌性的思维，这是由集体表象决定的。在原始人看来，整个世界是一个充满生命的世界，在这个世界中，我们所说的自然物也都被赋予了生命，用卡西尔的话说，就是呈现出"生命一体化"。"人在这个社会中并没有被赋予突出的地位。他是这个社会的一部分，但他在任何方面都不比任何其他成员更高。生命在其最低级的形式和最高级的形式中都具有同样的宗教尊严。人与动物、动物与植物全部处在同一层次上。"③他们既没有掌握判断、推理的逻辑思维方式，也没有对客观事物进行比较和分类，在他们的思维中，世界各要素之间的关联和前关联不受逻辑思维的任何规律所支配，而受存在物与客体之间的神秘的互渗律制约。也许正是原始人的思维不服从于逻辑思维，才使它毫不拘束、毫不费劲地发挥作用。各要素之间互渗主要表现为实体与实体之间的互渗、实体与属性之间的互渗和个体与集体之间的互渗。

第一，实体与实体之间的互渗。

---

① 〔法〕列维-布留尔：《原始思维》，丁由译，商务印书馆，2009，第115页。
② 〔法〕列维-布留尔：《原始思维》，丁由译，商务印书馆，2009，第487页。
③ 〔德〕恩斯特·卡西尔：《人论》，甘阳译，上海译文出版社，1998，第106页。

在原始人那里，实体与实体之间某种神秘的东西，使它们具有了同一性。在原始人的思维中，实体不只是实体自身，还包含有某种神秘的属性，而这种神秘的属性同时存在于不同的实体之中，这种神秘的属性使得一实体不仅是它自身，又是另一实体。在墨西哥的回乔尔人那里，玉蜀黍、鹿和希库里（一种神圣的植物）被看成是"同一个东西"。"对回乔尔人来说，玉蜀黍、鹿和希库里彼此联系得这样密切，以至回乔尔人认为喝了鹿肉汤和吃了希库里以后会产生同样的效果——使玉蜀黍获得丰收。所以他们在垦地以前，在开始日常工作以前先吃希库里。"① 再看一个例子，"印第安人在狩猎中或在战争中，其幸运或者倒霉，得看他的留在帐篷里的妻子吃不吃这种或那种食物，是否戒食某些食物，是否戒除这些或那些行为"②。从逻辑思维的角度看，这些"同一"是无法理解的。一个实体可以是另一个实体的象征，但它不能等同于另一个实体。然而，从原始人思维的角度来看，这些"同一"是可以理解的，不会引起混乱，它们之间存在着神秘的"因果关系"。

第二，实体与属性之间的互渗。

在原始人思维中，实体和属性是同一的。由于原始人缺少我们现代意义上的抽象思维能力，他们不可能从实体中抽象、概括出属性来，而实体的属性，是通过感觉感知的，或者是某种仪式使属性获得某种能力，从而使属性具有与实体一样的功能，有时属性的功能比实体的功能还强大。在原始人的心目中，敬畏属性超过了畏惧实体。"某些人每次披上动物（如虎、狼、熊等）的皮时就要变成这个动物。对原始人来说，这样的观念是彻头彻尾神秘的。他们对于人变成老虎时是否不再是人或者老虎重新变成了人是否就不再是老虎这个问题是不感兴趣的。他们感兴趣的首先是和主要是使这些人在一定条件下拥有同时为老虎和人所'共享'的那种神秘能力，这样一来，他们就比那些只是人的人或者只是老虎的老虎更可怕。"③ 对各种各样禁忌的信仰或是图腾崇拜也可以归入这一类。"当一个澳大利亚土人或者毛利人胆战心惊地想到他无意中吃了一点违禁的食物，会因违犯

---

① 〔法〕列维-布留尔：《原始思维》，丁由译，商务印书馆，2009，第133页。
② 〔法〕列维-布留尔：《原始思维》，丁由译，商务印书馆，2009，第80页。
③ 〔法〕列维-布留尔：《原始思维》，丁由译，商务印书馆，2009，第106页。

禁忌而死去，则这是因为他觉得自己由于受了那个随食物一起钻进他身体里去的无法消除的死因的影响而无可挽回地种下了祸根。"① 回乔尔人头上插鹰羽，目的不仅是打扮自己，而且这也不是主要的，他们相信能够借助这些羽毛来使自己附上鹰的敏锐视力、强健和机灵。他们把事物的某一属性看成与事物的性能一样，动物皮具有的属性或能力等同于动物的能力，把鸟所具有的属性或能力等同于鸟或鸟身上的某处部位的属性或能力，使二者浑然如一。

第三，个体与集体之间的互渗。

在原始人思维中，他们不仅将实体与实体之间、实体与属性之间看作是互渗的，而且将人的个体与集体之间也看成是互渗的。对原始意识来说，个体、祖先和图腾是合而为一的，同时又不失其三重性。"每个个体在同一时间里是现在活着的某某男人或某某女人，又是在阿尔捷林加神话时代活过的某某祖先（他可能是人或者半人），同时他又是自己个人的图腾，亦即他是与他所冠名称的动物或植物种的实质神秘地互渗着。"② 这种个体与集体的互渗的特点，在澳大利亚的阿龙塔人那里表现得非常明显，"每个个体都是'阿尔捷林加'（神话时代）祖先的直接化身，或者是某个阿尔捷林加动物的一小部分精灵……每个人的图腾被看成是……与这个人同一的东西。另一方面，每个图腾集团又应该拥有一种能直接控制其名称为该集团所冠的那些动物或植物数目的能力"③。这样，在个体表象与集体表象之间根本就没有一条不可逾越的鸿沟，因为他们"毫不费力地同时在集体中思维个体的东西又在个体中思维集体的东西"。如同"这种思维想象在个别的熊和一般熊之间，在个别的野牛和一般野牛之间，在个别的鱼和一般的鱼之间有神秘的互渗"一样，他们将人的个体与集体看成互渗的、同一的。个体与集体的互渗性还表现在一些原始民族中，只有一定的图腾集团的成员才有权举行仪式、舞蹈等活动确保一些动物和植物的正常繁殖，如北美印第安人的野牛舞、墨西哥回乔尔人的鹿舞、朱尼人和蒲埃布洛人的蛇舞等。

实体与实体之间、实体与属性之间、个体与集体之间的互渗，使原始

---

① 〔法〕列维-布留尔：《原始思维》，丁由译，商务印书馆，2009，第105页。
② 〔法〕列维-布留尔：《原始思维》，丁由译，商务印书馆，2009，第96页。
③ 〔法〕列维-布留尔：《原始思维》，丁由译，商务印书馆，2009，第95页。

人的思维呈现出混沌性，而人类的理性思维是在这些混沌思维中逐渐孕育和滋长起来的。

第四，原始人的思维是具体性的思维。

原始人缺少我们现代意义上的抽象思维能力，以形象思维和意象思维为主，因而就不可能有现代意义上的抽象概念。虽然原始人的思维中有大量的概念，但这些概念与现代意义上的概念根本不同，原始思维形成和使用概念是采取"心象—概念"的方法，也就是说，使概念成为具体化的东西。在原始人的语言中几乎没有符合一般概念的名称，与此相适应的是几乎没有表示抽象概念的语言，而有关具体事物概念的语言又非常丰富，而且只要谈话人一提到他（它）们，在他的思维中就会呈现出他（它）们的清晰而准确的心象。在澳大利亚的原始人那里，"没有表示一般的树、鱼、鸟等等的词，但他们对每一个种具体的鱼，如鲷鱼、鲈鱼、鲻鱼等却分得很清楚。塔斯马尼亚人（Tasmanians）没有表现抽象概念的词；他们虽然对每种灌木、橡胶树都有专门的称呼，但他们没有'树'这个词。他们不能抽象地表现硬的、软的、热的、冷的、圆的、长的、短的等性质。为了表示'硬的'，他们说：像石头一样；表示'长的'就说大腿；'圆的'就说像月亮，像球一样，如此等等。同时，他们说话时总要加上手势，力图把他们想要用声音来表现的东西传达到听的人的眼睛中去"[①]。在原始人的思维中没有颜色的名称，一旦他们想表示颜色，就用另外一个具体事物来表示，如用乌鸦表示黑色。如果想表示同种颜色深浅度不同，他们就用不同的具体事物来表示。总之，在原始人思维中出现的只是直接围绕着他们的那些具体的事物，并且都是以"心象—概念"的形式呈现出来。这就是原始人的具体性思维。

第五，原始人的思维是情感性的思维。

原始人的思维不仅是混沌性和具体性的思维，而且是情感性的思维。原始人思维的混沌性和具体性，就决定了原始人的思维是不能运用概念进行逻辑推理的思维。在他们的思维活动中，几乎没有分析性的，以至于要独立地观察客体的映象或心象，就不得不依赖于客观对象在其心目中所引起的情感、情绪、热情。因为情感是集体表象的重要组成部分。在原始人

---

① 〔法〕列维-布留尔：《原始思维》，丁由译，商务印书馆，2009，第187~188页。

那里，几乎没有任何东西比情感更社会化了。卡西尔认为："神话的真正基质不是思维的基质而是情感的基质。神话和原始宗教决不是完全无条理性，它们并不是没有道理或没有原因的。但是它们的条理性更多地依赖于情感的统一性而不是依赖于逻辑的法则。这种情感的统一性是原始思维最强烈最深刻的推动力之一。"① 原始人并不是以各种纯粹抽象的符号而是以一种具体而直接的方式来表达他们的感情和情绪的。

原始人的思维充满了各种情感。在原始人看来，不存在一个真正客观存在的自然界，他们转向于其中的自然是以完全不同的面貌呈现自身的。原始人所接触到的所有事物都被包含在一个神秘的互渗和排斥之网中。"神话的世界乃是一个戏剧般的世界——一个关于各种活动、人物、冲突力量的世界。在每一种自然现象中它都看见这些力量的冲突。"② 他们看见或感到的一切，都被某种特殊的气氛所围绕——欢乐或悲伤的气氛、苦恼的气氛、兴奋的气氛、欢欣鼓舞或意气消沉的气氛。在原始人看来，他们所面对的对象不是善意的就是恶意的，不是友好的就是敌对的，不是亲近的就是危险的，不是引人向往、销魂夺魄的就是凶相毕露、令人反感的。

不仅神话和宗教是依赖于情感的，原始人的所有活动都是要依赖于情感的，是情感的产物，他们的情感背景使他们的所有产品都染上了他们自己所特有的色彩。这一点在原始人所想象的因果关系上表现得最为突出。在因果关系上，按现代人的理解，原因与结果之间是诸现象间前后相继且彼此制约的关系，这些现象被安置在一个不可逆的时间序列中，而且，原因与结果的序列是互为继续、彼此交织而形成的一个无穷的序列。虽然原因与结果的关系就具体关系而言是确定的，但从物质世界的发展趋势来看，因果关系又具有复杂性。不管因果关系的系统多么复杂，人们都能把这些复杂现象排列在因果序列中。人们之所以能这么做，是以人们的经验为基础的。不论原因还是结果，对现代人来说都同样在时间上和几乎永远在空间上被感知。

但是原始人却不是这样看待因果关系的。"无数事实说明，原始人见到什么现象的原因和根源所在的地方，常常是我们连想都没有想到要去寻找

---

① 〔德〕恩斯特·卡西尔：《人论》，甘阳译，上海译文出版社，1985，第104页。
② 〔德〕恩斯特·卡西尔：《人论》，甘阳译，上海译文出版社，1985，第98页。

这原因和根源的地方。例如在刚果，有一次把旱灾归咎于传教士的帽子和长袍；在新几内亚，流行病的根源被认为是隐藏在传教士餐厅里挂着的维多利亚女皇的肖像中。"① 原始人的这种思维，并不是没有道理或没有原因的，但他们的道理或原因是依赖于情感的。

他们在看待因果关系时，把自己的情感、情绪都掺杂其中，把一切或者大多数事物都归因于神秘的力量如巫师、鬼魂、神灵等的影响。只允许自己在特定时刻感知构成因果关系的两个条件中的一个，另一个条件则包含在看不见的和感知不到的东西的总和中。这个总和实际上就是原始人的情感产物。具体来说，从因果关系的产生来看，原因在结果之先，在原始人那里，他们缺乏分析能力或者说是分析能力较弱，只就当时发生的结果来看问题，缺乏透过现象把握本质的能力，就把某种结果的原因神秘化了，或者是根据自己的情感来解释这种结果，因而就认为原因是超空间和超时间的，甚至把两种并没有本质联系的事件，通过他们的情感想当然地关联到一起。比如，假如违犯了某种禁忌，就会发生某种灾难，或者反过来，假如发生了什么灾难，就认为是一些人违犯了某种禁忌，是上天对那些违犯禁忌人的处罚。或者是，在现代人看来显而易见的事实，原始人都归为神秘原因，瘟疫流行可能是某种病毒的传播所导致，但在原始人看来，是祖先的愤怒或者巫师的坏心眼造成的。这样的事例在原始人那里举不胜举。

综上所述，在原始思维中，理性与非理性无论是从认识的角度看，还是从思维的层面上看，二者都混沌统一的。在漫长的历史长河中，非理性不仅占主导地位，而且起着十分重要的作用。只是到了野蛮时代的末期和文明时代的初期，随着语言的产生和工具的使用，原始思维中的逻辑思维逐渐产生并分化出来，这促使人类的认识和思维的发展有了质的飞跃，但这并不意味着非理性的消亡，相反，非理性由本能意识发展成为非逻辑的认识的表现形式。"它们或多或少独立地存在着，受到了或多或少的损害，但并没有被根除，而是与那些服从于逻辑定律的表象并存不悖的。真正的智力倾向于逻辑统一，它宣告这种统一的必然性；然而实际上，我们的智

---

① 〔法〕列维-布留尔：《原始思维》，丁由译，商务印书馆，2009，第525页。

力活动既是理性的又是非理性的。"① 这说明在人类的智力活动中，即认识和思维活动中，理性和非理性都发挥着各自应有的作用，从而使理性和非理性构成人类认识和思维活动中不可或缺的两翼。随着人类自我意识的逐渐觉醒和人类认识的不断深化，理性和非理性也在不断地走向完善。理性和非理性就构成人类认识史上的交响曲，不过在这个交响曲中，理性是主旋律。

二 基督教神学中的非理性

非理性不仅表现在前哲学时期，而且在中世纪基督教神学中也表现得很突出。基督教神学在中世纪能取得精神统治地位，一方面与当时的时代背景有关，另一方面，是由于基督教神学以非理性的形式表现出来，成为下层人民的精神支柱，得到他们的支持。

基督教神学在最初宣传它的神旨时，并不以著书立说的方式进行，而是以说教方式进行宣传，从情感上深深地打动人们。神学的内容虽然十分广泛，但综合起来无非是让人信奉上帝，上帝赐福给基督徒，使他们脱离苦海，死后灵魂进入天堂等。我们没有必要对它的内容一一分析，只选择三位一体的绝对者、世界的来源和上帝的启示等几个比较典型的观点进行分析，就可以看出基督教神学的非理性表现。

（一）三位一体的绝对者

1. 关于神的认识

关于神的认识，总体来说，反映了人与自然的关系，存在着有神论与无神论，以及介于二者之间的怀疑论、不可知论。不过怀疑论者和不可知论者绝大多数还是有神论者。而在有神论中又有泛神论、多神论与一神论等种种不同的论说。

所谓泛神论，顾名思义就是认为神是广泛存在的，并无位格的理论。神寓于万物之中，万物也都是神。泛神论最具代表性的人物是斯宾诺莎。多神教则不同，它信奉多个神。日月星辰可以视为神，山川河流及飞禽走兽也可为人所膜拜。多神论者认为，如果一个神是好的，那么多一些神岂

---

① 〔法〕列维-布留尔：《原始思维》，丁由译，商务印书馆，2009，第518页。

不就更好吗？这样一来，有的多神教所信奉的神真是多得惊人，据说印度教有成千上万种神祇。圣牛、圣河（恒河）仅仅是为人所熟知的一两个罢了！传统中国是一个坚持泛神论和多神论的国家。经典名著《西游记》最能证明这一观点。所谓一神论（monotheism），是只信奉一个神的理论，主要用于指较著名的一神教的理论，如犹太教、伊斯兰教和基督教。这些宗教均认为自己所崇拜的神是宇宙的唯一创造者和万物之源。它们都将"上帝"看作世界的唯一创造者，并且是仁慈的、神圣的至善者，管理并插手人类的活动。犹太教中的一神论起源于古以色列，它将耶和华作为唯一的崇拜对象，并排斥任何别的种族和国家的神，但起初并不否认他们的存在。伊斯兰教明确指出，只有一个永恒的、自生的、无可比拟的神，而基督教则认为唯一的上帝体现在神圣的三位一体中。有时，这一术语也被用来指一个部落或国家中特定的一神崇拜，例如早期希伯来人对耶和华的崇拜。这种崇拜将至上的权力归于至高神，但并不否认其他神的存在。

与有神论相对立的无神论，建立在科学基础之上，实验不能验证出神来，神不过是自我的异化罢了。这是由初期的人和自然的特点造成的。从人类自身来看，人类的认识能力和实践能力有一个不断发展和提高的过程。在人类社会的初期，人类的能力是很低下的。从自然来看，自然界是复杂的、多变的，人类难以认识清楚自然的特征。原始人类对自身和自然界的各种"奇怪现象"产生恐惧心理或有感于自然的恩赐，于是，将自己的属性加诸自己所造的神。这样无神论者就认为不是神造人，而是人造神，不是神造万物，而是劳动创造世界。

2. 基督教一神教

在基督教神学看来，绝对者只有一位，但它却有三个位格，即圣父、圣子、圣灵，这三个位格彼此没有高低之分，均拥有神的本质。《圣经》中很多地方都提到神的三个位格。

持独神论的宗教是神对人启示的宗教，而不是以人为中心去思考或寻找答案的宗教。按照《圣经》，人类原本持独神论，但人类犯罪堕落，致使思想观念也败坏了，兴起许多不同的宗教观念，因此，不同的宗教信仰相继而生。但自从神认定亚伯拉罕成为他的选民以后，就对其选民提出了严格的要求：只信本神，不许信别的神。为了加深其选民对本神信仰，神一方面要求选民解除与外邦神相关的一切联络和行为，只信仰本神。另一方面，神又告诫其选民，由于他们经常违背神去拜那些外邦人的假神，而没有信奉本神，惹得神对他们发怒，任凭他们被强国侵略，人民被奴役，以示对不信仰本神的惩罚。为了唤醒其子民只信仰耶和华，使他们的生活远离各种各样的灾难，生活幸福，神对其子民的日常生活和行为做出了严格的规定，这就是"摩西十诫"。"十诫"第一条是"除了我以外，你不可有别的神"。崇拜独一的绝对者，此乃基督教基本观念之一。

（1）三位一体是信仰的前提

三位一体的绝对者的存在，对基督徒来说是不用怀疑的，而且是他们信仰的前提。耶稣基督的道成肉身，就是上帝本身的代表。上帝是万物的创造者，并且主宰人世间的一切，这是独神论的基本观点。从哲学基本问题来看，对世界本原的不同回答有唯物主义和唯心主义之分。凡认为世界本原是某种精神，精神是第一性的，物质是第二性的，精神决定物质的观点都属于唯心主义阵营。基督教就是唯心主义的典型代表。基督教虽然承认世界的万事万物不是从来就有，而是有一个生成过程，但基督教把万物生成的原因归结为神，主张一切从道而来，生命从道而出，人是按照道理被创造出来，因此道就是神，道就是爱。这与老子的"道生一，一生二，二生三，三生万物"思想有契合之处。把"道"理解为宇宙最高准则、最深层次哲理，神为主宰者、创造者，这里把它们合二为一了，世界开始时就有大道，大道与世界中的神一样存在，所以道也被称为神。如果我们剥开基督教的这些思想的宗教外衣，里面也有一些合理思想。其实"道"可以理解为客观规律，世界万物的生成都有其客观规律，其运行也应遵循客观规律。认识"道"也就是认识客观规律，人们要认识世界就是要认识这个客观规律。只有认识了"道"，才能为人们改造世界提供理论指导，减少不必要的失误，取得更大的实践成就。而基督教为了信仰的需要，把这个"道"复杂化、神秘化了，使其成为三位一体的载体。圣父、圣子和圣灵三而一与一而三的三位一体绝对者，这一思想被基督徒所接受，并成为新约信徒信仰独一绝对者的坚实基础和前提。《圣经》中没有明文提到三位一体，但《圣经》的经文隐含了这一基本思想，即神在不同环境下，以不同的位格显灵。换言之，《圣经》记录了三位一体的绝对者，以启示的方式约束或规范其子民的日常行为。就家庭教育而言，要求父母要管教孩子，孩子要孝敬父母。"管教你的儿子，他就使你得安息，也必使你心里喜乐；要孝敬父母，使你得福，在世长寿。"《圣经》所启示的上帝，是独一无二的绝对者，但是他具有三个位格，即圣父、圣子及圣灵。三位一体的绝对者，是由以上帝为首的绝对者的三个不同位格所组成。这位绝对者的三个不同的位格，各有其独特的本质与实体，但是在本体与实质上却是合一的。所以基督教称上帝是"三而一，一而三"的永存不变的绝对者，因为这三位一体的绝对者在本体上，是同存、同在、同等、同质、同权及同荣的。

（2）三位一体绝对者的实质

《圣经》所启示的三位一体的绝对者，不是由三位神组合成的一位神，也不是各位格在其本体上各占1/3的分量，三个位格在本性上没有高低的区分，也没有上下的差别，在本性上，圣父、圣子及圣灵是完全平等的。圣子为圣父之独生子，并不是说圣子低于圣父，就圣灵出自圣父及圣子而言，并不是说圣灵低于圣父或圣子，因为这三个位格在永恒中都是同存及同住的，圣父是完整的，圣子是完整的，圣灵也是完整的。但是，在三位一体各位格的工作与表现上不同，圣父的名称列于第一，圣子的名称列于第二，圣灵的名称列于第三，但圣父、圣子、圣灵是同一实体的上帝，同等光荣，同等威严。

三位一体神的实质是为了让其选民心悦诚服地信仰他。神通过他的三个位格向其选民显示神性与人性是相通的，并且能够道成肉身、能够死而复生来拯救选民。耶稣基督降临人世间，是以道成肉身的方式呈现在世人面前，他既有神性又有人性。因为他要在神和人中间起到联络员的作用。如果耶稣只有神性而没有人性，他就没有办法向其选民显现；如果他只有人性而没有神性，就不能向上帝传达选民的愿望。所以耶稣基督一方面以神性的方式向选民显示神的启示，一方面又以人性代表选民向神表达人间的喜怒哀乐。另外，耶稣如果没有人的身体，他怎么会死呢？因为神是不朽的，没有生死，而神为了拯救其选民，在必要的时候要替选民去死，这就要求神必须具有能死去的肉身。但是如果耶稣基督只是人不是神，怎么会复活呢？他是神，他就能够超脱死亡，从而复活。这样耶稣完成了其他宗教家没有办法做到的事情，使其选民被他的全知、全能和至善、至美的特性所折服，从而虔诚地敬奉本神。

（3）三位一体绝对者的职能

就本体而言，三位一体绝对者的工作，不应绝对地划分与区别。因为，凡上帝的工作均是三位格共同的工作，只要是三位一体其中某一位格的工作，与其他两位格都是分不开的。例如，三位一体绝对者的爱，圣父、圣子及圣灵之间，都是以爱作为他们联系与工作的桥梁。圣父爱圣子，差遣他到世间来拯救罪人，完成救赎的工作，并嘱咐凡属他的人，都要在神的爱中彼此相爱。圣子爱圣父，为了完成救赎的使命，自己谦卑地来到世间，并在爱中完成了差遣与被差遣的工作，以此证明他们本是出于一体。圣灵爱圣父与圣子，被差遣来到世间成为真理的灵，完成了启示与成圣的工作，证实了圣子的话，并按圣父的旨意行事。

但是，《圣经》中也有明确的提示，有些工作，是由三位一体中的某一位格来承担，为了对三位一体的神的职能有更深入的理解，我们有必要对各位格的工作分别考察，使之更为清晰。

圣父的工作：创造和维护。三位一体绝对者的工作，均是出于圣父的设计，因为圣父是全知、全能、至善、至美的，他是宇宙万事万物的设计者和创造者，也是被造物的供应者与维护者。

神是宇宙的总设计师，使宇宙间一切事物的运行井井有条。为了向其选民显示神的存在，他在制定宇宙的整个运行计划的时候，有意设计一些鲜花和陷阱，一方面是让那些虔诚信奉和崇拜神并且在日常生活中完全听从神的旨意的人，得到神的恩泽更多些，使他们的生活得到更多的鲜花和面包，获得更多幸福、更多自由；让那些自以为聪明而违背神的旨意的人跌入陷阱中，使其受到一些折磨，也要使他们清醒地认识到，这个世界上的一切都是神精心设计的，任何人不可随意改动。另一方面，神向选民显示他是一个奖惩有道、赏罚分明和仁慈的全知全能的主宰者。神奖赏那些虔诚信奉他的选民，惩罚那些自以为聪明并尝试挑战神的权威的人，这无疑是向其选民启示神的价值标准。神虽然让那些自以为聪明的人经受了一些苦难，却又派圣子和圣灵来到人间拯救那些处于苦难中的人，目的是让这些人迷途知返，对生活不能失去希望，同时，也让他们认识到自己一旦运用理智就会犯错误，在生活中只有完全按照神的旨意办事，才能获得神的庇护、远离灾难，才能幸福，以此来维护神的尊严和权威。从人类的"原罪说"就能清楚地证明圣父的职责。圣父在创立世界以前凭着他的全知全能，早已预见亚当要犯罪堕落，但是本着他的慈爱，在创立世界以前，就为其选民预备好了救恩。人犯罪堕落后，神即刻赐下救恩，神救赎人类的工作虽然是在人们的生活中进行的，但却是神在永恒中预定的旨意。生活只是显示神的旨意，并且让选民知道、明白神的旨意，神从不在生活中改变他在永恒中预定的旨意。在三位一体的神的工作中，圣父所着重的是创造和维护工作，在《罗马书》、《使徒行传》和《哥林多前书》中都有记载。

圣子的工作：救赎与中保。三位一体中的圣父制定完宇宙运行的计划后，计划的执行和监督工作就由圣子这个位格来完成，教徒们都尊称圣子为耶稣基督或主。圣子出于对圣父的永恒的爱，以道成肉身的方式来到人世间，以便将自己的选民从罪恶里拯救出来，让选民知道神并没有抛弃他们，恢复选民与神的沟通。为了拯救选民，圣子虽然是神，却用其人性遮盖了神性，而且是甘愿用人的形象而不用神的属性，拥有与人一样的灵魂和身体，但又不是普通人的形象。为了完成救赎工作，神虽然是全能的，却牺牲自己的神性，表现得像一个普通人被钉在十字架上，受苦、受死；神虽然是无所不知的，然而他把自己装扮得如同众人，他的智慧也是渐渐增长的。并以此启示选民，人的智慧永远都不可能超越神的智慧，不要以人的智慧去认识和评价神的智慧。人是无法认识神的，就更认识不了神的智慧。如果狂妄的人，试图用自己的智慧来看神的真理，会觉得很愚拙、很可笑，觉得很不可思议。就如同小孩不理解成年人的所作所为一样。耶稣基督告诉其选民，"信耶稣就能得永生"，可是，在生活中，很多人说自己是"信耶稣"的，但是，对于"信耶稣就能得永生"，这样的话却接受不了，他们觉得这是不可能的，必须得加上好的行为，加上不犯罪，才能得永生。圣子通过各种启示来告诫选民，这样的人不能算是真正信耶稣的人，也不能算是认识基督的人，并劝诫选民，他们应该相信神，《圣经》上的应许，都是确定的，神怎么说的，他们就得怎么做，千万不要用自己的智慧去理解，那样只会弄巧成拙，把简单的事情搞复杂，结果是自己中了自己的诡计，被自己的愚蠢所害。

圣灵的工作：启示与成圣。圣灵是从圣父与圣子而出，所以三个位格拥有共同的本质与存在性，只是通过不同的称谓来区分。神是三位一体的，而不是由三个独立的神组成，但就神的工作而言，每个位格都参与另两个位格的工作，只是各有侧重。圣灵又被称为"上帝的灵"和"真理的灵"，由他来完成三位一体绝对者的启示与教导、感动与成圣的工作。在神创造世界之前，世界是空虚混沌、漆黑一团，神运用他的灵，使世界生出万物。神创造了世界万物后，维护宇宙运行虽然主要是圣子的工作，却也离不开圣灵的帮助。圣子借着圣灵来使万物按照圣父的旨意运行。从宇宙的运行来看，自然界的电闪雷鸣、刮风下雨、四季轮换、草木的枯荣都是圣灵护理的结果。从基督救赎人类来看，圣灵要准备和完成圣子中保的工作。在圣子耶稣的一生中，圣灵时刻与他同在，并完全配合他的工作。基督耶稣因受圣灵感孕而生，成就了他神人二性的合一。倘若他不是受圣灵感孕而生，他就只能是人而不是神，他的人性里也势必带着从亚当那里继承来的"原罪"。圣灵降在耶稣身上，长期与他同在并参与他的工作，耶稣拥有从圣灵而来的能力，使他的工作都能符合上帝的心意。从建立和维护教会来看，基督耶稣复活升天后，圣灵接续基督在人间的工作，建立教会。在教会的发展过程中，圣灵的工作始终没有离开教会，他一直在保护和看顾教会。圣灵亲自选立教会的领袖，又将能力赐给他所拣选的人。教会建成之后，本应是合一的，但由于人的软弱和无能，经常出现分裂。圣灵的一项重要工作，就是维持教会的合一。从与信徒的关系来看，他被称为保惠师，要与所有信徒同在，并带领他们成长，使人获得生命并给人打上印记，以此证明他们是神的选民。圣灵还要启示信徒养成仁爱、喜乐、和平、忍耐、恩慈、良善、信实、温柔、节制等良好的品格。此外，圣灵还要带领未信者加入教会，让他们获得神的恩惠。

总而言之，三位一体绝对者各位格的工作既各有侧重，圣父侧重创造及维护的工作，圣子侧重救赎与中保的工作，圣灵侧重启示与成圣的工作；又相互关联，即圣父拣选，圣子救赎，圣灵使之成圣，也只有蒙神如此恩典的人才是一个重生得救的基督徒。

（二）世界的起源

在人类的终极追问中，起源总是一个回避不了的问题。世界各个民族的文化和宗教神话中差不多都有自己的起源故事：《圣经·创世记》中记载了万事万物是上帝创造的；中国的传世神话中有盘古天辟地、女娲造人；古希腊神话中混沌（大地）创造宇宙一切；印度神话里有众生之父梵天创造了宇宙万物；古埃及的起源故事认为世界由原始海洋神努恩创造等。这些起源故事有一个共同特点，就是为当时的人们寻找一种对世界的整体性的解释。

在宗教的后来发展中,这些创世故事差不多都被纳入各种宗教的教义体系之中,创造万物成了所奉神灵的基本特性,是神灵之超自然权力的具体表现。在悠远的古代,在人类智慧尚处于萌芽状态时,对人和万物如何起源这种复杂深奥的哲学、科学难题,人们只能采取神话这种非理性的形式进行回答,智慧初开的古代人以其不成熟的理智和丰富的想象力,编造了一个又一个创世神话。与其说这些神话是宗教迷信,不如说是神话创造者理智困惑之余的思考。这些神话尚未被奉为神圣而不可更改的信条,并未对人们的理智和想象构成严重的束缚。人们可以按照自己的想象和思维去构造另外的创世神话,其中也不自觉地包含不同程度的哲学思考和科学探索的因素。正是这些因素推动了人们对世界起源问题的思考,促进了哲学和科学的诞生。但是,一旦制度化的宗教把某种传统的创世神话选择为正统的教义信条,它就成为全体信教民众不可更改和违背的神圣信仰,因此,对人类和世界万物如何起源的科学探讨,便变成宗教所禁止的活动,宣扬世界起源的科学思想被视为异端思想。在各种创世说中,以基督教的世界起源说最为典型。《圣经·旧约》中的《创世记》对世界起源有详细的记载。

创世之前,一片混沌,黑暗沉寂,只有无边无际的海水。上帝第一天创造了光,并分了昼夜;第二天创造了空气,并分了天地;第三天创造了陆地和地上的结种子的植物和开花结果的树木;第四天创造了日月星辰;第五天创造了水中的鱼和天上的鸟;第六天创造了牲畜、野兽、昆虫;这一切完成后,上帝抓了一把泥土按自己的形象造了一个人,并向他的鼻孔吹了一口气,他就成了有灵的活人,名叫亚当。上帝把亚当安置在东方的伊甸园里。上帝叫亚当治理这个伊甸园,并给他提供食物。第七天上帝休息了一天,这一天就是安息日。第八天,上帝看到亚当孤单寂寞,就在亚当沉睡后从其身上取下一根肋骨,造了夏娃给他做配偶。伊甸园中有一棵智慧树和一棵生命树。上帝专门带他们到树前,吩咐他们不能吃智慧树上的果子,如果吃了就必定死。

后来,狡猾的老蛇怂恿夏娃,对她说,你们吃了智慧树上的果子就和上帝一样能明善恶了,而且吃了也不一定死,只有傻瓜才信上帝的那些话呢!夏娃就信了老蛇的话,吃了老蛇给她的果子,并把吃剩的给亚当吃了。

吃了果子后，他们就发现自己是赤身裸体，就用树叶编了裙子穿了起来，并躲起来不敢见上帝。于是上帝就知道他们吃了智慧树的果子了。上帝非常愤怒，对违背他的旨意者进行惩罚，让蛇用肚皮走路，作为对蛇的惩罚，让蛇的后代和女人的后代彼此为敌，人要踩蛇的头，而蛇要咬人的脚。他还增加女人怀胎生子的痛楚，让女人受男人的管辖。上帝还让地里长出荆棘，亚当只有汗流浃背地耕种土地，才能获得足够糊口的食物。

上帝为了维护自己的权威，还采取了一些措施。由于亚当和夏娃吃了智慧果，已经具备同上帝一样能够分辨善恶的能力，上帝为了避免他们摘生命树上的果子吃，成为永远不死者，于是就把他们赶出了伊甸园。即使这样上帝还不踏实，又在伊甸园的东面安设了四面转动不断喷出火焰的剑，把守生命树。[①]

后来，"创世说"和"原罪说"成了基督教的基本教义。中世纪谦卑的人们相信，人类的始祖亚当和夏娃偷吃了禁果所犯下的"原罪"，是人类一切苦难的源头，也是人们信仰上帝以获得拯救的原因。

在世界和人类起源的问题上，根本不存在什么上帝创造的事，这已为天体演化论和进化论等自然科学的理论所揭示。启蒙运动以后的大多数思想家都认为，只要充分地运用自己的理性，人类就能够改变和决定自己的命运。人类的苦难是人类理性不够发达，对各种自然规律和社会规律还没有完全认识和掌握的缘故。随着人类社会的科学技术的发展进步，人类认识世界和改造世界的能力的提高，在尊重和利用规律的前提下，就可以克服各种苦难，不断创造自己的幸福生活。因此，世界不是上帝创造的，而是自然界长期演化而来的，人类所面临的各种苦难也不是因为宗教所宣扬的"原罪"，而是人类自身能力低下、不尊重自然规律和社会规律的实践所造成的，人类的幸福生活也不能指望上帝的救赎，只能靠人类自己尊重规律、充分发挥主观能动性，不断创造丰富的物质财富和精神财富，才能过上美好生活。

（三）上帝的启示

基督教神学的非理性，不仅表现在三位一体、世界的起源方面，而且

[①] 参见中国基督教协会《圣经·旧约》，南京爱德印刷有限公司，2003，第1~4页。

也表现在"上帝的启示"上。"启示"的原意是揭开或把遮盖物挪去,使人可以看见。在基督教信仰中,启示是指上帝向人类显露他自己,向人类传授所谓的真理,人们只有按照上帝的旨意去行动,才能使堕落的自己,恢复与上帝的交往,重新认识上帝。启示的主体是上帝,启示的内容是神自身以及上帝的旨意,启示的对象是按上帝的形象所造的人,启示的目的是使人与上帝建立起一种合宜的关系。

基督教神学的启示通常有两种,一种是普遍启示(也叫一般启示或自然启示),一种是特殊启示(也称个别启示)。

1. 上帝的普遍启示

普遍启示是指上帝把他的旨意以某种方式向所有的人呈现出来,使所有的人都可以获得的启示。因为"自从造天地以来,神的永能和神性是明明可知的,虽是眼不能见,但借着所造之物就可以晓得"。这里所说的"所造之物",就是井然有序的大自然,因为它隐约地告诉人类,自然界之所以这么井然有序,是因为其背后有一位万能的设计、制造和主宰者。在基督教看来,人也是上帝的"所造之物",上帝也把自己的一些特性,如智慧,以"降级"的方式赋予人,也把反映他自己圣洁本性的道德律刻在人心里。受道德律约束的心,我们通常称之为良心。正是由于良心的存在,人在犯罪作恶时,才会产生怕被揭露、怕受惩罚的畏惧感。外在可见的和谐自然界,和内在不可见的人类良心,都是上帝的能力和上帝的性情的见证者。一般来说,人应该借着上帝的所造之物,对上帝有所认识。但是人的"原罪"破坏了人的这种认识能力。人因犯罪堕落而成为"行不义阻挡真理的人","他们虽知道神,却不当作神荣耀他,也不感谢他。他们的思念变为虚妄,无知的心就昏暗了",并且他们"将不能朽坏之神的荣耀变为偶像,仿佛必朽坏的人和飞禽、走兽、昆虫的样式"。[①] 虽然上帝给予了普遍启示,但人们却对上帝的普遍启示置若罔闻,依然是处于"罪人"的状态。这种"罪人"状态若不改变,依然是拜偶像者或自我崇拜的人,他们就不能认识上帝,不能成为享受上帝恩惠的人,只能成为被上帝惩罚的人。这样,上帝的特殊启示就是绝对必要的。

[①] 中国基督教协会:《圣经·旧约》,南京爱德印刷有限公司,2003,第168页。

2. 上帝的特殊启示

上帝的普遍启示是以一般知识的方式呈现，但由于人的天性的差异，并不是所有的人都能获得普遍启示，上帝的特殊启示是对上帝的普遍启示的补充。上帝的特殊启示是指上帝把他的旨意，在特定的时间、地点，向特定的人所发出的启示。人要认识上帝，需要直接和上帝沟通，通过上帝的显现、异象、异梦或者是天使的传言等特殊方式接受上帝的启示。如果我们来到一个陌生的城市，看见城市交通秩序井然，社会治安良好，一定会想到这个城市一定有一位能干的市长，尽管我们从来没有见过这位市长。当我们观察宇宙，展现在我们眼前的完全是一个错综复杂、有规律、有秩序的系统，大到银河系、太阳系，小到分子、原子、质子、中子等，也会使我们想到一定有一位能干的宇宙创造者和主宰者。这样的知识，则必须通过特殊启示才能得到。特殊启示的范围超越理性，是信仰的领域。上帝向人类特别地启示他自己，经由三个方面：人类历史、上帝的道、上帝的道成肉身。

首先，创造天地万有的上帝也是行走在人类历史中、引导人类的上帝。他借着在历史中的作为来显示他自己。在人类社会，有"七十古来稀"之说，一个人活到70岁，常常被认为已经到了安享晚年，没有什么作为的年龄了，然而，上帝为了显示他的强大刚强，人类的软弱无能，就选择了70岁的摩西来完成他的计划。他把以色列人从埃及人的奴役下拯救出来，借着这个拯救的作为，使以色列人尊其为神。以色列人摆脱埃及人奴役的事件，是上帝向人类显示：越是在人看来不可能的事情，上帝却能完满地完成。从而显出上帝的伟大。上帝在历史中拯救以色列的事件，只不过是上帝整个救赎计划的序曲；随着历史的演进，高潮即将到来。在救赎历史中，上帝不仅通过和以色列人的关系彰显他的作为，而且还把埃及、巴比伦、亚述、波斯、希腊、罗马等都作为他启示自己权力的地方。上帝不仅借先知向他的愚钝的子民启示他的旨意，也用"人的指头"在王宫的墙上写字，以显明那狂傲的巴比伦王将遭毁灭的命运。

其次，上帝的特殊启示以上帝的话语来传达，《圣经》就是上帝的话语记录。上帝是通过其使徒，向信奉上帝的信徒传递他的福音。这些福音原先是众先知在《圣经》上所应许的，这些福音就是《圣经·旧约》，后来，耶稣基督在信徒中或是通过书信，或是通过恩赐传递上帝的福音，使信徒得到恩惠。这些福音构成了《圣经·新约》。使徒保罗说,《圣经》都是上帝所默示的,教训、规劝、改邪归正、学习道义等,对人来说都是有好处的,使因信基督的人有得救的智慧,既能成全自己,也能为他人多做善事。神不仅借话语创造世界,而且还借话语显示他是永恒者以及他的属性。神话语的完整性内容是以耶稣基督为中心的。无论我们是要了解神的历史作为、认识神的本性,还是要明白神对人类的计划和旨意,离开《圣经》都是根本不可能的。《圣经》是启示之书,也是立约之书;神借他的话语与信徒建立真实的生命关系,使信徒真实地感受到他们离神并不遥远,是在神的庇护下幸福地生活。

最后,我们必须特别指出,道成肉身的耶稣基督的位格、工作与性情才是上帝特殊启示的高峰,上帝所有的启示都指向基督,也在基督里得以完成。神以基督的生、死、复活、升天以及对他的审判,构成了上帝启示的核心。作为上帝特殊启示之核心的耶稣基督,成了上帝与人之间沟通的桥梁和中介,在十字架上流血舍命,成就了救赎,使上帝的爱和公义都得到了维护,也付清了罪的代价,征服了罪和死的权势。上帝凭借他在十字架上所流的血成就了和平,叫一切信耶稣的人,不至灭亡,反得永生。

至此,我们知道,普遍启示可以使人感知上帝的存在,特殊启示才能叫人得知上帝的救恩。普遍启示中的恩典没有救赎的能力,如阳光和雨水;特殊启示中的恩典才能救人,如耶稣在十字架上所流的血。圣灵是上帝特殊启示的媒介,他也借上帝的特殊启示赐人以生命。唯有借着圣灵所赐的信心,人才能接受启示。启示是生命的表现,接受启示就懂得生死。

上帝的启示可以说是对三位一体绝对者的工作和上帝创造世界的具体展现,它们之间相互印证,体现了上帝的万能。上帝把一切展现在信徒面前,而信徒不要问"为什么",否则就是对上帝的不信任。因此,基督教神学思想直接呈现在人们面前,这种思想用理性无法理解,它也不允许用理性去思考。一旦用理性来探讨人类和世界的起源、客观事物的出现是否是上帝的启示、人类的痛苦或幸福是不是上帝对人类的惩罚或奖赏等问题,就会被教会视作异端邪说加以禁止,教会对宣传科学思想的科学家进行迫害。这些神学思想虽然受到文艺复兴的冲击,却成为西方文化的基础,在西方社会生活中起着重要作用。

第三章 西方文化史中对非理性的认识

从整个人类认识的历史看,我们为理性和科学的成就而欢呼,也为理性和科学的沉沦与堕落而悲哀。在人类认识的漫长而悲壮的跋涉中始终贯穿着一条宏大的人类情感的潜流。人类的认识史,不仅是理性认识的发展史,也是一部人类的情感的发展史,一部非理性认识的发展史,也就是说,人类的认识史是理性和非理性共同作用的历史,也是由混沌、无序逐渐走向清晰、有序的历史。人类认识演进的过程说明了,在人类认识史上没有纯粹的理性认识和非理性认识。"哲学是时代精神的精华",作为哲学的重要组成部分的非理性认识自然也是对时代特征的反映,由于各个时代特征的不同,在对非理性的认识上表现出不同的特征。于是就有了哲学时代的非理性、神学时代的非理性、启蒙主义时代的非理性和现代的非理性。

一 哲学时代的非理性

(一) 人类认识方式的分化

马克思主义唯物史观指出,社会存在决定社会意识,社会意识能动地反映社会存在。人类的认识方式是对时代特征的反映。我们知道,在野蛮时代末期之前,人类的认识和思维是混沌统一的,在原始人那里,人与自然界融为一体,没有对象化的存在,主体与客体不分,没有理性与非理性精神的分化,自然就不可能有人类认识方式的分化。

1. 人类认识方式分化是一个历史的过程

人类认识方式分化的实现即理性认识方式和非理性认识方式分化的实现,是一个漫长的历史过程。这个漫长的历史过程,实际上就是原始思维逻辑化的过程,具体来说就是从形象思维上升为抽象思维、从实践思维到逻辑思维的过程。这个分化的实现大概是在野蛮时代的末期和文明时代的初期，是随着工具的使用和语言的产生以及抽象思维能力的提高而形成的。

形象思维也被称作具象思维，是指依靠脑中不断转换的具体事物的整体形象或映象来观察事物和引导行动。脑中的这些具体事物的整体形象，有些是即时和现实的感官的摄入，有些是过去摄入的留在脑中的记忆。记忆的形象有不同程度的模糊和交叉错位，这是形象思维有时会出现凭空想象的原因之一。

原始时代，社会生产力水平极为低下，科学技术还没有起步，人们对外界事物的认识，只是通过在实践活动中直接接触具体个别的事物获得的形象的认识，并且在这种认识的指导下又进行一系列活动，因而他们获得的对事物的认识只能是具体的、直观的认识，还没有也不可能达到抽象的认识。原始人对"数"的认识最能说明这个问题。"每个特殊的数并不仅仅代表数列中的一环，而且具有很独特的特征，数之表征并不具有抽象的普遍性，而始终基于某种它无法摆脱的、具体的个体直观。数在此还不是适用于任何内容的普遍规范；不存在数'本身'；相反，数之概念和名称产生于单个可数的事物，并始终局限于这个事物的直观之中。"[①] 要是因纽特人家里来了四个人，他不会像现代人这样说四个人，只会说"来了老人、妇女、歪眼的男人、带枪的人"等，因为他们不具备抽象思维能力，还不能将数字从具体事物中抽象出来，他们要表达具体数字时，只能用具体的事物来代替。另外，在相当多的原始语言中（多数我们至今仍在沿用），数字常常和手指头联系在一起。比如大家很熟悉的罗马数字，Ⅰ的原意是指一个手指头，Ⅱ的原意是指两个手指头，Ⅴ的原意是指一只手，Ⅹ的原意是指两只交叉的手。只是到了后来，Ⅰ、Ⅱ、Ⅴ和Ⅹ才不再和手指头联系在一起，而抽象地代表一、二、五、十等数字。在列维-布留尔的《原始思维》、列维-斯特劳斯的《野性的思维》、弗洛伊德的《图腾与禁忌》中有许多这样有趣的例子。

原始时代人的思维主要表现为形象思维，认识方式主要表现为非理性的认识方式，那么，思维如何从形象思维向抽象思维过渡呢？直观认识方式又是如何转变为抽象的认识方式的呢？这是人类认识方式分化的重要转

---

① 〔德〕恩斯特·卡西尔：《神话思维》，黄龙保、周振选译，柯礼文校，中国社会科学出版社，1992，第160页。

变。就人类认识方式自身分化的意义上看，抽象思维不同于形象思维，"抽象思维的产生，将思维分解成两个部分，一个部分遵循抽象思维的规律，大大拓宽了人的精神范围，在精神世界中开辟了一个单凭人的最初的低级的思维不能直接涉足的领域，这个领域即逻辑的世界，或理性的世界。同时，另一部分，如灵感、直觉则属于另一个世界，即非逻辑的世界或非理性的世界"①。语言和大脑进化都对人类认识的分化有直接的影响。

2. 人类认识方式分化的标志

语言、抽象思维、大脑结构进化等都是人类认识开始出现分化并且走向文明的重要标志。我们无法判断语言的出现、抽象思维能力的产生、人类脑容量的增加哪个在先哪个在后，但可以肯定的是，在人类走向文明的过程中它们是相互促进、共同进化的。然而，这些要素的出现都与人类的劳动分不开。因为，在原始社会，自然环境恶劣，生产力低下，单个人难以凭借自己的力量生存下来，人类要生存下去，就必须进行人与人之间的合作，从而形成对人的依赖性。"人的依赖关系（起初完全是自然发生的），是最初的社会形式，在这种形式下，人的生产能力只是在狭小的范围内和孤立的地点上发展着。"② 人们还需要通过劳动，与自然界抗争，获得人类生存所必需的物质资料，也正是通过劳动，人类在改造自然界的同时，也改造了主观世界，不仅促进了人体的器官发育，而且也促使语言的产生和思维的发展，从而使人类的思维由形象思维向抽象思维过渡，进而为人类认识方式的分化创造了条件。

现代意义上的抽象思维是一个极其复杂的活动过程，即在人脑中把事物的某一部分从原来有机联系的整体中孤立地、单独地抽取出来，形成一个一个的"概念"，并用概念间的关系代表事物与事物之间的联系。这个过程包括分析与综合、归纳和演绎、抽象与具体、具体与历史等多种思维方式。正是这些现代的辩证思维方式的形成和发展，推动了人类的思维从形象思维跃进到抽象思维。然而从形象思维向抽象思维的过渡不是一蹴而就的，而是在长期的实践活动中逐渐完成的。下面简要分析人类思维从形象思维向抽象思维过渡的整个过程。

---

① 夏军：《非理性世界》，上海三联书店，1998，第70页。
② 《马克思恩格斯文集》（第8卷），人民出版社，2009，第52页。

在人类社会初期，为了实践活动的需要，人们首先对与实践活动直接相关的具体事物产生直观印象，并对某种具体事物进行"分析"（思维把事物分解为不同部分，并分别加以考察，从而形成各个概念的方法），感知并且记住这个具体事物每个部分的特征，然后以同样的方法"认识"同类的其他事物，进而类推到异类事物上去。例如，对"牛"的认识，原始人首先对牛有一个直观的印象，然后感知到并且记住了这头牛的牛头、牛腰、牛腿等各部位的样子；原始人又分析了第二头牛，感知到并且记住了这第二头牛的牛头、牛腰、牛腿等各部位的样子，依此方法又分析了第三头牛、第四头牛……依此类推，原始人又分析了马、虎、人……，至此，在原始人的头脑中还没有任何"概念"，有的只是各种整体图画和各种被"分析"的各部位的图画。接着原始人比较了各个牛头、马头、人头、虎头，找出并记住了它们的共同点、共同特征，或者说他"归纳"（思维找出多个特殊性的具体事物的共同性的方法）出了"头"的样子和特征，然后用一种声音和符号来代表"归纳"出的头的样子，就形成了"头"的概念。照这样他也归纳出了"腰"的概念、"腿"的概念……有了头、腰、腿等概念以后，他们知道这些概念"综合"（思维把事物的各个部分用形成的各个概念分别代表，合在一起形成原来的整体事物的概念的思维过程）在一起应该具有动物的大体的样子。他们用头的概念激起牛头的图画，用腰的概念激起牛腰的图画，用腿的概念激起牛腿的图画，"综合"在一起形成了"牛"的概念；随后，"马""人""虎"等概念也相继形成。有了头的概念，有了牛的概念，他们很容易从这两个已形成的概念出发"演绎"（思维从一般性的概念返回到具体的个别性的思维方法）出"牛头"的新概念，随后，"马头""人腿""虎腰"等概念也相继形成。于是人们掌握了抓住事物共性的概括方法，而概括事物的共性实际上就具有抽象意义。这种抽象思维是人们在实践活动中，根据实际需要逐渐形成的。

　　人类认识的分化、思维的成熟是同语言的产生及其发展相伴而行的。按照卡西尔的观点，语言的产生和发展经历了"模仿的、比拟的和符号的表达方式三个阶段"，即经历了从形象语言到抽象语言的演变。卡西尔对形象语言在人们生活中的地位和作用做了很好的分析。"在第一个阶段，我们发现在语言'符号'和它涉及的直觉内容之间还不存在真正的张力，相反这两种倾向互相融合并达成彼此一致。作为模仿符号的符号力求在自己的形式中指向内容的直接表现；换句话说，它力求吸收符号。……在语言的最初起源中，语词仍然属于纯粹存在的领域：语词中被理解的东西不是一种意义，而是一种实体性的存在物及其力量。"这反映了当时人们的认识还停留在个别的、具体的事物上。"如果意识打算洞悉符号功能，并因此了解语词的纯粹想象力，意识必须从这种最初的观点转变方向。"① 这种转向是要把符号与其内容分离开，只有这种分离，才构成语言意义的范围。人们只有把握了事物共性，才能使符号与其内容分离开。人们对事物共性的把握，表现在语言上就是对语言意义的把握。而语言的意义即"概念"实际上是抽象思维的产物。恩格斯对于具体与抽象的关系有过科学的表述："物、物质无非是各种物的总和，而这个概念就是从这一总和中抽象出来的，运动本身无非是一切感官可感知的运动形式的总和；'物质'和'运动'这样的词无非是简称，我们就用这种简称把感官可感知的许多不同的事物依照其共同的属性概括起来。因此，只有研究单个的物和单个的运动形式，才能认识物质和运动，而我们通过认识单个的物和单个的运动形式，也就相应地认识物质本身和运动本身。"②

语言是意识的物质外壳，它具有社会性，一方面它本身就是集体活动的产物。恩格斯指出："劳动的发展必然促使社会成员更紧密地互相结合起来，因为劳动的发展使互相支持和共同协作的场合增多了，并且使每个人都清楚地意识到这种共同协作的好处。一句话，这些正在生成中的人，已经达到彼此间不得不说些什么的地步了。"③ 另一方面，语言需要以特定的声音、符号规定一定的内涵，需要在一定的范围内得到人们的公认，只有这样，人们才能进行交流。人们的思维和交流是以概念为依托的，有了概念就证明人类具备抽象思维能力，因为人类语言中的每一个概念都是抽象思维的产物。就"名词"而言，要形成一个"名词"概念，就必须把同一类事物的共性揭示出来，用一个概念统称该类事物，这个概念"是一切感官可感知的运动形式的总和"，它能使这类事物与他类事物区分开来。任何概念都是抽象和具体高度概括的统一体。由概念构成的判断能够表达完整

---

① 〔德〕恩斯特·卡西尔：《神话思维》，黄龙保、周振选译，柯礼文校，中国社会科学出版社，1992，第260页。
② 《马克思恩格斯文集》（第9卷），人民出版社，2009，第500~501页。
③ 《马克思恩格斯文集》（第9卷），人民出版社，2009，第553页。

的思想和见解,能够反映事物的本质和规律。因此,人类语言的产生,加快了抽象思维的成熟,推动了人类认识方式的分化,是人类认识产生实质性飞跃的桥梁。从此以后,人类的理性认识方式开始彰显其巨大的能力,掩盖了非理性认识方式昔日的辉煌,但是,非理性在人类认识活动中仍然起着重要作用。

(二) 理性认识能力的彰显:对宇宙本原的追问

人类认识方式的分化,是人类认识能力进步的标志,由形象思维向抽象思维的飞跃,或者说是从以非理性思维占主导地位的思维向以理性思维占主导地位的思维转化。对宇宙本原以及构成要素的探讨,彰显出理性认识的能力。古希腊人在神话、艺术的基础上试图对世界如何产生以及它是由什么构成的做出自然的解释。他们完全依据自然原因说明经验世界的起源和结构。正如瓦托夫斯基所言:"刚刚诞生的希腊人的理性主义已经把其自身表现在这样的见解之中,即充满着各种无序的事物的原初未定形、混乱状态可以被归纳到某种统一的有序的原理之下。"[1]

1. 早期自然主义的理性认识能力的彰显

从哲学发展的历史来看,做这种尝试的第一人是泰勒斯。泰勒斯认为,"水是万物的始基"。泰勒斯做出这种思辨论断的理由是相当清楚的,虽然这在今天看来似乎是很朴素的。水是生命的源泉,可能是从以下三种现象中抽象出来的,一是一切生物看起来都起源于水或者是从某种水状物中产生,水是一切生物赖以生存的必不可少的重要物质;二是人的出生过程本身就表明了这种水状物的来源,而希腊人已经懂得胎儿是在羊水中发育的;三是水也能够由液态转变成气态或固态,它是完全可塑的,虽然无定形,却可以变成各种形状。泰勒斯提出"水是万物的始基"的命题,可能是受到当时以想象和猜测等非理性思维为主的宇宙论神话的影响。"最早的宇宙论神话中有许多已经表示出这种基本概念,例如埃及的'创世前'的神像努恩就代表着原初的水,又如自我产生的祖神阿图姆是从原初水中产生出来,以从混沌中创造出宇宙来;……在巴比伦人的神话中,宇宙的始初阶段被描

---

[1] 〔美〕M. W. 瓦托夫斯基:《科学思想的概念基础——科学哲学导论》,范岱年等译,求实出版社,1982,第94页。

绘成一种水状混沌，即三种'本原'的混合体。这三种本原是：阿普苏（Apsu，即淡水）梯亚马特（Ti'amat，即海水）和姆母（Mummu，可能是云雾）。"① 在泰勒斯看来，世界上存在着无数的物体、事物，这些物体和事物构成一个整体世界，这个整体世界是无限多样的统一，它是由一个统一的始基派生出来的，这个始基是什么呢？在泰勒斯所生活的时代，社会生产力水平低下，科学还处于萌芽状态，人们对世界的认识，只能是根据自己对世界的观察和合理的想象。这种社会存在状态就决定了泰勒斯对世界始基的认识水平。"我们只能在我们时代的条件下去认识，而且这些条件达到什么程度，我们就认识到什么程度。"② "水是万物的始基"是泰勒斯通过对日常生活中的具体个别事物进行分析，借助直觉、想象等非理性因素对感觉经验进行了一系列抽象概括的结果。恩格斯对古希腊人通过直觉和近代通过科学实验方法得出对物质世界看法的方式，进行过比较公正的评价。从纷繁复杂、处于永恒的产生和消逝中的，不断流动、运动和变化的物质世界中，能够发现世界的统一根基，"整个自然界，从最小的东西到最大的东西，从沙粒到太阳，从原生生物到人，都处于永恒的产生和消逝中，处于不断的流动中，处于不息的运动和变化中。只有这样一个本质的差别：在希腊人那里是天才的直觉，在我们这里则是以实验为依据的严格科学的研究的结果，因而其形式更加明确得多"③。

虽然古希腊人是借助直觉、想象得出结论，但也初步彰显出理性的认识能力，揭示出了事物的统一性和齐一性，而这也正是人类理性认识方式的基本特征、哲学的基本特征。正如黑格尔所言："什么地方普遍者被认作无所不包的存在，或什么地方存在者在普遍的方式下被把握或思想之思想出现时，则哲学便从那里开始。"④ "水是万物的始基"这一命题开启了希腊理性哲学之先河，在这个意义上，泰勒斯被称为"西方哲学之父"。从此，哲学抛弃了希腊远古关于天地生成的非理性的认识方式，沿着追问世界本原的理性之路向前进发。泰勒斯之后的继承者力图用某一共同的统一性本

---

① 〔美〕M.W. 瓦托夫斯基：《科学思想的概念基础——科学哲学导论》，范岱年等译，求实出版社，1982，第96页。
② 《马克思恩格斯文集》（第9卷），人民出版社，2009，第494页。
③ 《马克思恩格斯文集》（第9卷），人民出版社，2009，第418页。
④ 〔德〕黑格尔：《哲学史讲演录》（第1卷），贺麟、王太庆译，商务印书馆，1996，第93页。

原或质料来解释事物本性的尝试都是这种精神的继续,并且是批判性地加以发展。从水、无限定、气到火、存在、原子和虚空等都是作为世界的本原,对世界进行解释,而其中的每一种解释都表现出力图克服前一种解释中的不适当之处或矛盾,或者是对前一种解释的弥补。"对这种循环的经验证明并不是完全没有缺陷的,但是这些缺陷与已经确立的东西相比是无足轻重的,而且会一年一年地得到弥补。"① 早期的自然哲学家,在没有科学理论指导的情况下,只是凭借经验对世界进行证明,他们的证明在细节上存在缺陷也是不可避免的。

2. 早期唯理主义的理性认识能力的彰显

从自然哲学家们关于本原的争论中,我们可以看出他们的局限性。本原观念的提出本身是有问题的,因为本原作为世界发展的起源显然不是可见的现象,而是人推想的结果,是人看见万物的运动变化从而设想在其背后有一种不变的东西作为始基和基质。本原的提出本来是为了解释万物,但由此却陷入了"本原是什么"的无限争论中。这一争论是不可能得到结果的,最终只能导致对争论本身的怀疑。"对实在的本质问题所做的答案,没有两个哲学家的意见一致。有的人说它是水,别的人说它是气,说它是火,说它是土;还有的人说它是所有这些东西。有人说变化不可能,另外有人说,唯有变化,别无他物。如果没有变化,就不能有知识:我们不能说什么东西有什么性质,一怎能变成多?如果一切都在变化,也不能有知识;没有什么东西一成不变,我们怎么能说什么东西有什么性质?如果像某些人所主张的,只有事物影响我们的感官时,我们才认识事物,我们还是不能得到知识,因为我们不能把握事物的本性。所有这些论点归结为我们不能解决宇宙之谜。"② 于是智者派发现自然哲学家所争论的其实是自然哲学家自己所不知道的事情,由此他们断言人们根本没有能力去探讨这类事情,因而必须转向"人类事务"。"智者把哲学从上天下降到人间,使注意力从外界自然转向人本身,而且认为专门研究人类就是研究个人。"③ 把个人的感觉经验的可靠性绝对化成为一种趋势,其中以普罗泰戈拉的"人

---

① 《马克思恩格斯文集》(第9卷),人民出版社,2009,第418页。
② 〔美〕梯利:《西方哲学史》,葛力译,商务印书馆,2000,第45页。
③ 〔美〕梯利:《西方哲学史》,葛力译,商务印书馆,2000,第48页。

是万物的尺度"最为有名。苏格拉底站在智者派的起点上，但沿着与智者派完全相反的道路，力求从理性的角度把握人，引导人们追求知识的确定性。苏格拉底与智者进行对话，探讨了"什么是善""什么是正义""什么是美德"，他一一驳斥了智者的所谓的知识，尽管并没有提出自己关于知识的正面见解。苏格拉底认为，善、正义和美德，不论它们各有多少种、彼此如何不同，都有一个使它们成为善、正义和美德的共同本性。"当苏格拉底把哲学的问题集中在'是什么'的问题上的时候，其意义就在于他把哲学要解决的问题确定在如何从感觉经验中归纳抽象出普遍概念来。所以亚里士多德把两项贡献归功于苏格拉底，这就是'归纳论证'和'普遍定义'。"① 从这里我们看出，虽然苏格拉底研究的对象发生了变化，但他的目标仍然同古希腊自然哲学家一样，也是企图寻求事物的本原。这样，苏格拉底没有解决本原问题，从而就预示着柏拉图哲学的出现。

对于苏格拉底的"是什么"的问题，柏拉图提出了"理念"作为回答。"理念"被柏拉图认为是世界的基础，但"理念"本身却并没有牢固的基础，"一方面，我们说有多个的东西存在……另一方面，……相应于每一组这些多个东西，我们都假定一个单一的理念，假定它是一个统一体而称它为真正的实在"②。这表明理念也如同"是什么"一样只是一种假定。这种假定不是从事物本身得来的，而是出于理论或逻辑的需要而做出的假定。这种假定来源于柏拉图所遵循的苏格拉底的方法。"这是我所采取的方法：我首先假定某种我认为最强有力的原则，然后我肯定，不论是关于原因或关于别的东西的，凡是显得和这原则相合的就是真的，而那和这原则不合的我就看作不是真的。"③ 柏拉图由此得到了启发：既然苏格拉底可以用这种假定的方法来证明智者的无知，那就表明也可以用来获取真正的知识。柏拉图所指的真正的知识是理念，他的理念论完成了对智者哲学的批判，重新确立了理性在哲学功能上的权威，正如黑格尔所说："柏拉图的学说之伟大，就在于认为内容只能为思想所填满，因为思想是有普遍性的，普遍

---

① 张志伟：《西方哲学十五讲》，北京大学出版社，2004，第62页。
② 北京大学哲学系外国哲学史教研室编译《古希腊罗马哲学》，生活·读书·新知三联书店，1961，第178页。
③ 北京大学哲学系外国哲学史教研室编译《古希腊罗马哲学》，生活·读书·新知三联书店，1961，第175页。

的东西（共相）只能为思想所产生，或为思想所把握，它只有通过思维的活动才能得到存在。柏拉图把这种有普遍性内容规定为理念。"① 依据这种方法，柏拉图把世界区分为现象世界和理念世界，并指出理念世界是现象世界的原型，现象世界是对理念世界的模仿，二者之间有一条不可逾越的鸿沟，这也是柏拉图哲学面临的最大困难。解决本原和现象之间的矛盾的任务就落到亚里士多德的肩上。

亚里士多德接过柏拉图的旗帜继续往下走，因为"柏拉图和亚里士多德在基本方法方面是紧密地相互联系着的，他们具有共同的问题和解决这些问题的框架"②。他们的基本观点是：只有理性才能认识事物的形式。但亚里士多德不同意柏拉图的世界"二分法"，即感性世界和理念世界二分。亚里士多德认为，形式是不能脱离具体事物的，它就在事物之中，是头脑通过抽象思维从感性知觉中抽象出来的。各类事物是通过形式才能区分开的，因而认识事物也就是通过理性对形式的把握，这就涉及对形式的认识，即"存在是什么"。这样，亚里士多德又回到苏格拉底式的"是什么"的老问题上来了。亚里士多德把研究"存在之所以为存在"的理性本体，作为他哲学研究的核心内容。

通过上面的分析，从泰勒斯的"水"到亚里士多德的"形式"，作为万物的本原本身所包含的感性内容呈递减的趋势，说明理性抽象思维能力逐渐增强。而理性能力在彰显的同时，却是先验地包含着理性与非理性的统一。

（三）理性与非理性的先验统一

自从人类认识出现分化以来，在人类认识过程中，从理性初步彰显其能力的时候起，古代人不仅对自然界而且也对人自身进行研究。在当时的条件下，由于没有现代意义上的分门别类的学科，他们完全不了解自然现象产生的原因，完全不了解人体的构造和一些生理现象，不理解为什么会出现电闪雷鸣、冬雪夏雨等自然现象，以及生病、做梦等生理现象，认为

---

① 〔德〕黑格尔：《哲学史讲演录》（第2卷），贺麟、王太庆译，商务印书馆，1996，第195页。
② 〔美〕M. W. 瓦托夫斯基：《科学思想的概念基础——科学哲学导论》，范岱年等译，求实出版社，1982，第122页。

是有一种异于人的并且是看不见的神灵在主宰自然界和人类的活动，于是就产生了灵魂观念。正如恩格斯所言："在远古时代，人们还完全不知道自己身体的构造，并且受梦中景象的影响，于是就产生一种观念：他们的思维和感觉不是他们身体的活动，而是一种独特的、寓于这个身体之中而在人死亡时就离开身体的灵魂的活动。从这个时候起，人们不得不思考这种灵魂对外部世界的关系。如果灵魂在人死时离开肉体而继续活着，那就没有理由去设想它本身还会死亡；这样就产生了灵魂不死的观念，这种观念在那个发展阶段出现决不是一种安慰，而是一种不可抗拒的命运，并且往往是一种真正的不幸，例如在希腊人那里就是这样。关于个人不死的无聊臆想之所以普遍产生，不是因为宗教上的安慰的需要，而是因为人们在普遍愚昧的情况下不知道对已经被认为存在的灵魂在肉体死后该怎么办。由于十分相似的原因，通过自然力的人格化，产生了最初的神。……思维对存在、精神对自然界的关系问题，全部哲学的最高问题，像一切宗教一样，其根源在于蒙昧时代的愚昧无知的观念。"① 正是这种灵魂观念主宰着人们的认识和思维活动，也体现了在认识活动中理性与非理性的先验统一。这种思想在柏拉图的理念论中体现得淋漓尽致。柏拉图的理念论对西方文化产生过重大影响，以至于有的学者认为，西方2500多年的思想，不过是对柏拉图思想的注解。

1. 柏拉图思想中的理性与非理性的先验统一

（1）柏拉图思想的历史渊源

柏拉图的思想不是凭空产生，而是有其历史渊源的。

我们知道"西方哲学之父"泰勒斯不仅提出"水是万物的本原"，还认为"宇宙充满了灵魂"。泰勒斯认为，灵魂具有推动物质运动的能力，是引起物质运动的东西。为了说明这一点，泰勒斯还举了磁石吸引铁和琥珀摩擦的例子进行论证。看不见、摸不着的灵魂，才使得磁石能吸引铁、琥珀在燃烧时发出香味。然而泰勒斯在说明灵魂是运动源泉的时候，没有说明灵魂本身为什么会运动。其后的阿那克西曼德和阿那克西美尼分别用"无限定""气"来解释灵魂的运动，但也没有完全解决这一问题。而毕达哥拉斯在论证灵魂问题时解决了这个问题。

---

① 《马克思恩格斯文集》（第4卷），人民出版社，2009，第277~278页。

毕达哥拉斯认为灵魂比空气还精细，它是"由元素（数）构成，并且按照和谐的数区分"。毕达哥拉斯认为灵魂是由热元素和冷元素按照一定的比例组成的，而热元素和冷元素的相互依赖、相互渗透、相互影响，使灵魂本身成为一个和谐的机体，同时，热元素和冷元素的相互的斗争又推动灵魂自身的运动，为此他还把灵魂比作"太阳光中的尘埃"。因为太阳光中的尘埃不需要任何外力，永远是自己在运动着，"即使在完全没有风的时候也是如此"，灵魂也像尘埃一样，有自己"独特的运动"①。靠着自己独特的运动，灵魂推动着与之结合在一起的物质进行运动。

为了更好地认识自然界和人类，毕达哥拉斯将灵魂分为三类，即表象、心灵和生气，只有人才具有全部的灵魂。进而他把人的灵魂又分为感性灵魂和理性灵魂，其中理性灵魂是不死的。毕达哥拉斯认为，人之所以有理性，正是由于人有理性灵魂。理性灵魂是作为世界始基的"数"的一种特性存在于人脑中的，因此，"灵魂的理性部分是不死的，其余的部分则会死亡"。因为作为"数"的一种特殊的理性灵魂，能够"从一个生物体中转移到另一个生物体中"②。人在活着的时候，通过感官获得对事物的感觉，形成认识，当人死后，其感觉的活动便宣告结束，感觉部分的灵魂随之进入坟墓，因此，毕达哥拉斯要求学习数学等知识来净化感觉部分的灵魂。但人在生前所形成的认识即理性灵魂，能在他生前和死后脱离其躯体而转移到其他的人体，被继承下来，这就是灵魂的转移，是我们通常所说的灵魂轮回。由于毕达哥拉斯受到原始宗教迷信思想和神话传说的影响，他的灵魂观念包含唯心主义因素和神秘主义色彩，而这些思想被柏拉图所利用。

亚里士多德在强调毕达哥拉斯学派的灵魂轮回思想对理念论的影响时指出，柏拉图在许多方面追随毕达哥拉斯学派，仅仅在名称上有区别而已，"毕达哥拉斯学派说事物之所以存在是靠'摹仿'数，柏拉图换了一个名词，说是靠'分有'理念"③。由此可以看出毕达哥拉斯学派对柏拉图思想

---

① 〔德〕黑格尔：《哲学史讲演录》（第 1 卷），贺麟、王太庆译，商务印书馆，1996，第 244 页。
② 北京大学哲学系外国哲学史教研室编译《古希腊罗马哲学》，生活·读书·新知三联书店，1961，第 36 页。
③ 北京大学哲学系外国哲学史教研室编译《西方哲学原著选读》（上卷），商务印书馆，1993，第 72 页。

影响的程度。

（2）柏拉图的理念论蕴含着理性与非理性的先验统一

柏拉图的思想十分庞杂，理念论是其理论基础，而灵魂不死说又是其理念论的核心，用黑格尔的话说就是：灵魂不死乃是其首要之事。因为人们通过灵魂不死才能获得世界的真知识，从而体现了在认识活动中理性与非理性的先验统一。

柏拉图的理念论的基本原则是：把世界区分为现象世界和理念世界，理念世界是现象世界的根据，现象界是对理念界的摹仿。柏拉图以一系列的比喻来说明两个世界的学说，其中以"洞喻"、"线喻"和"日喻"最为著名。正是通过这些比喻把认识论和本体论糅合到一起，成为一个统一的不可分割的整体，以唯心主义的方式深刻地总结了人类认识的客观进程。柏拉图认为人的灵魂是由不同的部分组成的，分别对应于人的四种"心理状态"和认识对象，四种"心理状态"是理性、理智、信念和想象，其中理性和理智属于理性认识方式，而信念和想象属于非理性的认识方式，它们是统一在整个认识过程中的。与这四种"心理状态"分别对应的四种认识对象是：理念、几何学之类学科的对象、可见事物和影像。"它们（四种心理状态——引者）的清晰程度是和它们的对象的真实程度一致的。"[①] 四种不同的"心理状态"作用于对应的对象，产生了不同的认识结果。具体来说，以影像为对象，产生的只能是想象或者是猜测，以可见事物即"我们周围的动植物，以及一切自然物和人造物"为对象，产生的是信念。由于这两个阶段的认识对象属于可感世界，不可能有真知识，柏拉图将这两个阶段的认识产物统称为意见。以几何学之类学科为对象，产生的是"技术科学"，虽然这个阶段的认识对象属于可知世界，但由于认识是"从假设出发"，所以还不是最高的知识。最高的知识是以理念为对象产生的"辩证科学"，因为它是"从一个理念到另一个理念，不用任何感性事物帮助，单凭理念本身，就可以达到结论。它从理念出发，通过理念，最后归结到理念"[②]。

[①] 北京大学哲学系外国哲学史教研室编译《西方哲学原著选读》（上卷），商务印书馆，1993，第93页。

[②] 北京大学哲学系外国哲学史教研室编译《西方哲学原著选读》（上卷），商务印书馆，1993，第93页。

从上面的分析可以看到，虽然柏拉图把认识对象分为四类，而认识的结果实际上只有三种，即意见、技术科学和辩证科学，而与这三类知识相对应的人的"心理状态"就不是四种而是三种：感性、理智和理性。由此我们可以推断，虽然柏拉图的认识层次理论有很多矛盾和局限性，但他可能是西方哲学史上，把人类思维进行三分的第一人，对西方后世文化产生了深远影响。无论是康德在《纯粹理性批判》中的认识三分说，还是黑格尔在《逻辑学》中，把人类思维分为存在论、本质论和概念论，我们都可以从中看到柏拉图的影子。

知识问题是古希腊时期自然哲学家所共同面对的问题，自然哲学家大多是自觉或不自觉地以感性经验为知识的依据，到了巴门尼德才对这种观点提出质疑。巴门尼德把人的认识途径分为"意见之路"和"真理之路"，并且认为只有对存在的思维才是"真理之路"，否认了感性认识在认识中的作用，这种思维被柏拉图所吸取。柏拉图的理念论也是为了解决知识的问题。在柏拉图看来，可见世界是可感不可知，理念世界是可知不可感的，真知识不可能来自感觉经验。既然如此，人们又是如何获得知识的呢？也就是说，人们是怎样认识世界的？为了解决这个问题，柏拉图提出了"回忆说"和"灵魂转向说"。

柏拉图是在理念论的基础上，提出灵魂不死的"回忆说"和"灵魂转向说"。从认识论的角度看，柏拉图关于知识、理性认识的观点，体现了理性和非理性的先验统一，这种思想在《斐多篇》《曼诺篇》《斐德罗篇》《国家篇》等都有体现。

现象界是变幻不定的，只有理念界才是恒定的，因此，认识的对象只能是理念，这个工作由灵魂来承担。在柏拉图看来，通过人的肉体得到的只是对于感性世界的虚妄意见，真正的知识只能来自理念世界，唯一的途径是通过"灵魂的回忆"。柏拉图歪曲地利用了毕达哥拉斯的灵魂转移说和灵魂不死说，或者是有选择性地对待毕达哥拉斯的思想，具体来说，置其中的理性灵魂由感性灵魂净化而来的观点于不顾，对其中的唯心主义和神秘主义因素大加发挥，并增加了新的内容。"人的灵魂是不死的。它在一个时候有一个终结称为死，在另一个时候又再生出来，但是永远也不会消灭……"[①] 既然灵魂是

[①] 范明生：《柏拉图哲学述评》，上海人民出版社，1984，第77页。

不死的，在未进入人体前，它居住在理念世界，获得了对理念的认识，进入人体后，又获得了对现象世界的认识，这样经过多次轮回，灵魂就获得了两个世界的一切知识。在灵魂进入人体后，由于受到肉体的束缚，原来的知识被遗忘了，学习和认识的任务就是使灵魂回忆起原来已有的东西。因此，在柏拉图看来，知识不是通过教化得来的，而是来自天赋，是不死的灵魂所固有的，人们所谓的学习、认识，无非是回忆灵魂生前已经获得的知识而已。这样，柏拉图把知识的来源完全归结到理性，感觉在认识活动中只是起到辅助的作用，从而割裂了感性和理性之间的辩证关系。

回忆说虽然能够解释知识的普遍性问题，但也存在很多问题。灵魂进入人体后，它存在于人脑中的什么地方？换言之，纯粹的、有理性的灵魂怎样同肉体相结合？为了解决这个问题，柏拉图在"日喻"、"线喻"和"洞喻"中提出了比回忆说更精致的灵魂转向说。

虽然柏拉图的"日喻"、"线喻"和"洞喻"理论表述不同，但这三个比喻表达的思想实质是一致的：都是把世界分为可感世界和可知世界，或称为虚假世界和真实世界。"线喻"中的可知世界，相当于"日喻"中的"太阳"和"洞喻"中的洞外世界，"线喻"中的可感世界，相当于"日喻"中的"现象"和"洞喻"中的洞穴世界。从认识的过程来看，柏拉图以对理念认识的清晰程度为依据，在"线喻"中把认识的对象分为四个等级：第四等级是可感事物的影像，相当于"日喻"中的"视觉功能"和"洞喻"中的墙壁上木偶的影像；第三等级是可感事物，相当于"日喻"中的"眼睛的视觉能力"和"洞喻"中的木偶；第二等级是数理学科的理念，相当于"日喻"和"洞喻"中的太阳的影像；第一等级是善理念本身，相当于"日喻"和"洞喻"中的太阳本身。而这四类认识对象对应的认识方式分别是：想象、信念、理智和理性。在这里，柏拉图将本体论与认识论有机地统一起来了。这个统一体是以理念为圆心，以可感事物的范围为半径的一个圆。从认识论的角度来看，也是理性和非理性的完整统一，只不过是在柏拉图这里，想象、信念不能获得真正的知识，只能获得意见，要想获得真正的知识，灵魂必须经历一个逐渐转向的历程，最终达到理性以善为对象的认识。柏拉图认为，每个人的灵魂具有学习的官能，正是灵魂的这种官能才使灵魂转向，离开变动不居的现象界。"灵魂必须转向真实存在，直到它们能够经受得住阳光，能够观看真实存在之明朗和光明。不过我们说,这个真实存在就是善(善是柏拉图的最高理念——引者注)。认识真实存在的艺术就是教育的艺术。而教育也只是一种使灵魂转向的艺术。……思维作为神性的(美德)决不会失掉它的力量,它之变好或变坏只是由于转向的方式。"[1] 从这里我们看到,在柏拉图那里,理性是灵魂的实质,在认识的过程中,如果灵魂能像囚徒挣脱锁链,回头走出洞穴,去直面太阳一样,去面对真实存在,那么,它就会向好的方向转变;如果仍然受到意志和欲望的干扰,它就会向坏的方向转变。这样,柏拉图就确立起了内在主观性和外在客观性的关系。

无论是回忆说还是灵魂转向说都承认理念本身是真实存在,是真正的知识,但二者之间也是有一些区别的。在回忆说中,灵魂本身就有具体知识,只不过是在进入人体后,受到肉体的干扰把已有的知识弄丢了,认识的过程也就是回忆的过程;而在灵魂转向说中,灵魂本身不再被认为有具体知识,而是被认为有认识功能,认识的过程就是使灵魂的认识功能依次转向的过程。柏拉图对知识认识的思想为近代唯理论对知识来源的理解埋下了种子。

在柏拉图的认识论体系中,强调理性能获得真知识,但是理性也必须是经过想象、信念和理智三个认识阶段,才能获得真知识,其理论的优点是体现了本体论、认识论和辩证法三者相统一,不过这种统一是以灵魂为基础的,反映了在古希腊时期,唯心主义开始占领哲学宝座,这也是由当时的社会发展状况所决定的。正如恩格斯分析的那样,"古希腊罗马哲学是原始的自发的唯物主义。作为这样的唯物主义,它没有能力弄清思维对物质的关系。但是,弄清这个问题的必要性,引出了关于可以和肉体分开的灵魂的学说,然后引出了这种灵魂不死的论断,最后引出了一神教。这样,旧唯物主义就被唯心主义否定了"[2]。随着时代的发展,柏拉图思想的不足也展露出来,这由亚里士多德来修补。

2. 亚里士多德思想中的理性与非理性的统一

亚里士多德对苏格拉底的"美德就是知识"和柏拉图的可感世界和可

---

[1] 〔德〕黑格尔:《哲学史讲演录》(第1卷),贺麟、王太庆译,商务印书馆,1996,第194页。
[2] 《马克思恩格斯文集》(第9卷),人民出版社,2009,第146页。

知世界相分离、灵魂三分的思想进行了批判。亚里士多德指出："苏格拉底说德性就是理性……这是不可能的。因为一切知识都涉及理性，而理性只有在于灵魂的理性部分；所以根据他的说法，一切德性都是在灵魂的理性部分被发现的。结果，他把德性看作知识时，取消了灵魂的非理性部分，因而也取消了激情和性格。"① 亚里士多德的批判是比较客观的。从人类实际活动来看，无论是实践还是认识，都是在理性和非理性共同作用下进行的，只不过在绝大多数情况下是理性占主导地位，非理性处于从属地位，但处于从属地位并不表示它不存在。甚至，人类在认识某些具体问题的时候，理性思维遇到困难，无法前进时，非理性的功能就凸显出来了。非理性对推动人类认识的进步，起过重大的作用。在科技史上，非理性对解决科技问题起着重要作用的事例有很多。如，苯分子结构的发现、英吉利海底隧道的设计等。

知识和美德都是理性和非理性统一的产物。亚里士多德认为："人们不论做什么事情都是为了追求一个目的，这目的就是善和至善。善也就是美德。所以美德也就是人生目的的实现。……人是理性动物，同时也是政治动物。作为政治动物的人的美德就是行德；作为理性动物的人的美德是知德。……作为政治的动物，人的美德与人的激情和行动有关。所谓激情，是指伴有愉快或痛苦的许多感觉，诸如恐惧、信心、欲望、愤怒、怜悯、友善、憎恨等等。激情本身并非美德，但却与美德有关。激情和由激情所引起的行动都有过多、不足和中间的情况，其中过多或不足都是不好的，只有中间才是最好的，才是美德。"② 可见，在亚里士多德这里，美德就是一种"中道"。就美德与激情的关系而言，是美德对激情进行控制、支配，既不能完全清除它，也不是听任放纵它，而是舍弃两个极端而执其中。亚里士多德的"中道"思想包含绝对和相对的辩证法思想。就自然事物而言，"中道"是绝对的。比如，一条10厘米长的线段，其中道就是中间点，每段都是5厘米长；一个圆的中道就是圆心。而人类事物的中道则是相对的，要受时间、地点、条件等因素的制约，因人、因地的差异而有所不同。因此，人们是否掌握中道，就要看他是否有足够的智慧和知识，即他的"实

---

① 苗力田主编《古希腊哲学》，中国人民大学出版社，1989，第222~223页。
② 全增嘏主编《西方哲学史》（上），上海人民出版社，1983，第215页。

践智慧"。"实践智慧"不是先天就具有的,而是在不断的实践活动中获得的。人们在实践活动中不断摸索,就可以找出中道来,熟能生巧而成。亚里士多德的中道思想是理性与非理性的统一。亚里士多德的这一思想得到黑格尔的高度赞赏。"在实践方面,他一般地将灵魂区分出理性的和非理性的两方面;在后者,理性只是潜能;属于这方面的有感觉、意向、激情、感情等。在灵魂的理性的一方面,则有理性、智慧、识别力、知识等等;但是理性、智慧这些东西还不构成美德,只有在理性的和非理性的双方的统一中,美德才存在。……在善里面,应该有一种非理性的冲动,而理性则另外出来判断和规定这个冲动。当美德的行为有一个开端之后,热情并不一定协同一致地跟随在后面,情形却常常与此相反。因此,在美德中,因为它的目的是实现,并且它是属于个人的,所以善并不是唯一的原理,灵魂的非理性的一面也是一个环节。……美德既然像这样被认为欲望、实现的意向和理性的识见两方面的统一,具有一个非理性的环节在自身之内,因此他就把美德的原理看成是一种中庸之道;这样一来,美德就成为两个极端之间的中项,例如,在贪婪与浪费之间有慷慨;在激情与麻木之间有温和;在鲁莽与怯懦之间有勇敢;在自私自利与自我否定之间有友谊等等。"[①] 由此可见,亚里士多德认为,人的实践和认识活动都内在地包含着中道与两个极端的统一,即理性和非理性的统一。

亚里士多德继承并超越了柏拉图的理念思想。亚里士多德认为柏拉图的理念论是为了说明现实世界,并为现实世界提供根据,这个思想是可取的,但他不同意柏拉图把可知世界和可感世界分开的观点,并对这个观点进行了批判。柏拉图的理念论本来是要为可感世界提供原因,可是理念又是在事物之外,与事物是相分离的,难以为可感事物提供根据,这是其理论的缺陷。亚里士多德指出,一个事物与其理念相分离,又如何能够保证理念与事物相统一呢?他认为,需要借助一个第三者来完成,可是这个"第三者"如果是现象界的事物,它本身的真实性还有待证实,就不能作为评判者,如果是理念世界中的一个独立个体,它虽然有真实性,但与事物之间还需要一个"第三者",这样不仅不能解决理念与事物间的统一性问

---

① 〔德〕黑格尔:《哲学史讲演录》(第2卷),贺麟、王太庆译,商务印书馆,1981,第360~361页。

题，还会需要无穷系列的"第三者"，使问题更加复杂。理念本来是要为现实世界提供一个可靠根据，结果柏拉图却认为现实世界是不真实的，只有同现实世界相分离的理念世界才是真实的，这样，理念实际上对事物没有任何意义，这实际上是"破坏了事物"。

为了克服柏拉图理论的这个缺陷，亚里士多德提出，可知世界和可感世界、灵魂和肉体是不能分离的，灵魂就其实质来说是由三部分组成的：质料、形式和由二者结合在一起的存在。柏拉图认为，灵魂是不变的，而亚里士多德的形式是万物追求的目的及万物运动的推动力，他把这个推动力称为"隐德来希"。这一点他与柏拉图是有区别的。但是，他却不能完全摆脱柏拉图的影响，在论述事物的原因时，他最终把事物的原因归为两类：形式和质料。在形式和质料的关系上他又回到柏拉图的怀抱。形式作为万物的推动力，又与质料结合在一起，必须有一个较高级的形式是它的"隐德来希"，这样无穷后推，就必有一个没有质料的纯形式——上帝。这个纯形式本身是不动的而又是万物的第一推动者。在这个意义上，亚里士多德的上帝就具有柏拉图理念的功能，只不过是比柏拉图的理念更进一步。

亚里士多德对柏拉图的灵魂三分说也进行了批判。在柏拉图看来，人的灵魂有三个部分，即理性、激情和欲望。在这三者中柏拉图更看重理性，并把理性上升到宇宙论和本体论的高度。柏拉图认为，人的灵魂中的理性来源于宇宙灵魂中的理性，只是人的灵魂中的理性的纯洁度较差，属于第二、第三等的理性。这是因为在人的灵魂中，除了理性以外还有感觉、欲望和情绪，这是外界的火、气、水、土等因素所造成的混乱。另外，灵魂的三个组成部分处于抗争的动态过程中。当理性、激情与欲望三个部分做到各司其职、和谐协调，那么灵魂便能够自己主宰自己，秩序井然，这就是个人灵魂的正义和健康的表现；反之，假如它们不能安守本分，相互斗争，都想争夺领导地位，就造成了灵魂的不正义。柏拉图旨在表明个人灵魂的正义和国家的正义的基本原则是一致的。由此可见，在柏拉图的人性论思想中，虽然理性和非理性是统一的，但是非理性只是作为一个陪衬，是为了表达理性的重要性。非理性以一种消极的身份出现在他的思想中。

在亚里士多德看来，如果灵魂由欲望、理性和激情所构成，那么"现在有这样一个问题，我们是在什么样的意义上谈论灵魂的那些部分，以及它们有多少部分。因为在一种意义上它们似乎是无限的，而不只是某些人所说的那些，如计算、情感和欲望，也不仅仅只是另外一些人所说的理性和非理性的部分；如果我们考虑到他们进行分类时所凭借的特性，就会发现一些其他部分，它们和我们已经说到过那些更有明显差异；例如，营养能力，它既属于植物也属于所有动物；感觉能力，我们很难将这一部分归属于理性或非理性的任何部分；此外还有想象能力，在本质上它似乎和所有别的都有区别，如果我们设想灵魂的部分是分离的，我们就极难将它和这些部分中的任何部分同一起来或区别开来。此外还有欲望能力，无论是在定义上还是在潜能上它似乎都是和所有这些部分有区别的，将这种能力加以割裂乃是荒谬的，因为在计算的部分中存在着意志，在非理性的部分中存在着欲念和情感。如果我们把灵魂分成三个部分，那么我们在每一个部分中都可以找到欲望"①。因此，亚里士多德认为，这种区分灵魂的方法是错误的，并指出，一切生物都有灵魂。一般来说，灵魂分为两部分：理性部分和非理性部分。非理性部分又包括植物的灵魂和动物的灵魂两种成分。其中植物的灵魂是最低级的，它主要表现在身体部分，指的是身体的营养、生长和发育；动物的灵魂表现在本能、情感和欲望等方面。理性灵魂是高级部分，它要表现在思维、理解和判断等方面。理性灵魂还表现在人通过自己的主观自制力或控制力对身体行动的控制。这是亚里士多德灵魂思想超越柏拉图的地方。在柏拉图那里，人是没有任何自制力的，人的一切行为都是在神性的指导下进行的，服从理念的要求。亚里士多德对人的主观自制力的肯定，批判了柏拉图认为是"理念"制约人们行为的唯心主义思想。亚里士多德的这种批判，把人们的视线从理念世界拉回到现实世界。

亚里士多德还认为，灵魂有等级之分。动物灵魂是中级的，植物灵魂是最低级的。低级的灵魂含有的质料多，形式少；高级的灵魂含有的质料少，形式多。人人都具有这三种灵魂，且从出生到成人依次呈现出植物灵魂、动物灵魂、理性灵魂。儿童出生前后主要是身体的发育、生长，到了稍大一点时就表现出他的本能需求及情感需要，到了成人时才有思维、理解、判断等能力的出现。高级灵魂包含低级灵魂。人的灵魂有高低之分，就决定了人的认识活动也有高低之分，只满足情感、欲望、好奇等的认识

---

① 苗力田主编《亚里士多德全集》（第3卷），中国人民大学出版社，1992，第84~85页。

活动，是低级的认识活动；而由理性参与其中的认识活动才是高级认识活动，按理性来满足情感、欲望的认识活动是意志的认识活动。他还认为，理性有主动和被动之分。"被动的理性是自然，也是灵魂里面感觉的和表象的潜在理性"，被动理性是会消逝的；而主动理性"是自在自为的，不与他物混合的，并且不是被动的，因为按其实质而言，它就是活动性，……只有它才是永恒的和不朽的"。① 最后，亚里士多德得出结论，如果没有主动的理性，人类就不能进行思维和认识活动。从亚里士多德的思想中，我们可以看到，虽然灵魂有等级之分，但人包含三种灵魂，换言之，人既有理性灵魂，也包含非理性灵魂。在人生的初期，非理性表现得十分突出，随着时间的推移，非理性虽然不断被理性遮蔽，但依然存在。可见，在亚里士多德这里，理性和非理性是直观地统一起来了。

3. 希腊化时期的理性与非理性的直观统一

在亚里士多德以后，进入希腊化时期。这一时期，各种社会矛盾激化，社会动荡不安。在这种社会背景下，哲学明显地衰退了。正如马克思所说："希腊哲学在亚里士多德那里达到最高的兴盛，以后就衰落了。"② 同时，哲学的中心也发生了改变，由以往的探讨自然，转向探讨在动荡的社会中，人如何能更好地生存，如何才能幸福。从这个意义上看，古代后期哲学都是某种人生哲学，探讨的是关于伦理学的问题。这一时期代表性的哲学思想，有伊壁鸠鲁的快乐主义哲学、斯多葛学派哲学、怀疑论哲学和新柏拉图主义哲学。

伊壁鸠鲁的哲学思想从整体上看，是一种快乐主义的伦理思想。"死不用怕，神不用怕。能够忍受痛苦，就能够得到幸福。"这是对伊壁鸠鲁伦理思维的精练概括。伊壁鸠鲁指出，快乐是幸福生活的开始和目的。"我们认为幸福生活是我们天生的最高的善，我们的一切取舍都从快乐出发；我们的最终目的乃是得到快乐，而以感触为标准来判断一切的善。"③ 感性快乐是基础，但精神的快乐高于感性的快乐。这种快乐就是"肉体的无痛苦和

---

① 〔德〕黑格尔：《哲学史讲演录》（第 2 卷），贺麟、王太庆译，商务印书馆，1981，第 353 页。
② 马克思：《博士论文》，贺麟译，人民出版社，1961，第 2 页。
③ 北京大学哲学系外国哲学史教研室编译《古希腊罗马哲学》，生活·读书·新知三联书店，1961，第 367 页。

灵魂的无纷扰",亦即"不动心"的至善状态。要想获得快乐的生活,人们既需要明智、知足,也要克制自己的欲望和激情,让灵魂摆脱纷扰和恐惧,修习磨炼和广泛交友,这才是理想的生活方式。可见,在伊壁鸠鲁这里,从感性欲望来理解人性,以感性来说明道德的来源,强调外部事物或物质利益在道德中的重要作用,这一思想被后来的感性主义或功利主义所继承。虽然欲望和激情等非理性在人们的生活中也发挥着重大的作用,但是欲望和激情等非理性要受到理性的控制。

斯多葛学派是与伊壁鸠鲁学派相对立的一种学派,是一种持禁欲主义观点的伦理学派。斯多葛学派虽然也提出了"顺应自然的生活就是至善"的基本伦理原则,但是他们所理解的自然在理论旨趣上与早期伊奥尼亚学派所指的自然不同,不是深不可测的自然,而是指命运、上帝等精神性的东西。顺应自然就是顺应命运、听从神的旨意。在他们看来,普遍理性或精神是伟大的,物质的东西或肉体是渺小的,人生的最高目的在于摒弃物质的享受,以求得灵魂的完善。他们与伊壁鸠鲁伦理学对"善"的理解不同。在伊壁鸠鲁那里,善是快乐幸福的手段。在斯多葛派这里,善是人生的目的,不是手段,健康美好的灵魂即使不能带来物质利益,也是值得追求的东西。这一学派要求人们放弃现实的物质生活追求,把生活重心寄托在彼岸的精神世界,这一思想为后来的基督教所继承。

以皮罗为代表的怀疑主义把主观和客观完全对立起来,以认识的相对性否定认识的可能性。皮罗认为:"我们对任何一个命题都可以说出相反的命题来。"[①] 我们对外在事物不可能获得任何确定的知识,既不能说它存在,也不能说它不存在。人们对现存事物不要做任何评价,一旦人们对某事做出一种判断,立即就会出现与之相对立的观点。这表明,人的理性是不可能认识事物的,即思维与存在不具有统一性。怀疑主义的出现,颠覆了理性的权威,为神秘主义产生准备了条件。

以柏罗丁(也译作普罗提诺)为代表的新柏拉图主义将柏拉图的理念论思想极端化,进而宗教化。他的核心概念是"太一"。他指出,"太一"是至高无上,绝对完满的,世界上的万物都是它"流溢"的产物。人们不

---

① 北京大学哲学系外国哲学史教研室编译《西方哲学原著选读》(上卷),商务印书馆,1993,第177页。

能对它发表言说，不能通过理性来认识它，只有靠直觉才能把握它。新柏拉图主义宗教神秘性质的思想后来成为基督教世界起源说的基础，成为先验非理性观与宗教非理性观的纽带和桥梁。

至此，我们看到，哲学时代的非理性不仅表现出理性与非理性的先验统一，而且带有宗教神秘主义的色彩。正是这种先验的神秘主义色彩以及对理性的崇拜孕育了宗教的非理性观。

二 神学时代的非理性

（一）古希腊理性主义的衰落

亚里士多德哲学把希腊文化中的理性发展到了顶峰，在他的哲学中，人类的理性与世界的本质达到了形而上学的划一整合的相通。柏拉图和亚里士多德的理性主义使真、善、美融合为一，理性不仅肩负着解释宇宙的任务，也负载着解释人类社会生活、精神生活的意义。这种盛极一时的理性主义本身就孕育着衰退。因为古希腊的理性主义极力用科学来解释世界，但在当时科学发展不足以解释心灵的构造、不足以解释灵魂与物质的关系。古代社会的衰落、奴隶制日益腐朽、社会激剧动荡的现实使人们对同一个世界和同一个社会现实产生了不同的甚至相反的看法，许多人对传统哲学产生了怀疑，对理性的作用和功能产生了质疑，于是在古希腊的晚期和罗马时代，怀疑主义、神秘主义哲学应运而生。这些怀疑主义和神秘主义与在罗马帝国晚期崛起的宗教意识合流，尤其是基督教的出现，造成了西方哲学史上的理性衰落，换言之，基督教的出现和希腊理性的衰落是相伴而行的。

任何事物的出现都是有其原因的。希腊理性主义的衰落也不例外，也是有多种原因导致其衰落。

1. 希腊理性主义衰落的社会原因

社会原因主要是：一方面，社会动荡不安，奴隶制度腐朽没落；另一方面，作为哲学基础的科学技术的发展。从历史上看，古希腊先后被马其顿人和古罗马人奴役，由于受到异域人统治，古希腊人的独立和自由被剥夺了，因而他们也就丧失了探索自然和关心社会的兴趣。同古希腊人相比，古罗马人除了在军事和政治上显示其才能以外，在其他方面尤其在文化方面都不如古希腊人优秀,"罗马人比起希腊人来无疑是愚笨的、粗野的"①,古罗马人虽然做了政治上的统治者,却无力成为精神领袖。罗马时代虽然也有哲学,但就思想内容来说,没有真正地增加新内容,只不过是对古希腊哲学的延伸。古希腊民族的衰落也就标志着古希腊哲学的衰落。西欧社会的奴隶制度的衰落也是古希腊哲学衰落的原因之一。希腊哲学的产生源于希腊城邦制的繁荣。城邦制的建立,让每个人都要去思考普遍的规则和制度问题,因为城邦是每个公民的城邦,每个公民都有责任参与到国家的政治生活中,所以大家纷纷思考如何才能更好地维持一个国家的良性发展。亚里士多德的哲学可以说是希腊城邦时期的辉煌成就。亚里士多德哲学之后,希腊的哲学盛极而衰。古希腊各城邦之间的长期战争,给繁荣的古希腊带来了前所未有的破坏,导致战后希腊奴隶制城邦的危机,整个希腊开始由盛转衰,也给外部势力乘虚而入的机会。从城邦制的衰落,到马其顿帝国的建立,再到亚历山大帝国的扩展,从表面上看是文化扩张,实际上希腊哲学已随着城邦制的衰落而衰落了。基督教的兴起也是古希腊哲学衰落的外部原因之一。基督教以其朴素的信仰取代繁芜的思辨和论辩,用新的伦理化宗教的理想满足了人们的道德追求,因而在与希腊哲学优胜劣汰的斗争中取而代之。

古希腊理性主义的衰落也同当时的科学技术发展状况相关。在古希腊时代,哲学和科学没有分开,还没有分门别类的科学,因此,古希腊哲学家容易将世界当作一个整体来看,并从外部去寻找宇宙的根基,容易产生朴素的辩证法和唯物论的观点。恩格斯早就指出,希腊哲学的这种优点,同时又是它的缺陷。"在希腊人那里——正是因为他们还没有进步到对自然界进行解剖、分析——自然界还被当做整体、从总体上来进行观察。自然现象的总的联系还没有在细节上得到证明,这种联系在希腊人那里是直接观察的结果。这是希腊哲学的缺陷所在,由于这种缺陷,它后来不得不向其他的观点让步。"② 也就是说,希腊哲学自身的先天不足,导致它不能够健康发展,在与其他观点竞争中败下阵来。进入希腊化时期,自然科学迅速发展起来,在数学、物理学、天文学、地理学和医学等领域取得了辉煌

---

① 〔英〕罗素:《西方哲学史》(上卷),何兆武、李约瑟译,商务印书馆,1996,第325页。
② 《马克思恩格斯文集》(第9卷),人民出版社,2009,第438~439页。

成就。具体说来，在数学方面，欧几里得在几何学上取得成就，写成著名的《几何原本》。在物理学和力学方面，贡献最大的是阿基米德，他提出了有名的杠杆原理和阿基米德原理，被后人尊为静力学的创始人。在天文学方面，亚里斯达克初步提出了太阳中心说，但因这种思想在他的时代不能被科学地论证，从而没有得到广泛的承认。在地理学方面，爱拉托斯尼第一个计算了地球的周长，他所计算出的周长与实际的长度相差不远。在医学方面，许多生理学家、医学家开始进行人体解剖，对于人的生理构造和机能有了一些认识。这些学科逐步从哲学中分化出来，向专业方向发展。这时期的自然科学家"不象他们的前人那样把一切学艺都当作自己的领域，并发挥着包罗万象的哲学……他们都不渴望有哲学上的创造性"①。这说明了，即使有了充足的自然科学作为基础，如果缺乏主观上的哲学创造性，哲学就不可能有新的观点和体系出现，也就更不可能出现像柏拉图和亚里士多德提出的那样综合性的哲学体系。

2. 希腊理性主义衰落的哲学自身原因

哲学的衰落，不仅有社会外部的原因，而且也有哲学内部的原因，这表现在哲学内部的纷争上。我们知道，早期和中期希腊哲学家都非常关心知识问题，尽管前苏格拉底哲学也是为了知识，但是他们大多是武断地断言本原是什么，而知识的可能性等问题尚未进入他们的视野。虽然经过苏格拉底把哲学从天上拉到人间，但哲学的基本思路没有改变，仍然是在追问事物的始基问题。对于什么是真正的本原的讨论，在早期和中期就呈现出如火如荼的状态，其中以柏拉图和亚里士多德之争最为典型。这种争辩一直延续到近代的经验论和唯理论。古希腊穷究天理的思辨精神以及占统治地位的绝对主义哲学形态，遭到了相对主义和怀疑主义的抨击。另外，哲学兴趣发生了变化。古希腊哲学产生以来，宇宙论、本体论问题一直是哲学家们关注的中心问题。从苏格拉底开始，社会问题成为哲学的重要内容。亚里士多德之后，哲学家的兴趣既不是自然，也不是社会，而是人，是人的伦理问题。因为这时的希腊社会动荡不安，原来的社会秩序和伦理道德都瓦解了，人们无力去关注自然和社会。"普遍的混乱必然要引起道德的败坏更甚于智识的衰退……一个人的德行若是除了纯粹的现世计较而外

---

① 〔英〕罗素：《西方哲学史》（上卷），何兆武、李约瑟译，商务印书馆，2009，第286页。

便没有别的根源；那末如果他有勇气的话，他在这样一个世界里就会变成一个冒险家，如果他没有勇气的话，他就会只求做一个默默无闻的怯懦的混世虫。"① 当政权转到外族人手里的时候，希腊的哲学家们大多成为"怯懦的混世虫"，就自然而然地脱离了政治，而更加专心致志于个人德行的问题。在一个受苦受难的世界里，人怎样才能完善自己，怎样才能快乐幸福，成为哲学家们最关心的问题。从某种意义上讲，这一时期的哲学问题相对于以往的哲学问题"缩小"了，只是关注人的幸福和存在的意义问题，因而文德尔班把这一时期称为"伦理学时期"，并对这一时期如此评价："由于希腊生活的理想世界已分崩离析，由于民族的宗教日益淹没在客观世界的习俗中，由于被剥夺了独立性的和破碎的政治生活不再唤起虔诚，每个人在心灵深处深深感到只有依靠自己；因此更迫切需要人生目的的科学理论，更迫切需要保证个人幸福的智慧了。"②

同时我们还要看到，希腊化时期实际上也是民族大融合的时期。民族融合就会促使双方互相影响，只不过影响的质量不同而已。非希腊民族可以从希腊人那里接受优秀的文化，当古希腊哲学因内部争辩而变得不如过去自信和强大时，罗马人和东方人的实用态度及宗教观点便乘虚而入，"非希腊的宗教与迷信对于希腊化的世界的影响，大体上是（但不完全是）坏的"③。在同外族人的交流过程中，希腊人接受了他们的占星术，"甚至于大多数最优秀的哲学家也都信仰起占星学来了。既然占星学认为未来是可以预言的，所以它就包含着对于必然或命运的信仰，而这就可以用来反对当时流行的对幸运的信仰"④。这就使古希腊哲学向宗教方向迈进了一步。

3. 希腊理性主义衰落的主观原因

希腊理性主义衰落不仅有外在社会原因，还与当时人们心理的颓废相关。上面我们已经分析了社会的没落，下面简单分析人们当时的心理状况。作为社会下层的人，由于社会的没落，他们对世界是绝望的，他们觉得尽管他们自己知道什么是必需的，但却绝没有可以实现的希望。这种心情很容易使他们陷入一种更深沉的绝望，把一切希望都寄托到来世，寄托于彼

---

① 〔英〕罗素：《西方哲学史》（上卷），何兆武、李约瑟译，商务印书馆，1996，第329页。
② 〔德〕文德尔班：《哲学史教程》（上卷），罗达仁译，商务印书馆，1987，第211页。
③ 〔英〕罗素：《西方哲学史》（上卷），何兆武、李约瑟译，商务印书馆，1996，第328页。
④ 〔英〕罗素：《西方哲学史》（上卷），何兆武、李约瑟译，商务印书馆，1996，第329页。

岸世界，在他们看来，彼岸世界没有战争、没有痛苦，彼岸世界是美好的象征，是幸福的摇篮。而人又有追求美好事物、向往幸福的愿望，于是就把对美好事物和幸福生活的向往寄托于来世或者是某种神秘的转变上。而社会上层人物，"人们在理论上所相信的与在实际上所感觉的之间，是有着一种冲突的。在理论上世界是一个流泪泉，是在受苦受难之中对于来世的一种准备，但是在实际上则作家们（他们几乎全都是教士）又不免对于教会的权势感到高兴；他们有机会从事于许多他们认为是有用的那种活动。因此他们有着统治阶级的心理，而不是那种觉得自己是在逃亡到另一个世界里去的人们的心理。这就是贯穿着整个中世纪的那种奇怪的二元论的一部分"①。正当整个社会处于心理疾病的时期，基督教带来了一套让世人脱离苦海、使世人得救的福音，基督教拨动人的心弦，必然在无数人的心中产生共鸣，这既满足了社会的需要，也鼓舞了传教的热忱并创造了基督教教会。

总之，哲学的衰退、对个人灵魂解脱的追求，最终导致对理性的怀疑，对信仰的盲从，使哲学与宗教合流。古代哲学的最后归宿是宗教，在各派哲学理论对人们灵魂的解脱都无能为力以后，基督教为受苦难而没有出路的人们打开了天国的大门。基督教由异教到国教的过程也就是使神学哲学化的过程。

（二）非理性主义的理性化

我们知道，哲学和宗教都是源于人类精神的终极关怀，只不过是它们处理问题的方式不同而已。哲学诉诸理性，而宗教倾向信仰。崇尚理性的哲学走到中世纪为什么会转向崇尚信仰呢？或者说，基督教神学是怎样成为社会主流的？对这个问题的简单回答，就是非理性主义的理性化。

1. 信仰理性化的形成过程

整个中世纪的基督教神学所从事的工作就是维护对上帝的信仰，并使信仰理性化。信仰理性化不是一蹴而就的，而是有一个相当长的历程。

前面我们在分析非理性的直接表现时已指出过，基督教产生之初，并不是一种理论的体系，不是一种哲学，而是一种宗教的实践运动。为了便于人们接受，不得不给自己披上理性的外衣。对基督教早期的形态，恩格

---

① 〔英〕罗素：《西方哲学史》（上卷），何兆武、李约瑟译，商务印书馆，1996，第331页。

斯有一段比较精辟的论述:"实际上是讽喻体的理性主义的犹太传说和希腊哲学特别是斯多亚派哲学的混合物。西方观点和东方观点的这种调和,已经包含着本质上是基督教的全部观念——人的原罪、逻各斯(这个词是神所有的并且本身就是神,它是神与人之间的中介)、不是通过供奉牺牲而是通过把自己的心灵奉献给神来进行忏悔,最后还有以下的本质特点,即新的宗教哲学倒转了从前的世界秩序,它在穷人、受苦受难的人、奴隶和被排斥的人中寻找信徒,蔑视有钱人、有势力的人和有特权的人,因而也就有蔑视一切尘世享乐和禁止肉欲的规定。……由此可见,整个基督教的基本轮廓已经形成,只是还缺少一块拱顶石:人格化的逻各斯体现为一定的人物,他为了拯救有罪的人类而在十字架上做出赎罪的牺牲……但是有一点可以肯定,这块拱顶石不是由哲学家,即斐洛的学生或斯多亚派砌上的。宗教是由那些本身感到宗教的需要,并且懂得群众对宗教的需要的人创立的,而那些组成学派的哲学家通常不是这样。"① 后经教父们的不断修改和补充,基督教的教义基本形成,并以教会的教义来决定其他一切意识形态的思想内容,所以恩格斯说,中世纪的世界观本质上是神学的世界观,中世纪只知道一种意识形态,即宗教和神学。基督教的经典即《圣经》,包括《旧约》和《新约》。从《圣经》出发,经过历代神学家对基督教信仰的内容进行系统的研究和理论化的阐述,形成了基督教的基本教义。基督教教义的许多内容是说不清、道不明,只能用信仰来接受的。然而,神学之所以是神学就在于它是对神的言说。言说神是基督教及其神学的一项不可推卸的任务,而言说又必须使用理性的概念、遵循理性的思维逻辑,于是,理性与信仰的矛盾,就不免在基督教神学中凸显了出来。也正是在这对矛盾的推动下,形成了基督教所特有的哲学思维。基督教教义的完善过程也就是非理性信仰的理性化过程。

《圣经》中的有关论述成为基督教神学哲学家们处理理性与信仰关系问题的出发点。当然,它对此的论述并不是系统完整的,这也就给后人做出不同的解释留下了余地。在基督教神哲学的发展中,信仰与理性的关系也在不断地丰富和完善。从总体上看,信仰与理性之间呈现出多种关系:信仰与理性相一致、信仰排斥理性、信仰寻求理性和二者相辅相成。

---

① 《马克思恩格斯文集》(第3卷),人民出版社,2009,第593页。

2. 信仰与理性的关系

（1）信仰与理性相一致

信仰与理性一致的观点主要是早期希腊教父所提出的。基督教初期，由于自身的弱小又没有自己成形的理论，只有打着古希腊哲学的旗帜，使信仰与理性相一致，才能被人接受，这时的宗教还不是完全意义上的宗教。基督教的哲学家以查士丁和克莱门最为出色。

被称为殉道者的查士丁认为，哲学的最高使命就是追寻世界的本原或者本质（希腊人称之为逻各斯）。事实上，逻各斯就是上帝的内在理智和永恒智慧，它与上帝同在，它本身就是上帝。上帝也是凭借逻各斯创造万物的。逻各斯永恒地普照着整个世界，向所有的人启示着真理。因此，优秀的异教徒，例如苏格拉底、柏拉图，也能分有逻各斯，从而认识真理。不过柏拉图等哲学家只能分有逻各斯的部分或"逻各斯的种子"，因而只能在其理解力所能企及的程度上认识真理。希腊哲学家们之间激烈的争吵恰恰说明他们所认识的都只是部分的真理，因而矛盾和争吵是不可避免的。只有耶稣基督才得到了逻各斯完全的启示，因而也只有基督教才拥有完全的真理。

当然，古希腊哲学中的真理和基督教的真理之间只有程度的不同，并没有本质的不同，因为它们来自同一个真理源泉，即上帝的逻各斯。基于对希腊哲学和基督教之间关系所做出的这种规定，查士丁最终得出了"真哲学就是真宗教、真宗教就是真哲学"的结论。希腊哲学家们曾许诺将人们引上真理之路，引导人们认识上帝，达到灵魂与上帝的统一。这样，古希腊哲学就由于它这种宗教意义上的目标设定而着手解决一个它无法解决的问题，因为这个问题超越了人类理性的力量所能解决的范围。哲学要么为自己设定一个力所能及的目标，而这就不能是一个宗教的目标，要么有一个宗教的目标，那样我们就必须超出一种自然的哲学，接受基督宗教，而"哲学"这个名称就应该留给基督教，所以只有基督教才是真正的哲学，因为它赐给我们真理和神恩。反过来，哲学也只有设定并实现一个宗教的目标时，才能是真哲学，从而真哲学也就是真宗教。

亚历山大里亚学派的创始人克莱门也认为，哲学不是魔鬼，而是上帝的作品，因而和世间万物一样，都是好的。古希腊哲学和犹太律法一样，都是把人引向基督的教育者，并在基督教中得到了自然的延续。"真理的历史可以比作两条河流，其中一条源自旧约律法的启示，另一条源自理性。

二者又与第三条河流汇成一体，这就是基督教的启示。基督教是关于显现在基督身上的逻各斯创造、教育、实现人类的学说，因此，把知识与信仰统一起来，是真正的基督徒的任务。"① 上帝的"道"是最高的准绳，是判断人们行为正确与否的尺度。但是，为了从孩童的智慧上升到成人的智慧，从纯粹的权威信仰前进到知识的更高阶段，哲学是必要的。哲学可以把人引向信仰，而且基督徒也只有凭借哲学才有能力捍卫自己的信仰。只有当信仰的智慧再加上哲学的洞识的时候，他们才能够反抗智者的攻击。当然，哲学并不是目的自身，它应当服从信仰、服务于信仰。信仰是真理的标准，是理性尚未认识的真理的预言，是引导理性走向洞识的光。只有当哲学停留在自己的界限之内，处于属于它的位置时，它才能在基督教中胜任自己的重大任务。

"真哲学就是真宗教，真宗教就是真哲学"这一命题，虽然对哲学表示出在一定程度上的肯定，但其实质却是断定唯有基督教的信仰才是真正的哲学，真理唯有在基督教的信仰中才得到了完全的体现。在这样的意义上，哲学实际上不过是基督教信仰的一种前奏，是维护信仰的一种工具，而其自身成为一种可有可无的东西。

（2）信仰排斥理性

在与异教、异端和希腊哲学的斗争中，为了维护上帝的绝对权威，德尔图良主张基督教教义应以信仰为基础，反对一切非基督教学说。"正因为荒谬，所以我才相信"这句话充分体现了他的思想。在德尔图良看来，基督教的教义是上帝通过基督事件启示给世人的真理，也是人们必须遵守的规范。它不仅是充分的，而且也限制了我们的研究范围，超越它的范围必然成为异端。因此，最好是保持无知，以免逾越所容许的界限。在这种意义上，哲学完全是一种多余的事情。德尔图良虽然承认哲学家们有时也认识到了真理，但他认为那只是歪打正着和盲目幸运的结果。在他看来，即便是一个简单质朴的基督徒也比过去的哲学家们掌握有更多的真理。由此可以看出，德尔图良是教父哲学中反异教、反理性、反哲学的中流砥柱。德尔图良认为："在雅典和耶路撒冷之间，在学园与教会之间，不存在任何调和的余地。一切世俗知识在上帝面前都是愚蠢的。基督徒必须无条件地

---

① 张志伟：《西方哲学十五讲》，北京大学出版社，2004，第153页。

服从上帝的启示。启示不仅是超理性的，而且也是反理性的。德尔图良写道：'上帝的儿子钉在十字架上了，并不因为这是耻辱的就让人耻辱；上帝的儿子死了，正因为这是荒谬的，所以是绝对可信的；他被埋葬后又复活了，正因为这是不可能的，所以是确定无疑的'。"①

（3）信仰寻求理性

早期的教父在论证和捍卫基督教信仰时，使用不同的经文和语言，对经文和信仰有不同的理解，在信仰和理性的关系的理解上存在一定的分歧，不利于教义的传播和完善。为了克服这个困难，教父哲学集大成者奥古斯丁利用自己的哲学修养，对前两种观点进行了调和并加以发挥，提出了信仰高于理性、理性必须服从信仰的主张，他的这种思想被安瑟伦进一步发扬。这种思想在阿奎那哲学出现之前，一直占据着统治地位。

奥古斯丁认为，信仰是思想，但思想不一定是信仰，因为有些拒绝信仰的思想。既然信仰是思想，那么它就可以采用思想的形式来表达，在接受一些基本的信仰的基础上进行论辩和推理，这就以赞同的态度思想。他根据信仰与理性的关系把思想对象分为三类：一类是只需要相信，不能或不需要理解的东西，如历史事实；一类是相信和理解同时起作用的对象，如数学公式和逻辑规则；一类是先信仰，然后理解的对象，如关于上帝的真理。在这三类对象中，只有第三类对象才是思想的真正对象，因为"对上帝的信仰帮助一个人理解得更多……因为信仰来自聆听，聆听来自基督的布道，人们若不理解布道者的语言，何以能够相信他的信仰呢？另一方面，有些事情必须先被相信，然后才能理解，正如先知所说：'除非你相信，否则你将不会理解'，因此，心灵由相信进而理解"②。可见，奥古斯丁在信仰与理性的关系上，虽然主张理性与信仰相统一，倡导用理性解释信仰，但对他来说更为根本的却是"信仰为了理解"，只有先信仰，然后才能理解，信仰是一切认识的先决条件、方法和途径。

不过，奥古斯丁并不否认信仰者在信仰之前，需要有一定的理解能力和知识储备，以便能够理解所信仰的东西的含义，因而动物是无法真正信仰的，因为它没有理解能力，也没有知识储备。但是这些只是前提条件，

---

① 张志伟：《西方哲学十五讲》，北京大学出版社，2004，第153页。
② 〔古罗马〕奥古斯丁：《论三位一体》，周伟驰译，上海人民出版社，2005，第35页。

并不意味着有了它们就可以理解。仅从理性理解出发无法把握信仰，只有先信仰，才能提升到理性所无法达到的高度，然后借助于这些前提条件获得一种中肯圆融的理解和智慧，以此引导自己的生活和认识。总之，在奥古斯丁那里，信仰等于理解，推进理解。

中世纪经院哲学家安瑟伦进一步发扬了奥古斯丁的观点。安瑟伦极力主张理性应当服从信仰。他认为，上帝在我们身上赋予了他的形象，但由于罪恶和恶习的蒙蔽，除了由上帝来复兴、改造以外，我们再也不能仰望上帝了。因此，没有上帝的指示和启示，我们就不能找到上帝。而只有信仰才能使我们接收到上帝的指示和启示。因此，信仰是基督徒的出发点。安瑟伦的著名格言是：我绝不是理解了才能信仰，而是信仰了才能理解。他强调指出，基督徒应当由信仰进展到理性，而不是由理性出发达到信仰。不能够理解的时候，更不应当放弃信仰。信仰是立足于自身的，并不需要理性的基础。当然，安瑟伦并不是简单地否定理性的作用，不主张停留在单纯的信仰中，而是认为，当人们有了坚决的信仰时，对于他们所信仰的东西，不力求加以理解，乃是一种很大的懒惰。安瑟伦与奥古斯丁一样主张信仰先于理性、信仰高于理性，理性必须为信仰服务。但安瑟伦强调，绝不能使理性成为信仰的审判者，毋宁说，信仰是理解的前提、理解的范围、理解的规范、理解的目的。从这里我们看到，"在非理性信仰'专制者'那里，理性只是一个虚词"。从他的上帝本体论证明中更能充分地体现这点。不过安瑟伦的这种思想既维护了信仰的至高地位，又保证了哲学思辨的权利，为后来的经院哲学确立了基本原则。

任何事物的发展都不是一帆风顺的，都会受到周围事物的干扰和影响，基督教的发展也是如此。基督教的教父和神学家们在维护和传播教义的过程中，不断受到异教和异端的冲击和干扰。随着基督教自身的发展和亚里士多德思想在欧洲的出现，基督教顶住了来自各方面的压力，最终使亚里士多德的思想成为经院哲学的权威。经院哲学的集大成者托马斯·阿奎那的哲学理论就是亚里士多德哲学与基督教神学相结合的产物。在处理信仰与理性的关系上，阿奎那提出了信仰与理性相辅相成的思想，使非理性信仰的理性化得以最终完成。

托马斯既反对把哲学混同于神学，也不同意把哲学和神学分成两个毫不相干的领域，而是竭力论证哲学与神学既相互独立又彼此统一的关系。

他认为，哲学与神学无论是在认识目标或者认识对象上，还是在研究问题的角度和方法上都有根本的区别，但这种区别并不妨碍哲学与神学获得同样的真理。因为信仰所启示的真理和理性所探究的真理，实际上是同一个真理。托马斯指出："哲学是由事实到上帝，神学是由上帝到事实。……三位一体、化身、原罪、世界在时间中创成和圣典等教义，不能用天然的理性予以证明，它们不是哲学对象，而是信仰的问题，神启的真理；超越理性，但不违反理性。……只有相信这些信条，才能理解其合理性、或然性和似真性。如果试图在理论上证明宗教的神秘性，这实际上破坏信仰。只相信能够向理性证明的东西，没有什么好处。"① 在托马斯看来，无论是由超越理性而获得的信仰，或者是通过理性而获得对上帝的信仰，实际上都是对上帝的认识，不过是方式不同而已。

因此，尽管神学与哲学彼此之间有着清晰的界限，但托马斯却不认同这两个知识领域在实践中相互分离。恰恰相反，他要求神学和哲学有最亲密的合作。因为理性是上帝所创造并赋予人类的一种本性，而信仰则来自上帝的启示，两者可以追溯到同一个真理源泉，因而不可能相互对立。哲学与神学之间永远不会产生任何矛盾。神学的真理虽然是超理性的，但绝不是反理性的。信仰是上帝赐给我们的一种神恩，它并不削弱人们的自然本性，反而加强人们的自然本性。另外，理性也不是反信仰的。理性由于其自身的缺陷不能认识神学的真理。由自然理性出发提出反对信仰的论证，本身就与理性的最高思维原则互相矛盾，因为理性的最高思维原则就是去认识上帝。

（4）信仰与理性相辅相成

信仰与理性之间不仅相互一致，而且它们还有一种相辅相成、互相促进的关系。信仰对于理性来说是必要的，信仰可以帮助理性开阔视野，补充和完善哲学真理，由信仰为哲学和理性提供服务，哲学又反过来为信仰提供合理的论证，捍卫信仰。首先，理性可以保障信仰的基础，面对所有的攻击而捍卫神学，因为几乎所有对神学的攻击都是来自自然理性，为神学所做的辩护也必须从自然理性出发来进行。其次，理性可以阐明信仰的合理性，证明某些它可以把握的信条。即便是纯粹关于自然事物的知识，对于神学也有很大的用处。关于自然事物的知识可以向人们传递上帝的智

---

① 〔美〕梯利：《西方哲学史》，葛力译，商务印书馆，2000，第212页。

慧，引导人们达到对上帝的惊赞和敬畏，达到对上帝的爱。我们只要更深刻地钻研自然事物的本质，就不至于在关于上帝的学说中陷入某些谬误。但哲学与神学不具有平等的地位，信仰高于理性、神学高于哲学以及一切科学，这是托马斯绝不动摇的立场。

关于这一点，托马斯指出："通常，我们说一种思辨科学超过其他科学，不外指它的确实性比其他科学高，或者它的题材比其他科学更高贵，而神学在这两方面都超过其他思辨科学。说它有较高的确实性，是因为其他科学的确实性都来源于人的理性的本性之光，这是会犯错误的；而神学的确实性则来源于上帝的光照，这是不会犯错误的。说它的题材更为高贵，这是因为神学所探究的，主要是超于人类理性的优美至上的东西，而其他科学则只注意人的理性所能把握的东西。至于一般实践科学，它的高贵系于它是否引向一个更高的目的。如政治学、军事学，是因为军事的目的是朝向国家政治的目的。而神学的目的，就其实践方面说，则在于永恒的幸福，而这种永恒的幸福则是一切实践科学作为最后目的而趋向的目的。所以说，神学高于其他科学。"[①] 正因为如此，虽然信仰可以并且应当利用理性，但这绝不意味着它依赖理性。恰恰相反，"神学可能凭借哲学来发挥，但不是非要它不可，而是借它来把自己的义理讲得更清楚些。因为神学的原理不是从其他科学来的，而是凭启示直接从上帝来的。所以，它不是把其他科学作为它的上级长官而依赖，而是把它们看成它的下级和奴仆来使用……神学这样使用其他科学，这绝不是因为其他科学有自己的缺点或不足之处，而只是因为我们的理智本身有缺点，我们很容易把我们通过自然的理性所得到的知识（这是其他科学的出发点）引向超乎理性之上的东西，引向神学的范围内去"[②]。托马斯由此得出了他那著名的命题，即"哲学是神学的婢女"，这种立场最终成了罗马天主教的官方立场，使非理性信仰的理性化得以最终完成。

总之，基督教是一种精神宗教，需要理性和哲学来形成理论化的神学体系。然而，宗教之为宗教，毕竟建立在信仰而不是理性的基础之上。因

---

① 北京大学哲学系外国哲学史教研室编译《西方哲学原著选读》（上卷），人民出版社，1993，第260~261页。
② 北京大学哲学系外国哲学史教研室编译《西方哲学原著选读》（上卷），人民出版社，1993，第261页。

此,当神学哲学家们试图调和理性与信仰、以理性来证明信仰的时候,就不可避免地陷入了矛盾和困境之中,从而也给经院哲学带来了灾难。"邓斯·司各脱在哲学与神学的关系上,得出了一种使经院哲学解体的观点。"① 这是宗教哲学自身发展的悖论。

(三) 宗教神学发展的二律背反

1. 宗教神学的内容与形式相矛盾

非理性主义信仰的理性化表明,宗教神学的内容是非理性的,但它的论证方式和过程却是理性的。非理性的内容和理性的形式之间存在矛盾和对抗,具体表现是信仰和理性的对立和冲突,这是基督教神学内在不可调和的矛盾,只能野蛮地使理性的形式无条件地服从非理性的内容,因而它就成为一朵不结果实的美丽的花。信仰和理性之间的冲突还表明,非理性的认识方式和理性的认识方式有本质的区别。作为信仰的认识对象——上帝,不是人们在实践活动中按照严密的逻辑推理形成的,而是对现实世界的歪曲反映,是人们情感的一种寄托。马克思指出:"宗教里的苦难既是现实的苦难的表现,又是对这种现实的苦难的抗议。宗教是被压迫生灵的叹息,是无情世界的情感,正像它是无精神活力的制度的精神一样。"② 恩格斯也有类似的论述:"宗教按其本质来说就是剥夺人和大自然的全部内容,把它转给彼岸之神的幻影,然后彼岸之神大发慈悲,把一部分恩典还给人和大自然。只要对彼岸幻影的信仰还很强烈很狂热,人就只能用这种迂回的办法取得一些内容。中世纪的强烈信仰无疑地赋予这整个时代以巨大的力量,虽然这种力量处于不自觉的萌芽状态,但并不是来自外面,而是来自人的本性。"③ 这就是说,宗教信仰来自人的内在的情感、意志等非理性的思维活动。这类思维活动,不同于从概念进到判断再到推理的理性思维活动。在中世纪,非理性主义的信仰采用理性的方式进行论证,实际上是对理性的阉割,理性不能见天日,这种状况长达千年之久。

2. 阿威洛伊对基督教神学的责难

长夜漫漫,也有破晓之时,再严寒的冬天也阻挡不了春天的到来。基

---

① 高文新:《欧洲哲学史专题研究》,吉林人民出版社,1994,第124页。
② 《马克思恩格斯文集》(第1卷),人民出版社,2009,第4页。
③ 《马克思 恩格斯 列宁 斯大林论宗教》,中国社会科学出版社,1979,第25页。

督教神学并不能借助理性形式长期兴盛下去，它不仅受到阿威洛伊的攻击和责难，而且也存在名实之争，从而加速了它的瓦解。

阿威洛伊（Averroes）是拉丁文名，阿拉伯名为伊本·路西德（Ibn Roschd），是对西方影响最大同时在哲学上也最接近于亚里士多德的哲学家，在这方面甚至超过了他的前辈阿威森纳（伊本·西纳）。阿威洛伊同时也是一位医生和自然科学家。他极其崇拜亚里士多德，终生研究亚里士多德的学说，形成了以阿威洛伊为代表的阿拉伯亚里士多德主义，他的思想开始大规模地向拉丁世界介绍。阿威洛伊坚持"双重真理论"，在他看来，哲学与宗教是两个相对独立的领域，哲学与宗教可能一致，也可能不一致。在哲学看来是真理的东西，在宗教看来可能是谬误，反之亦然。但他又认为，哲学家可以在哲学中认识到更高的、纯粹的真理。但哲学的纯粹思辨只能被少数人理解，所以它应该以形象的外衣在宗教中出现，以便使芸芸众生都能够理解和接受。阿威洛伊的"双重真理论"为西欧哲学和科学争取独立的地位提供了理论武器。

13世纪中期，在号称"哲学家之城"的巴黎大学掀起了研究亚里士多德哲学的热潮，形成了拉丁阿威洛伊主义思潮。巴黎大学的许多学者都成了阿威洛伊主义者。他们提出的观点往往比阿威洛伊本人的更加激进，例如否定全知全能，否定个人的灵魂不死，坚持世界本身的永恒性等。他们还凭借阿威洛伊的"双重真理论"为自己辩护，与教会正统神学展开了激烈的论争。其代表人物是西格尔。

西格尔力图使哲学脱离与神学的内在结合，他宣称，启示虽然包含着完全的真理，但并不需要与哲学保持一致。同样，哲学也是一个独立的思维领域。哲学思维就是哲学家们在研究他们的对象时，所形成的理论化、系统化的理性思维方式，其中以亚里士多德最为典范。哲学家们的学说偶尔与真理不一致，也是正常的。当我们进行哲学思维时，研究对象是哲学不是神学，哲学家需要理性思维，而神学家靠启示，这是哲学家不同于神学家的地方，所以探索哲学家们的见解更甚于探索真理。在西格尔看来，神学院的教授们的研究对象是神学，而不是哲学。因此，他们不可能正确地对待亚里士多德哲学，只能是根据神学的需要而篡改亚里士多德哲学以为己用。只有阿威洛伊对亚里士多德的解释是正确的。西格尔从亚里士多德哲学出发，运用哲学思维对自然进行证明，却得出了与信仰对立的结论。

西格尔不认同基督教所宣扬的世界起源说。在他看来，上帝不是万物形成的初始因，而只是事物发展所走向的目的因，也就是说，上帝是创世的目的，而不是创世的原因。他以亚里士多德的四因说作为理论依据进行了论证。世界是永恒的，地球上的各种物种也是永恒的。某类生物之所以能产生是由于该类物种孕育着这种生物的许多个体。这一代个体由前一代个体产生，由此连绵不断、生生不息，因而不存在创世者。所有的事物都一再重复，在事物的永恒复归中一个世界跟随着另一个世界。世界也是必然的，自然规律是不可改变的。我们不能说上帝能够预见未来的偶然事件，因为亚里士多德已经证明，如果上帝能够预见这些事情，它们就会成为必然的事件。上帝只能认识一般的和必然的东西，而不能干预个别的事物和个人。西格尔追随阿威洛伊，把灵魂划分为全人类共有的灵魂和个体灵魂，并认为个体灵魂是会死的，不死的只有类灵魂。个体灵魂是个人的生命原则，与人的肉体不可分，它使个人的肉体获得生命力，并随肉体的死亡而死亡。全人类共有的灵魂也就是人类理性，它是统一的、唯一的灵魂。灵魂同个体相结合以完成意识的活动。个人死了，人类的精神实体却不灭，因此类灵魂是不死的。理智虽然借助其活动逗留在单个的人里面，但却超越了单个的人，因而没有不死的个体灵魂。这种主张实际上否定了基督教的灵魂不朽等信条。

西格尔否定基督教的世界起源说、上帝全知全能、灵魂不死等思想，其观点与基督教的教义相冲突，他被教会视为异端，遭到教会谴责，受到宗教裁判所审判，被革除教籍，受迫害而死。这之后，拉丁阿威洛伊主义逐渐被压制下去。

3. 唯名论者的责难

中世纪晚期唯名论在新的意义上将"双重真理论"推向了极端。从唯名论原则来看，以邓斯·司各脱和威廉·奥卡姆的理论最为典型。

邓斯·司各脱继承了阿威洛伊的"双重真理论"，认为哲学和神学研究的主题不同。他反对用理性来思维上帝，认为上帝不是形而上学的主题。他对证明提出了更高的要求，认为人们不能把适用于创造物的概念通过组合或类比加在上帝身上。通过理性只能知道上帝是一切原因的原因，一切本质的本质，知道上帝是永恒的。基督教的有关信条，只能根据《圣经》和教会的权威信仰它们。如果我们要用理性思考上帝，就会陷入不可解决的矛盾之中。一个定理在哲学看来是真的，但在神学看来就可能是假的，反之亦然。但哲学和神学不应该存在对立。神学并不是一门思辨的学科，而是实践的学科，它的使命是拯救人的灵魂。我们虽然不能认识上帝，但可以信仰上帝、爱上帝，信仰和爱高于认识。司各脱继承并改造了亚里士多德的质料和形式学说。

亚里士多德认为，质料是个体形成的原则，同类的个体间彼此不同，不是因为他们的形式，而是因为他们的质料。而司各脱抛弃了这种观点，他认为，使同类个体间彼此不同的不是质料，而是一种每个个体所独有的身份特征，或者叫作"存在的个体性"，或者说"这个"。这个独特的特征就是"形式的差异"。他还进一步指出，除了上帝以外，一切创造物，包括天使和灵魂都是由形式和质料构成的。他还提出了物质有思维能力的猜想。这一点得到马克思和恩格斯的赞赏。"唯物主义是大不列颠的天生的产儿。大不列颠的经院哲学家邓斯·司各脱就曾经问过自己'物质能不能思维？'为了使这种奇迹能够实现，他求助于上帝的万能，即迫使神学本身来宣扬唯物主义。此外，他还是一个唯名论者。"①

另一位唯名论者奥卡姆认为，既然我们的一切知识都起源于对个体事物的感知，既然上帝是无法感知的，那么，我们关于上帝的任何自然知识就都是不可能的。关于上帝的存在不可能有任何直接的证据，因而神学也不可能是严格论证的科学。奥卡姆还认为，理性对于信仰问题不仅无能为力，而且有可能动摇神学信条，因而必须放弃证明不能证明的东西。神学的基础不是理性，而是信仰，而信仰应当向启示寻求支持，《圣经》就是启示的真理，绝不会有错误。

司各脱和奥卡姆都是忠诚的基督徒，他们意识到了理性对信仰的威胁，因此认为放弃通过理性证明信仰的企图更为明智，力图限制认识为信仰保留地盘，但在客观上却为哲学摆脱神学束缚创造了条件。到了近现代，当理性的高扬危及信仰的存在时，一些哲学家再次利用这种观点维护信仰，康德提出"限制理性，以便为信仰保留地盘"，维特根斯坦要求"对不可言说的东西保持沉默"，这都可以看作是这种观点的一种延伸。

至此，唯名论者已经超出了经院哲学的基本原则。"这些观点放弃了经

---

① 《马克思 恩格斯 列宁 斯大林论宗教》，中国社会科学出版社，1979，第292页。

院哲学所由出发的基本原则。原来的目的是使基督教信仰理论化,是要把哲学和宗教结合起来。现在却宣布,这种工作不但冒昧,而且徒劳无益;经院哲学的神学是伪科学;信仰的全部内容都是理性所不能掌握的。"①

我们还应看到,无论是拉丁阿威洛伊主义者还是唯名论者,他们主观上是为了维护上帝的绝对权威,而客观上却为理性的解脱做了准备。如同近代的唯名论一样,经验论把经验原则贯彻到底就导致怀疑论。宗教神学是在信仰与理性的对立和冲突中发展的。从历史发展看,冲突的结果不是信仰战胜了理性,而是理性战胜了信仰,作为形式的理性最终无法证实非理性信仰的存在,必将转化为作为内容的理性。文艺复兴时代的到来和近代理性的高扬,也预示着哲学重心的转移,这次转移对于哲学来说有重大的意义。"当哲学从原始宗教中脱胎出来时,它是不自觉的。正是这种不自觉,才使它又屈从于宗教。现在,当哲学又一次要从宗教束缚中挣脱出来时,它是自觉的,它清醒地知道自己同宗教的区别。它再也不会屈从于宗教了。"② 这就是宗教神学发展的二律背反。

三　启蒙主义时代的非理性

(一) 启蒙主义的界定

人们提起启蒙主义这一概念,就会立即想到 18 世纪法国的启蒙主义运动,并由此想起卢梭、伏尔泰、孟德斯鸠等一大串人名来。这是人们对启蒙主义狭义的理解,即看到启蒙主义在社会政治方面的作用。其实启蒙主义有广义和狭义之分,从内容上来看,启蒙主义不仅表现在社会政治方面,而且还表现在哲学和科学等方面;从时间上来看,按照福柯的观点,启蒙主义是开放的系统,人类只要存在,就得发展,就会涉及对人的各种各样的束缚和蒙蔽,就需要不断地"祛魅",如此说来,启蒙哲学不仅指 18 世纪的法国哲学,它应该包括自西方近代哲学以来的哲学。

人类之所以需要"启蒙",是因为人类有所"蒙"才需要有所"启"。早在 18 世纪末期,康德就对启蒙做了比较经典的界定。康德认为:"启蒙

---

① 〔美〕梯利:《西方哲学史》,葛力译,商务印书馆,2000,第 240 页。
② 高文新:《欧洲哲学史专题研究》,吉林人民出版社,1994,第 125 页。

运动就是人类脱离自己所加之于自己的不成熟状态。不成熟状态就是不经别人引导，就对运用自己的理智无能为力。当其原因不在于缺乏理智，而在于不经别人的引导就缺乏勇气与决心去加以运用时，那么这种不成熟状态就是自己所加之于自己的了。Sapere aude！（要敢于认识——引者注）要有勇气运用你自己的理智！这就是启蒙运动的口号。"[1] 人们所受到的蒙蔽是"自己所加之于自己的"，是自己甘愿受他人、权威的支配，也就是说，受蒙蔽的人是懦弱的人。因此，所谓启蒙，就是"要有勇气运用你自己的理智"。大凡在社会转型时期，就会出现政治权力的变更、理性与信仰的冲突、各种新旧观念的较量、新的知识形态。这时就需要人们运用自己的理智进行启蒙。有被启蒙者就有启蒙者，在社会的各个转型期都有一大批勇士出现。康德本人就是启蒙运动的先锋，他的批判哲学是启蒙运动的杰出成果。福柯给予了康德很高的评价："'批判'（指康德的三大批判——引者注）在某种程度上是一本记载在'启蒙'中已成为举足轻重的理性的日记。反之，'启蒙'则表明'批判'的时代。"[2]

众所周知，西方人经历了一个漫长的中世纪，在中世纪，不仅人没有人身自由权利，而且作为意识形态的哲学、科学都是神学的工具，即理性屈从于神性，一切听从神的旨意，利用康德的话说，人类处于"不成熟状态"。在本章第三节，我们分析了理性和信仰之间始终存在着斗争，而斗争的结果，不是信仰战胜了理性，而是理性战胜了信仰。理性能战胜信仰，是理性把信仰原则彻底化的逻辑的必然结果，可以说正是信仰孕育了启蒙，正是理性把那些非现实的东西鼓励出来并从精神中分离出来，"启蒙于是对信仰有了不可抗拒的支配力，因为，在信仰本身中就存在着种种支持启蒙使之现实有效的环节"[3]。从某种意义上讲，这种世俗化的理性启蒙自古及今就存在着，并且不断地壮大，终于在此时破土而出，取得了胜利，成为新时代的特征。人们一旦鼓起了勇气运用自己的理智，就不只是在政治生活方面来运用理智，会在一切可称为现代思想和社会生活的问题上盖上理智的"印章"。

---

[1] 〔德〕康德：《历史理性批判文集》，何兆武译，商务印书馆，1990，第22页。
[2] 〔法〕福柯：《何为启蒙》，载杜小真编选《福柯集》，上海远东出版社，2003，第533页。
[3] 〔德〕黑格尔：《精神现象学》（下卷），贺麟、王玖兴译，商务印书馆，1979，第104~105页。

从历史上看，文艺复兴的人文主义和宗教改革的出现，使人的个体意识和主体意识凸显出来，这时期出现的一大批文化巨匠，创造出了大量的文学、艺术作品，是人文主义运动的伟大成就，这为近代哲学主体性的觉醒创造了条件。按照基督教的观点，人类是上帝的子民，是宇宙的精灵，是自然的主人，然而在古希腊和中世纪，由于科学文化水平较低，人没有成为也不可能成为名副其实的自然的主人。只是到了近代，随着自然科学的迅速发展，人们不仅能够认识自然，而且还能够改造自然，使之为人类服务，人类才找到了做主人的感觉；加之新航路的开辟、新大陆的发现，更增强了人类运用自己理智的信心。这些为人类走向成熟状态准备了条件。因此，"启蒙运动是欧洲文化和历史的现代时期的开端和基础，它与迄至当时占支配地位的教会式和神学式文化截然对立。……启蒙运动绝非一个纯粹的科学运动或主要是科学运动，而是对一切文化领域中的文化的全面颠覆，带来了世界关系的根本性移位和欧洲的完全更改"①。由此可看出，启蒙主义不应被理解为某一种文化的运动，它的内容是非常丰富的，或者说是一种多元化的运动。这如同人们打开窗户时，不只是一种事物映入眼帘，而是各种事物都会映入眼帘。

启蒙主义不仅内容是多元的，而且在时间上也不是固定的。康德和福柯对启蒙虽然有不同的理解，但都把启蒙看作不是固定的，而是一个动态的过程，是一个未竟的事业。康德认为，启蒙就是从"不成熟状态"向"成熟状态"转变的过程，在福柯看来，启蒙是人类走向成熟状态的必经阶段，但是福柯考查了两个世纪的思想后指出："我们所经历的许多事情使我们确信，'启蒙'这一历史事件并没有使我们变成成年，而且，我们现在仍未成年。"② 也就是说，我们曾经经历了近代的启蒙，鼓起十足的勇气运用我们的理智，这虽然给人类带来了短暂的欢乐，欢乐的背后却有着威胁人类生存的隐患。这说明我们在很多方面还是不成熟的，我们仍然生活在一个启蒙的时代，我们仍然需要启蒙。"现代哲学历经两个世纪，以不同的形式一直在重复这个问题。从黑格尔到霍克海默或哈贝马斯，中间经过尼采或马克斯·韦伯，很少有哲学不曾直接或间接地碰到这同一个问题：所谓

---

① 刘小枫：《现代性社会理论绪论——现代性与现代中国》，上海三联书店，1998，第175页。
② 〔法〕福柯：《何为启蒙》，载杜小真编选《福柯集》，上海远东出版社，2003，第542页。

'启蒙'的事件究竟是什么？它至少在某方面决定了我们是什么，我们想的是什么以及我们所做的是什么。……现代哲学，这正是试图对两个世纪以前如此冒失地提出的那个问题做出回答的哲学。"① 西方哲学史可以说就是一部启蒙史。由此，我们可以推断，人类只要存在，就要不断地同自然、社会和他人发生这样或那样的关系，也就会推动人类的认识和实践发展，就需要继续启蒙下去，就要不断地"祛魅"。也许这是启蒙的根本原因。

同时，我们还应看到，启蒙能长期进行下去，可能是由传统和时代精神两个因素决定的。从传统角度看，人类不是从虚无中走来，每个人都要分享前人的阳光雨露，所有哲学家都继承着前人的传统。一方面，传统是孕育人类思想的母体。霍克海默认为，启蒙运动家从柏拉图和亚里士多德形而上学的遗产中发现了某种古老的力量，并且要求对普遍的真理顶礼膜拜；黑格尔也曾指出，启蒙与信仰存在着血缘关系；美国当代伦理学大师麦金太尔则主张回到亚里士多德，因为在他看来，启蒙运动以近代的自我观念取代传统的目的论，而传统目的论体系包括亚里士多德的伦理目的论和中世纪的神学目的论。启蒙运动以来的西方思想家的主要任务就是要填补外在权威缺失后的空位，即为西方社会的伦理道德提供合理性证明。由于启蒙运动用自我观念取代了传统道德的外在权威，因此，只能在人性中为道德证明寻找合理性的根据。"这种论证的关键前提是描述人性的特征，道德规则须被解释和证明为能期望一个具有这种人性的存在者接受的规则。"② 至于什么是人性的本质特征，没有一个客观标准，完全由思想家自己的理解来确定，把道德证明建立在他们自以为的"是"的本质特征之上。休谟以情感、康德以理性、克尔凯郭尔以"根本选择"作为道德证明的基点，而他们的证明都不能为道德提供一种客观、非人格化的道德标准，最终导致他们证明的失败。而他们的后继者们仍在继续做这项工作，也就注定逃脱不了失败的命运。所以麦金太尔得出结论：我们不应该选择尼采，而要回到亚里士多德那里去。可见，传统在我们的生活中所起的作用非同小可。另一方面，传统又制约着我们的自由发展，正是传统的这一方面存在，我们才需要启蒙，也只有对传统采取批判的态度，我们才能发展。黑

---

① 〔法〕福柯：《何为启蒙》，载杜小真编选《福柯集》，上海远东出版社，2003，第528页。
② 〔美〕麦金太尔：《德性之后》，龚群等译，中国社会科学出版社，1995，第67页。

格尔虽然承认传统对我们的重要性,但更看重的是后一方面。"然而事实上启蒙给信仰带来的并不是这些,而毋宁说,启蒙是在扬弃信仰本身中原来存在的那种无思想的或者更确切地说无概念的割裂状态。"① 只有正确地处理传统这两方面的关系,才有利于人类的生存和发展,人的生存才能立足于传统,并不断地理解传统和超越传统。

如果我们把传统看作启蒙的基础,那么时代精神就可以看作启蒙的动力。哲学只有反映了时代精神,才能成为时代的最强音,才能成为时代的精华。时代精神使一个时代有别于其他时代,自近代以来,整体上虽然都可以称为启蒙时期,但要详细考察,由于对理性的不同运用,又可以分为不同时代:17世纪是"体系"的时代,18世纪是启蒙时代,19世纪是理性时代,20世纪是分析的时代。对此霍克海默等人在《启蒙辩证法——哲学断片》中有所论述:"18世纪摒弃了这种演绎和证明的方法(指17世纪建立体系时所用的方法——引者注)。它不再在体系的严密和完美方面,与笛卡尔、马勒布朗士、莱布尼茨和斯宾诺莎一争短长了。它所探寻的是关于真理和哲学的另一种概念,其功能是扩展真理和哲学的范围,使它们更灵活、更具体、更具有生命力。18世纪没有跟着以往哲学学说中的那种思维方式亦步亦趋;相反,它按照当时自然科学的榜样和模式树立了自己的理想。"② 18世纪的思维方式不同于17世纪的,在此基础上,它们对理性的理解也不一样。"在17世纪的那几大体系里,理性是'永恒真理'的王国,是人和神的头脑里共有的那些真理的王国。因此,我们通过理性所认识的,就是我们在'上帝'身上直接看到的东西……18世纪的理性不再是先于一切经验,揭示了事物的绝对本质的'天赋观念'的总和。现在,人们把理性看作是一种后天获得物而不是遗产。它不是一座精神宝库,把真理像银币一样窖藏起来,而是一种引导我们去发现真理,建立真理和确定真理的独创性智慧力量。"③ 这就揭示了一个道理,一个时代要体现出该时代的特色,就必须摆脱传统的束缚,不能亦步亦趋。当下我们正处于社会转型时

---

① 〔德〕黑格尔:《精神现象学》(下卷),贺麟、王玖兴译,商务印书馆,1979,第105页。
② 〔德〕马克斯·霍克海默、西奥多·阿道尔诺:《启蒙辩证法——哲学断片》,渠敬东、曹卫东译,上海人民出版社,2003,第5页。
③ 〔德〕马克斯·霍克海默、西奥多·阿道尔诺:《启蒙辩证法——哲学断片》,渠敬东、曹卫东译,上海人民出版社,2003,第11页。

期，无论是世俗权力的交接、理性对信仰的颠覆、新知识形态的诞生、信息的交流，还是人类的生存环境，都不同于以往任何时期，因此仍然需要启蒙。对转型时期的启蒙，福柯做了简单而明了的总结："'启蒙'是一种事件或事件以及复杂的历史进程的总体，这总体处于欧洲社会发展的某个时期。这总体包含着社会转型的各种因素，政治体制的各种类型，知识的形式，对认知和实践的理性化设想。"① 基于此，福柯把今天处于转型期的现代哲学看作正是试图对两个世纪以前如此冒失地提出的那个问题即"何为启蒙"做出回答的哲学，就不难理解。这完全是时代精神的需要。

总之，启蒙主义运动是一个未完成的事业，它的内容随着人类的发展在不断地丰富，它的轨迹也随着人类的进步在不断地延伸。

（二）理性的复兴、辉煌及其与非理性的渊源

1. 理性的复兴与非理性主义酝酿的理论原因

西方文化中理性的复兴，也就意味着理性曾经有过兴盛的时期，中途衰落了，否则就谈不上复兴。前面我们已经分析过理性的衰落，现在来分析理性的复兴与辉煌。理性的复兴是理性辉煌的基础和前提，而理性辉煌是对理性复兴的继承和发展。

近代理性之所以能复兴，有其深厚的理论渊源。我们知道，西方哲学从产生之日起，就注重理性思维，这是不同于东方哲学之处。古希腊哲学虽然也可以说是理性哲学，但不同于近代理性哲学。前面分析过古希腊哲学是物我不分的哲学，其理性是没有主体性的纯客观性的理性。而近代哲学经历了中世纪和文艺复兴的发展，主体意识逐渐觉醒，理性不再是纯客观性的理性，而是包含主客二分的理性。理性的职能是把认识和认识对象区分开，并保证认识和认识对象相一致，这实际是个方法论的问题，而古希腊哲学还没有意识到这个问题。近代哲学虽然都主张在理性的基础上，使认识和认识对象一致，然而对什么是认识的真正来源，却存在分歧，所以近代哲学一开始就出现了经验论和唯理论的争论。这种争论不是空穴来风，而是有其历史传统的。

古希腊和中世纪都有其先声。古希腊有柏拉图和亚里士多德之争，在

---

① 〔法〕福柯：《何为启蒙》，载杜小真编选《福柯集》，上海远东出版社，2003，第537页。

中世纪有唯名论和唯实论之争，正是中世纪的唯名论和唯实论之争，威胁到理性的尊严。唯实论是中世纪的"理性主义"，它试图通过理性来证明信仰，而唯名论则是中世纪的"经验主义"，它主张现实存在着的只是个别具体的事物，上帝是不可能通过理性来证明的，它只是信仰的对象。当中世纪经院哲学试图调和理性与信仰的工作最终失败之后，其必然结果是：我们无法证明上帝的存在。这一结果又产生了间接的影响：一方面动摇了信仰的基础，另一方面也使人们怀疑理性的作用。加之经院哲学引经据典、崇尚权威的风气，毫无内容的纯粹思辨烦琐论证，使人们对理性达到了难以忍受的地步，于是在经院哲学衰落之后，文艺复兴时期成了文学家、艺术家的时代，这是对基督教神学和经院哲学长期禁锢人们思想、推崇禁欲主义的反叛。因此，当历史的车轮驶入近代的时候，哲学首先面临的问题，就是如何恢复理性的地位，为整个人类知识大厦重新奠定基础。

近代哲学的复兴表现在把人的理性视为人们认识世界、获得知识、发现真理的能力。近代理性主义者在认识的来源、范围和客观有效性等方面存在分歧，从而产生了经验论和唯理论的对立。

无论是经验论还是唯理论，都对人类的思维和认识方法做出了贡献，但是，经验论尤其是贝克莱和休谟经验论，以及唯心主义的唯理论，都为信仰、非理性留下了地盘，为现代非理性主义的产生奠定了基础。在理性复兴时期，思辨理性占统治地位，而非理性主义尚处于酝酿之中，理性与非理性的对立还没有充分展开。

(1) 经验论对理性复兴的贡献

经验论主要产生于英国，这不仅因为英国是近代自然科学的发祥地，而且因为在哲学上有唯名论的历史传统。英国经验论在本质上是一种经验理性，这就是说它企图用经验来界定理性的范围，把理性的内涵封闭在经验的范围之内。经验论的主要代表有培根、霍布斯、洛克、贝克莱和休谟。经验论内部各理论的区别在于是否把经验论的原则彻底化。经验论哲学的发展是一个对经验论原则不断扬弃的过程，在这个不断扬弃的过程中，非理性也在不断地滋生。经验论哲学的内容十分丰富，可以从不同方面进行分析，本书以经验论原则的内在逻辑发展为切入点进行分析。

"经验论原则的实质就是认识不超出经验的感性内容，理性思维的作用只是对感性内容进行比较、组合和分解，不理解或否认思维的理解作用或能动作用，因而也不理解或否认抽象概念。"① 从哲学史来看，培根和霍布斯的思想可以说是经验论原则的萌芽，在他们那里，方法和理论还没有统一，还没有形成统一的思想体系。洛克是经验论思想体系的完成者，但洛克不是彻底的经验论者，后来的贝克莱和休谟只是对经验论原则加以发挥，并加以彻底化，从而为非理性打开了方便之门。下面主要分析后三位的思想。

洛克的经验论体系是以批判唯理论的"天赋观念"开始的。"在《人类理解论》中，洛克以'普遍同意论'和'理性发现论'为侧重点，从两方面批判了天赋观念论。一方面从认识上批判了天赋观念论，指出'人心没有天赋的原则'；另一方面从道德和实践上批判了天赋观念论，指出'没有天赋的实践原则'。"② 既然人心是"白板"，没有天赋观念，人心中的观念是怎样获得的呢？洛克认为，是人心自己按照一种经验的途径获得观念的，由此他把观念分为外部感受观念和内部反省观念。根据观念与外界事物的关系，提出观念的性质有第一性质和第二性质之分，并指出第一性质有事物的原型与之相应，而第二性质则纯粹是人心的产物，没有外物与之对应。而人们所获得的知识实际上是关于观念之间的关系。洛克的这些思想建立在经验的基础上，但洛克还不是一个彻底的经验论者，因为在涉及实体观念和上帝观念的来源时，都超出了他的观念生成论。洛克对知识有种种限制，且往往表现出怀疑的态度，他虽然批判了笛卡尔的"天赋观念"，却吸取了笛卡尔的实体学说的思想。关于实体的思想，他只是对笛卡尔的实体学说稍加改动。在洛克看来，实体概念只是一个假设或者说是因其理论逻辑的需要而设定的一个概念，就其自身来说是没有什么真实的意义的。他说："所谓实体一词亦并没有别的意义，我们在此只是含糊地假定一个自己所不知的东西（就是说我们对这个东西，没有特殊的、清楚的、积极的观念），认它为我们所知道的那些观念的基层同支柱罢了。"③ 实体主要是指"实体观念"，是复杂观念的一种，是简单观念的集合，而简单观念不能独立存在，需要一个支撑体，他就把这个支撑体称为实体。他说："我们不能想象这些简单的观念怎样会自己存在，所以我们便惯于假设一种基层，以

---

① 高清海主编《欧洲哲学史纲新编》，吉林人民出版社，1990，第303页。
② 邹化政：《〈人类理解论〉研究——人类理智再探》，人民出版社，1987，第254页。
③ 〔英〕洛克：《人类理解论》（上册），关文运译，商务印书馆，2009，第63页。

为它们存在的归宿，以为它们产生的源泉。这种东西，我们就叫做实体。"①从观念的来源看，有感觉观念和反省观念之分，通过这两种方式获得的观念都是简单观念。体积、形状、广延等感觉观念的支撑体就是物质实体，而思想、知识、怀疑、能力等反省观念的支撑体就是精神实体。实体观念是简单观念的集合体，简单观念的性质就决定了实体的性质。物质有第一性质和第二性质之分。第一性质是指体积、形状、广延、动静等物质本身所固有的性质，人们对第一性质所产生的观念，称为第一性质的观念，这种观念在客观世界中有相应的"物的原型"。物体的第二性质，是依附于第一性质的，它是由感官不能觉察到物质微粒的体积、形状、运动以及不同结构所形成的一种能力。这种能力作用于感官就产生色、声、味等观念。这种观念只有与之相对应的主体的"能力"，而没有与之相对应的"原型"。从这里，我们可以看到，洛克的第二性质的观念是主客体相互作用的产物，揭示出了认识的实质，但他的表述有缺陷，过分夸大了第二性质观念的能动性和相对性。在洛克那里，我们在经验中获得关于存在和持续、知识和能力、快乐和幸福等观念，再根据无限的观念把所有这些观念加以扩大，就构成了上帝的观念，上帝的观念实际上是一个复合观念。包括上帝观念在内的一切复合观念都只是揭示事物的"名义本质"，而根本不能反映其"实在本质"，因为"实在本质远非我们所能发现，所能了解的"②。这样，洛克在形而上学上就走向了不可知论。这说明洛克不自觉地运用理性的思维能力，导致了他的体系中存在着二元论的思想，同时，非理性的思想也处于不自觉状态。

　　洛克把观念等同于人心之外的存在物，并认为外物的性质有第一性质和第二性质之分，第一性质同物质不能分离，是物质本身所固有的；第二性质则不同，它虽然要依附着第一性质，但离不开主体的感觉。由于对这两种性质关注的程度不同，就出现了法国的唯物主义和贝克莱的主观唯心主义。

　　贝克莱在洛克经验论的基础上，着重突出第二性质观念的主观性，批判第一性质的客观性，既然第二性质的观念不存在于心外，而第一性质又同第二性质是不可分的，为什么第一性质就不是主观的呢？第一性质是观

---

① 〔英〕洛克：《人类理解论》（上册），关文运译，商务印书馆，2009，第286页。
② 〔英〕洛克：《人类理解论》（下册），关文运译，商务印书馆，2009，第462页。

念，第二性质同样也是人心的观念，外感的经验对象作为一些可感性质的总和，也是人心之内的经验对象，洛克凭什么单把第一性质特殊化，认为在这些性质总和中的物象，是脱离人心的外界存在物呢？如果第一性质没有这种资格，却说第二性质是外界存在物所固有的，这便更是荒唐无稽了。因为出现在第一性质总和中的物象，是在人心之内的，第二性质只是人心在直观这种物象时所产生的一些观念。无论是第一性质还是第二性质都是发生在人心之内的事，我们不但不能从感性经验内容中找到外物独立存在的观念，而且也从中抽象不出所谓物质实体的观念来。人们通常所说的物只是一些感觉的总和、观念的复合而已。贝克莱的目的是要消除洛克的物质实体观念，但在消除了物质实体观念后，他并没有继续沿着经验论的原则走下去，而保留了洛克的灵魂、上帝实体观念，这是由他的宗教信仰决定的。这也就意味着，他不可能是一个彻底的经验论者。经验论原则彻底化的重任是由休谟来完成的。

休谟继承经验论的传统，认为人的认识不能超出经验，并把知觉作为他的思想的基石，认为知觉以外的一切都不可知，由此，他既怀疑物质实体的存在，也怀疑精神实体和上帝实体的存在，因而陷入了怀疑主义和不可知论。

休谟认为，洛克、贝克莱等经验论者没有在观念与感性之间做明确的区分，因而导致没有把经验论原则贯彻到底，他虽然在观念和感性之间做了区分，但只是做了量的区分，没有质的区别。休谟把感觉分为印象和观念两类，印象是"初次出现于心灵中的一切感觉、情感和情绪"①，是较强烈的、清晰的和生动活泼的感觉。观念是对印象的摹本，是黯淡的、不活跃的感觉，所以印象与观念没有本质的区分，只是强烈或清晰的程度不同。无论是印象还是观念都是内心的活动，这样的活动不涉及外在事物。这样，休谟就在内心世界和外在世界之间掘出了一道鸿沟。因为"我们根本就不能想象或形成与观念和印象有种类差别的任何事物的观念。我们纵然尽可能把注意转移到我们的身外，把我们的想象推移到天际，或是一直到宇宙的尽处，我们实际上一步也超越不出自我之外，而且我们除了出现在那个

---

① 北京大学哲学系外国哲学史教研室编译《十六—十八世纪西欧各国哲学》，商务印书馆，1975，第577页。

狭窄范围以内的那些知觉以外，也不能想象任何一种的存在"①。休谟进而以印象作为衡量观念真假的标准，凡是符合印象的观念是真实的，反之就是虚构的。休谟是依据这个原则，对抽象实体观念提出质疑，具体地说，是对物质实体、灵魂实体和上帝实体的怀疑。贝克莱只是否定了外感的物质实体，而休谟进一步指出，同样的情形也发生在内感经验的感性内容中，因为在经验中，我们只能经验到不同观念的相续，在思想之流和思想之链的心理过程中，我们根本不能发现所谓自我作为灵魂的观念。至于超越我们的意识、在意识之外的上帝观念，更是如此。如果我们不运用思维的能动作用，是不能经验到这些实体的，或者说这些实体的观念是不符合印象的，是虚构的观念，同时也就取消了这些实体的实在性。这样休谟就把经验论原则彻底化了。

休谟还依据经验论原则，探讨了知识和因果关系的问题。休谟认为，人类理智的对象可以自然地分为两类，即"观念的关系"和"事实"。与此相应，知识也有两类：关于观念的知识和关于事实的知识。观念知识包括几何、代数等数学知识。这类知识与外界事物无关，是通过直观或推理来发现它们的确切性。这类知识"只凭思想的作用，就能将它发现出来，并不以存在于宇宙中某处的任何事物为依据。纵然在自然中并没有圆形或三角形，欧几里得所证明的真理仍然保持着它的可行性和自明性"②。因而，观念的知识是具有普遍必然性的知识，是真知识。事实的知识是建立在经验基础之上的知识，而经验又是或然性的，因而这类知识也是或然性的知识，不像观念知识那样具有明确性。"各种事实的反面仍然是可能产生的，因为它并不包含任何矛盾，而且可以同样轻易明晰地被心灵设想到，正如那符合实际的情况一样。"③ 接着，他举了"太阳明天出来还是不出来"的事例作为例证。由此可见，休谟不仅使经验论的理想破灭了，而且也使唯理论的理想陷入了困境。唯理论试图以理性固有的一些天赋能力推演出全部知识，而休谟却认为观念的知识只是知识的一部分，而且与外界事物无

---

① 〔英〕休谟：《人性论》，关文运译，郑之骧校，商务印书馆，2009，第79~80页。
② 北京大学哲学系外国哲学史教研室编译《西方哲学原著选读》（上卷），商务印书馆，1993，第519页。
③ 北京大学哲学系外国哲学史教研室编译《西方哲学原著选读》（上卷），商务印书馆，1993，第519页。

关。休谟还指出，人们经常把或然性的知识当作普遍必然性的知识，是由于因果观念在起作用，为此，他对因果观念进行了批判。

休谟认为，我们只能经验到一种事实和另一种事实的经常的前后相继，而这些事实，又是一些判然有别的不同观念的外在集合，我们根本不可能经验到联结它们的中介，我们也不能单凭纯理性来确定，这些外在的观念之间有这种关系存在。因此，休谟得出结论：因果关系的实在性是我们所不能知道的。而我们心中又确实有因果关系的观念，这个观念是从哪里产生出来的呢？休谟认为，是我们在长期的经验中形成的一种心理习惯性联想的产物。

至此，我们看到，休谟一方面使经验论原则彻底化，把人的认识完全限制在经验范围内，另一方面认为人们要探寻知识的必然性，就必然要超越经验论原则：人们在经验中凭着本能，形成心理习惯性联想。这就意味着对经验论原则的破坏，使经验论原则走进了死胡同，使联想等非理性因素在人类认识中凸显出来。

总之，休谟在彻底发展和贯彻经验论原则的前提下，既走到了经验论的反面，也走到了唯理论的反面，其理论实质上是超越二者的共同基础理性主义而通向了非理性主义的先验论。休谟发展经验论的原则，将观念与感官的原始表现区别开来。他称感官的原始表现为印象，而观念则为印象的摹写。休谟认为真理的逻辑标准即在于观念与印象的一致。他从这个前提出发，非常敏锐地觉察到了作为认识的普遍原则的那些观念，例如一般实体的观念，以及由此分化出来的物质实体、心灵实体和上帝等观念，此外更重要的还有因果性的观念等，都不能从感官经验中发现，也不是存在于理性中的与事物的秩序、规律天然相一致的天赋观念和天赋原则，理性绝不能证实它自身的这样一种客观实在性。那么，这些观念是怎样起源的呢？休谟认为它们以人心的一种不能再加分析的实践本能为基础，是这种本能在感官印象的一些经常集合形式中的习惯性联想的产物，它们的根源不是理性的、逻辑的，而是非理性、非逻辑的。这些观念也不是严格意义上的、与印象相一致的客观真理，而只是理性用以把握对象、进行预言和选择，以满足实践要求的主观方式。在这里出现了"理性与本能的冲突，这本能包括很多种能力、倾向等等，它以种种方式欺骗我们，理性则揭示出这一点。但是另一方面，理性是空虚的，并没有内容和自己特有的原则；在应付一种内容时，它就不得不依靠那些倾向了，因为它是没有自己的内容的。因此，理性本身并没有一个标准来解决个别欲望之间的冲突，解决它自己与各种欲望之间的冲突"①。如此说来，休谟是以非理性的先验论为基础来综合经验论的。

休谟哲学在欧洲近代哲学史上起过重要的作用，并对后世产生了重大影响：它既对现代西方哲学的唯心主义经验论流派产生了重大影响，也对现代西方非理性主义产生影响。

英国经验论从培根、霍布斯经洛克、贝克莱到休谟的历史发展，深入地揭示了感觉经验在人类认识中的作用。一方面它大大拓展了西方古典理性主义的内涵；另一方面由于经验论固守经验的屏障，无法解决人类认识的普遍必然性、科学有效性和逻辑确定性的问题。因此，经验论的理性必然是一种片面的理性。

（2）唯理论对理性复兴的贡献

人类知识的来源不外乎有两种途径，一是来源于人的经验，二是来源于理性。休谟把经验论原则贯彻到底，从而使人类的认识陷入了不可知论，走向了自己的对立面，没有真正解决人类知识的来源问题。这说明知识来源于经验这个途径行不通，还得寻找知识的来源。经验论所遗留的理论空白由大陆唯理论来填补。既然知识的来源不能是经验，那么知识的来源只能是理性。虽然唯理论哲学家的观点不一，但他们都认为理性是知识的真正来源，并能保证知识的普遍必然性。大陆唯理论由笛卡尔揭开序幕，经斯宾诺莎、莱布尼茨等人，形成一个相对完整的系统。对唯理论的分析也采用分析其原则的方法进行。

唯理论原则的实质是在坚持思维能动性的前提下，逐渐把思维的能动作用和感性基础结合起来。唯理论的发展也是一个不断扬弃其原则的过程。

在笛卡尔所处的时代，封建的生产关系在法国已趋向崩溃，资本主义经济得到较大发展。在思想领域，矛盾并没有完全消除。为了适应资产阶级发展经济的要求，笛卡尔对经院哲学采取强烈批判的态度。他指出，经院哲学虽然高谈阔论，但并不能使人获得真实可靠的知识，反而会使人误入歧途。他说："我在好多年以前就已经觉察到，我从早年以来，曾经把大

---

① 〔德〕黑格尔：《哲学史讲演录》（第4卷），贺麟、王太庆译，商务印书馆，1996，第209页。

量错误的意见当作真实的加以接受，而我以后建立在一些这样不可靠的原则上的东西，也只能是极其可疑，极不确实的；从那时起，我就已经断定，如果我要想在科学上建立一些牢固、经久的东西，就必须在我的一生中有一次严肃地把我从前接受到心中的一切意见一齐去掉重新开始从根本做起。"① 因此，必须抛弃经院哲学的旧方法，采用获得真实可靠知识的新方法，即"直觉+演绎"的方法。笛卡尔认为，直觉是指心灵对它所理解的事情形成直接、明确、没有任何疑问的概念；演绎是指心灵从一个确实无误的事实到另一个事实的必然推断。二者的区别主要在于：直觉的概念是心灵"直接""全部"地把握的，它不涉及任何思考的过程，"不费任何力气"就把握到事实的本质，是"非推理的"，常被称为"精神的眼睛"；而演绎则是"推理的"，它需要由此及彼的思考过程，根据推理的不同要求，这个"过程"可以是简单的或复杂的。笛卡尔将是否包含"推理"当作区分直觉与演绎的根本标准。通过直觉得到的知识是"自明的"知识，它是构成人类知识的"第一原理"。在这个"第一原理"的基础上逐级进行演绎，所形成的知识大厦是确实可靠的。后来笛卡尔看到人们在实际运用理智时，需要努力才能发现所谓清楚明白的概念。认识到"直观"的局限性后，笛卡尔就用普遍怀疑来代替"直觉"。但我们要看到，后来虽然笛卡尔使用的是普遍怀疑，但其目的是一致的，都是为了得到清楚明白的"第一原理"，他并没有真正地放弃直觉的思想，只是对直觉思想的不足加以完善而已。通过普遍怀疑得到的"我思故我在""第一原理"中的"我思"，实际上就是一种"直觉"，"我在"是由"我思"演绎而来的。可以说，在笛卡尔的哲学中，随处都潜伏着直觉。可见，笛卡尔的理论是以理性和非理性共同奠定其基础的。

笛卡尔的直觉思想在西方哲学中具有极其重大的意义。这一思想不但极大地影响了斯宾诺莎、洛克、休谟等人关于知识确实性和分类的观点，从而成为近代理性主义和经验主义认识论的共同财富，而且还为后来西方哲学中非理性主义尤其是现象学和直觉主义的产生播下了种子。

笛卡尔的知识是完全由理性思维得来的，反对将感觉、想象和或然推

---

① 北京大学哲学系外国哲学史教研室编译《十六—十八世纪西欧各国哲学》，商务印书馆，1975，第157页。

理当作有效的科学方法,他认为由这些方法得来的知识往往是错误的、可疑的、靠不住的,在追求真理的过程中,它们至多只能起辅助作用。也就是说,他把理性思维与感性基础、主观与客观、理性与非理性完全对立起来。黑格尔把这一思维称为"知性思维"。

斯宾诺莎是从唯物主义的立场发展了唯理论的原则。斯宾诺莎不像笛卡尔那样,把知识完全限定在理性范围内,承认外界存在物对观念和知识的形成起一定的作用。斯宾诺莎认为,"真观念必须符合它的对象"①,人的感性知觉不是主观自生的,而是外界存在物作用于人的感官的结果,他说:"感觉并不是出于理智的力量,乃是起于外界的原因,即按照身体,在醒时或睡时,受种种不同的刺激而引起的。"② 并根据知识的明晰度,把知识分为三类:感性知识、理性知识和直观知识。然而他又认为,感性知识是未经理智整理的知识,不能反映事物的本质,因而这种知识不是真知识,真知识是后两种。虽然斯宾诺莎吸取了笛卡尔的直观思想,但他的真观念与笛卡尔的"天赋观念"有所不同,他认为真知识并不是与生俱来的,而是通过直观的认识活动而获得的。在斯宾诺莎看来,"直观"和"推理"的能力是天赋的,借助天赋能力,获得真观念,然后以"真观念"为前提进而获得其他一切真理。他形象地把真观念比作铁锤,有了铁锤就可以制造其他器物。而第一把铁锤则是由"天然的工具"制成的。因此,他说:"同样,知性凭借天赋的力量,自己制造理智的工具,再凭这种工具以获得新的力量来从事别的新理智的作品,再由这种理智的作品又获得新的工具或新的力量向前探究,如此一步一步地进展,直到达到智慧的顶峰为止。"③ 斯宾诺莎在论证认识的过程时,不是立足于感性认识,而是从真观念出发的,可见,他没有摆脱笛卡尔的影响。他的第一把铁锤是由"天然的工具"制成,这实际上是一种独断论,这种独断论式的思维方式,在源头上为其理论埋下了祸根。

莱布尼茨维护和捍卫了笛卡尔所确立的唯理论的基本原则。莱布尼茨在回应洛克对"天赋观念论"批判的同时,在坚持唯理论原则的基础上,

---

① 〔荷兰〕斯宾诺莎:《伦理学》,贺麟译,商务印书馆,1958,第4页。
② 〔荷兰〕斯宾诺莎:《伦理学》,贺麟译,商务印书馆,1958,第57页。
③ 〔荷〕斯宾诺莎:《理智改进论》,转引高清海主编《欧洲哲学史纲新编》,吉林人民出版社,1990,第255页。

也对"天赋观念论"做了修改。莱布尼茨认为,人心中不具有现成的、清楚明白的"天赋观念",但却有天赋的潜在能力,而潜在能力的发现需要外在感官机能的刺激作用,并以此批判洛克的心灵"白板说"。他形象地把潜在能力比作大理石的纹路,一块大理石并不能由艺术家随意雕刻成什么艺术品,雕刻成何种艺术品是由大理石本身的纹路决定的,换言之,雕像是潜藏在大理石中,只是由艺术家使其显现出来而已。他说:"同样情形,观念与真理是作为倾向、禀赋、习性或自然的潜在能力而天赋在我们心中,并不是作为现实作用而天赋在我们心中的,虽然这种潜在能力永远伴随着与它相适应的、常常感觉不到的现实作用。"① 这样,莱布尼茨比笛卡尔高明的地方是:理性观念只有在感性经验的刺激下才能产生。

莱布尼茨还把他的理性论思想运用到真理学说上。他认为哲学的任务是为了获得普遍的必然的知识,而这种知识不是导源于经验,只能是先于经验而从思想中产生。但是他不像笛卡尔那样,把知识完全限定在理性范围内,而是为感觉经验留有一席之地。"感觉对于我们的一切现实认识是必要的",承认它们也是一种真理,但感觉"不足以向我们提供全部认识,因为感觉永远只能给我们提供一些例子,亦即特殊的或个别的真理。然而印证一个一般真理的全部例子,尽管数目很多,也不足以建立这个真理的普遍必然性"②。为此,莱布尼茨把知识分为"事实的真理"和"推理的真理"。检验这两个真理的标准是矛盾律和充足理由律。"推理的真理"遵循矛盾律,而"事实真理"遵循充足理由律。一个事实真理具有或然性,要断定它的实在性就必须有一个理由,而这个理由又需要一个理由,这样无穷后推,最真实的充足理由必在事实之外的实体中,即在上帝之中。"在莱布尼茨看来,充足理由律不仅仅具有逻辑的意义,即每一判断必须有根据和理由来证明它的真理,而且它还是形而上学的规律,即一切事物必须有充足存在的理由……'如果不承认充足理由律,上帝存在的证明和许多哲学理论就要破产。'"③ 由此观之,莱布尼茨表面上是对经验论做了让步,

---

① 北京大学哲学系外国哲学史教研室编译《十六—十八世纪西欧各国哲学》,商务印书馆,1975,第 505 页。
② 北京大学哲学系外国哲学史教研室编译《西方哲学原著选读》(上卷),商务印书馆,1993,第 494 页。
③ 〔美〕梯利:《西方哲学史》,葛力译,商务印书馆,2000,第 416~417 页。

而实际上，他在对经验论的批判中，更坚定了他的唯理论的立场，从某种意义上讲又走向了另一极端。

莱布尼茨作为唯理论者的主要代表，他的思想，尤其是充足理由律，不仅影响了康德、黑格尔等理性主义者，而且也影响了现代西方非理性主义者——叔本华。充足理由律自从莱布尼茨提出后受到其后哲学家的高度重视。康德、黑格尔等给以理性主义的发挥，叔本华对它加以改造，使其成为意志主义哲学"总根"，为此还写了一本书，即《充足理由律的四重根》。

从唯理论的发展看，它一方面着重考察了人类认识过程中的逻辑成分，另一方面又揭示了人类认识的本质特征。但是唯理论由于轻视感觉经验的作用，无法确保知识的客观有效性和拓展知识的新领域，它也是一种片面的理性观。

17世纪的唯理论和经验论所确立的思辨理性观和经验理性观，延伸到社会政治领域，成为18世纪的法国启蒙思想家和唯物主义者的政治理性观。17世纪英国唯物主义者霍布斯、洛克的国家起源说及其政治观体现了人类对自身的生存环境和社会制度的理性反思。18世纪法国启蒙思想家和唯物主义者卢梭、狄德罗、霍尔巴赫等人继续从理性出发反思人性、国家、社会历史和政治制度，形成了一种政治理性观，并把政治理性观付诸自觉自为的政治实践——1789年的法国资产阶级大革命。他们认为理性即自然性、人性，是正义和人道的别名。伏尔泰把全部历史看作理性与迷信的斗争过程，把理性视作历史发展的主要动力。孟德斯鸠的法律、自由、平等观念和三权分立理论，是政治理性观的集中体现。

17世纪唯理论和经验论确立的思辨理性观和经验理性观，18世纪法国启蒙思想家和唯物主义者的政治理性观及其政治实践，为19世纪德国古典哲学的辉煌打下了坚实的基础。

2. 理性的辉煌与非理性主义的萌芽

德国古典哲学时期是理性主义哲学发展的辉煌时期，这一时期的哲学是以康德为发起者，中经费希特、谢林到黑格尔。在黑格尔那里，理性主义哲学达到顶峰。

（1）康德对推动理性辉煌与非理性主义萌芽的贡献

西方近代理性主义内部经验理性论和大陆天赋理性论，到18世纪末都陷入困境，无法再按照自身的逻辑继续走下去了。尤其是休谟怀疑主义不仅使唯理论陷入了困境，也使经验论陷入了困境。这样，哲学本身的发展要求有一种新的哲学满足时代的需要。这时，康德哲学应运而生。

康德高举批判理性的大旗，把经验理论和大陆唯理论的观点融合到他的哲学体系中，全面探索科学及形而上学成立的条件。在康德看来，经验论和唯理论的缺陷在于没有对人的理性能力进行考察，就断定人的理性能够完全认识事物，或者断言人的经验可以认识事物。要真正解决人类的认识问题，就必须首先考察人的认识能力有多大。康德说："批判并不是对书本和体系的批判，而是从理性可以不靠任何经验独立取得的一切知识着眼，对一般理性能力进行的批判；因此要决定一般形而上学是可能的还是不可能的要确定它的来源，范围和界限——全都要从原则出发。"[①] 只有先弄清了这些，然后才能进行认识。康德认为，人的认识能力有感性、知性和理性之分，并对它们进行了详细分析，这些分析就构成了《纯粹理性批判》中的"先验感性论"、"先验分析论"和"先验辩证法"的内容。通过分析，康德认为，人的认识是由感性上升到知性，再由知性上升到理性的过程，感性和知性只能以现象为认识对象，至于在现象之后的本体则是理性认识的对象，因为理性的本性是要超越现象、追求事物的统一性，企图认识事物的本质，把握世界的绝对理念。这样的理念有三个：第一个是"灵魂"，它是一切精神现象的最完整的理念；第二个是"世界"，它是一切物理现象的最完整的理念；第三个是"上帝"，它是前两者的统一，是最高的统一体。但是理性自身没有把握绝对总体的思维工具，只能借助知性的范畴去追求理念，认识"物自体"。然而知性的范畴只适用于现象界，而不适于本体界，如果理性一旦超验地使用知性的范畴，就必然产生矛盾，即"二律背反"。他列举了关于世界的四种"二律背反"。（一）正题：世界在空间和时间上是有限的。反题：世界在空间和时间上是无限的。（二）正题：世界上的一切物体都是由单一的东西构成的。反题：没有单一的东西，一切都是复合的。（三）正题：世界上有出于自由的原因。反题：没有自由，一切都是按照自然法则发生的。（四）正题：在世界因的系列里有某种必然的存在。反题：在世界因的系列里没有必然的东西，一切都是偶然的。

---

① 北京大学哲学系外国哲学史教研室编译《西方哲学原著选读》（下卷），商务印书馆，1993，第239页。

简单来说,"二律背反"是关于世界的有限与无限、单一与复合、自由与必然以及必然性与偶然性的矛盾。这四个关于世界的正题和反题都同样是正确的论断,彼此都不能驳倒对方。理性最终无法确证什么,也就意味着,"物自体"是不可知的。这样康德就把"灵魂""世界""上帝"一一排除在认识之外。康德在本体界和现象界之间设置了一道鸿沟,认为我们只能认识"物自体"的现象。康德指出,我们平常所说的自然规律,完全没有客观性,不是自然本身所具有的,而是人加到自然上去的,人成了自然的立法者,这就是康德的哥白尼式哲学革命。

康德对理性进行批判,发现理性的能力不是万能的,而是有其局限性的,即我们不能认识"物自体",这是对理性能力限制的消极作用,同时动摇了人们对理性的信仰。康德说:"我们的理性在我们的求知欲最看重的一件事情(物自体——引者注)上不仅遗弃了我们,而且以假象迷惑了我们,终于欺骗了我们,我们还有什么理由信任它!"[①] 在这消极作用的背后隐藏着积极的作用,即为人们的宗教信仰提供依据。因为"思辨理性无论如何至少给我们保留了一块扩大知识的地盘,它自己虽然不能插手,却始终不禁止我们占用,甚至敦促我们用理性的实践资料尽可能把它填满"[②]。康德的目的就是要在认识以外给宗教信仰留块地盘,"物自体"虽然不能认识,但却是实践理性所必需的前提。人的理性不仅有认识功能,而且有意志功能,康德把前者称为理论理性,后者称为实践理性。理论理性解决认识问题,实践理性解决道德、信仰问题。在理性世界,理性的人是按照道德法则来行动,以"至善"为最高目标,而人的理性是有限的,为了达到"至善"就必须有理论公设,即"意志自由""灵魂不朽""上帝存在"。"意志自由"假设人受摆脱自然现象的必然法则的制约,依据理性世界的道德法则而决定自己意志的能力,即自由;人的理性是有限的,只有"灵魂不朽"才能保证"至善"在实践上成为可能;"至善"是德性和幸福的统一体,只有假设"上帝存在"才能使德性和幸福统一起来。这样,康德把在《纯粹理性批判》中否定的超验的"物自体"又召唤回来了,这也是康德哲学的真正目的。

---

① 北京大学哲学系外国哲学史教研室编译《西方哲学原著选读》(下卷),商务印书馆,1993,第242页。
② 北京大学哲学系外国哲学史教研室编译《西方哲学原著选读》(下卷),商务印书馆,1993,第245页。

康德的实践理性高于理论理性的思想，不仅为信仰主义提供了理论依据，而且促使了理性主义的德国思辨哲学向非理性主义的转变。因为康德的自由意志作为超时空的本体可以自由地、能动地产生出一个时空中的现象的思想，是后来的叔本华意志主义哲学的源头。

康德哲学的基本特征是调和经验论和唯理论、调和科学与宗教、调和知识和信仰，使二者相妥协，而最终又投入主观唯心论的怀抱，成为宗教和信仰的捍卫者。这导致康德哲学在后来受到唯物主义和唯心主义的批判：费尔巴哈、马克思等批判康德的主观唯心论、不可知论和唯心论的先验论；费希特、谢林、黑格尔等批判康德的"物自体"及不可知论。

(2) 费希特对推动理性辉煌与非理性主义萌芽的贡献

费希特是康德哲学的继承者，但他对康德哲学中的二元论思想表示不满。费希特认为，哲学的根本任务在于说明一切经验的根据，他所说的"经验"是"有必然性感觉伴随的那些表象的体系"①。因此，哲学就是认识论，费希特称之为"知识学"。费希特吸取笛卡尔的思想，认为一个严格意义上的科学体系，其根基必须是坚实的，并在第一原理的基础上，依照其内在的逻辑必然性逐渐推演出全部的体系来，但是他对笛卡尔的第一原理持批判态度：把思维的最高规定归结为自我意识，而不是思维自身，同时赋予自我以能动性。"把自我当作绝对原则，因而必须表明宇宙的一切内容都是自我的产物，而自我同时即是这自身的直接确定性。"② 黑格尔认为这是费希特的伟大之处。而康德哲学不能完成这个任务，因为康德一方面把先验统觉看作建构知识的东西，而范畴自身就存在于先验统觉之中，另一方面，康德没有把先验统觉当作知识的绝对原则，又需要去演绎一大堆范畴。黑格尔认为康德只是做了一些列举范畴的工作，并指出，一切都应该从自我开始，列举范畴的工作应该取消。

费希特的自我意识是先验地设定了的，这一规定直接来源于康德的先验统觉思想，费希特在吸取康德的自由意志思想的同时也对康德的先验统觉原则进行了改造，并取消康德的"物自体"。在费希特看来，"物自体"是一种

---

① 北京大学哲学系外国哲学史教研室编译《西方哲学原著选读》（下卷），商务印书馆，1993，第 321 页。
② 〔德〕黑格尔：《哲学史讲演录》（第 4 卷），贺麟、王太庆译，商务印书馆，1996，第 310 页。

纯粹的虚构，完全没有实在性。在此基础上费希特否定了康德的"物自体"对感官的刺激作用和知性运用相应范畴加工"物自体"刺激感官所获得的感性材料而形成知识的思想，并认为感觉和知识都是主观的。这样，费希特否定了康德哲学中的唯物主义因素，为他的知识学体系的建立扫清了障碍。

费希特的知识学以三个原理为核心内容：第一，自我设定自我，自我是通过反省自身才设定的，就是在进行认识之前要设立一个知觉者，即绝对自我；第二，自我设定非我，自我在认识"自我"的时候，由于把自我作为一个对象看待，产生一个对象意识，即与自我相对立的"非我"；第三，自我设立自我与非我的统一，由于非我是由自我设定的，也就存在于自我之内，并限制了自我，为了调和二者之间产生的矛盾，自我设定自我与非我的统一。费希特取消了物自体，充分展示了自我的能动性和创造性，体现了他的辩证法思想，这是费希特对人类思想的一大贡献。对此，马克思在《关于费尔巴哈的提纲》中指出，旧唯物论的主要缺点在于它们的直观性，"和唯物主义相反，唯心主义却把能动的方面抽象地发展了，当然，唯心主义是不知道现实的、感性的活动本身的"①。马克思这里所说的唯心论也包括费希特的唯心论在内。

费希特的绝对自我是他知识学体系的基础，而涉及绝对自我本身的基础时，费希特就陷入了非理性的深渊。费希特认为，实在性问题是在经验之外，不是我们的认识对象，只能把它留给信仰，他走的是康德的路线。另外，康德哲学中孕育的意志主义胚芽在费希特哲学中也得到了发育成长。我们看到，费希特把自我自身的"本源行动"看作某种 A=A 那样的自身同一的东西，因而是一种意志的绝对无条件的自发的行动，这样的行动既不是感性直观所能直接知道的，也不是理性思维即概念所能间接知道的，而是只有通过某种"知性的直观"，注视自己的内心才能直接发现和把握到的，而实在的主体和客体则是它的现象或显现，这时，他就是在沿着主观主义的方向为意志主义的确立提供积极的论证，从而为非理性主义的发展开辟了道路。②

费希特哲学从知识学原理出发，企图克服康德哲学中的二元论，建立

---

① 《马克思恩格斯文集》（第1卷），人民出版社，2009，第499页。
② 杨祖陶：《德国近代理性哲学和意志哲学的关系问题》，《哲学研究》1998年第3期，第7~17页。

统一的哲学体系，然而费希特并没有完全摆脱康德的影响，因为费希特的知识学体系完全是在绝对自我之内的活动，纯粹是一种主体性哲学，始终要受到非我的限制，没有完全跳出康德的主体性哲学的范围。黑格尔批评了费希特的这点。"自我自始至终是主观的，受一个对立物牵制着的，而自我的实现只是以有限性的方式向前迈进，只是对先行的东西的回顾。"①

黑格尔批评费希特只是片面地发挥了自我意识原则，言外之意是说费希特没有把这种原则扩展到客观存在的领域，是为其客观唯心主义服务的。但在康德之后第一个提出客观意识的人不是黑格尔，而是谢林。

(3) 谢林对推动理性辉煌与非理性主义萌芽的贡献

谢林也像费希特一样，认为哲学应该是从第一原理出发，并按照其内在的逻辑必然性逐渐推演出科学体系，但他不同意费希特把绝对自我作为最高的第一原理。在谢林看来，自我是一种结果而不是起点，直接从自我开始是非历史的态度，要想坚持历史主义态度，就需要探究自我的发展过程，就应该说明自我的历史；另外，自我设定非我之后，就使自我和非我之间的矛盾无法克服，自我受到非我的限制，这说明自我不是绝对的、最高的第一原理，也不能真正摆脱二元论。为了使科学体系真正建立在"阿基米德点"上，就必须突破费希特的主观唯心主义体系，另外寻找最高的第一原理。

谢林认为，作为第一原理的东西，既应该具有斯宾诺莎的实体的特性，还应具有费希特的自我的能动的功能，他批判地吸取了斯宾诺莎和费希特哲学思想的精华，提出了他的主体和客体绝对同一的思想。并把"绝对无差别的同一"作为他哲学的"阿基米德点"。"在这一点上，主观及客观是直接地同一起来的"，而这种同一"只有在一种情形下才能成立，即被表象的同时是能表象的，被直观的同时是能直观的。但是这种被表象的与能表象之间的同一，只存在于自我意识之内；所以要寻求的那一点便在自我意识内找到了"。② 这个点既被表象又能表象，既被直观又能直观，说明在它内部存在着对立，在它自我的实现过程中，有时客体占优势，有时主体占统治地位，但这种统一体内的差别只具有量的差别，而没有质的不同。

---

① 〔德〕黑格尔：《哲学史讲演录》（第4卷），贺麟、王太庆译，商务印书馆，1996，第310页。
② 北京大学哲学系外国哲学史教研室编译《十八世纪末—十九世纪初德国哲学》，商务印书馆，1975，第231页。

由此，谢林的哲学就可以分为自然哲学和先验哲学，自然哲学是盲目的、无意识的创造，先验哲学是自由的、有意识的创造。

在谢林的哲学中，他的基本思想是从自我的原始同一出发，最终又回到同一。在这个过程中，谢林强调了理智直观、艺术直观的重要性。谢林认为理智直观与感性直观不一样，感性直观并不表现为创造自己对象的活动，在这种状况下，直观活动本身并不表现为创造对象的活动，但是，理智直观则是一切先验思维的官能，是自我。自我被谢林看作一种绝对自由的知识活动，是不能被证明的。自我的活动不脱离自我而存在，是一种创造自己的对象的知识活动，是一种总是自由地进行创造的直观，在这种直观中，创造者与被创造者是同一个东西。只有通过自我关于其自身的知识，自我作为对象才能产生出来。作为对象的自我无非是关于自我的知识，所以自我的产生仅仅因为自我对自己进行了认识。所以，自我本身是一种同时创造它自身的知识活动。而这种活动实际上是一种审美活动，只有在审美直观中，才能达到物我两忘、主客统一的境界，与绝对融为一体。

谢林的绝对的、无差别的同一是不能用语言描述和述说的，只能通过理智直观、想象力等非逻辑、非理性的方式来把握，而不是通过概念自身予以必然性的揭示，因而具有神秘主义的色彩。谢林的先验哲学以自我意识为出发点，以神秘主义为终点，体现了理性主义与非理性主义的结合，这是谢林先验哲学的一大特点。谢林虽然克服了康德哲学中的主客二元论，但又无法克服差别和同一的矛盾，陷入新的二元论，于是他就求助于神秘的"天启"。谢林晚年完全转入"天启"哲学和神话哲学，走向信仰主义，促使了非理性主义在德国的萌芽。

（4）黑格尔对推动理性辉煌与非理性主义萌芽的贡献

谢林哲学把康德、费希特的主观唯心主义哲学发展为客观唯心主义哲学，他的哲学也成为黑格尔哲学的先导，成为产生黑格尔哲学最重要的环节。

思维与存在的关系问题是哲学的基本问题，是所有哲学家必须首先回答的问题。黑格尔认为："（思维与存在的对立）是哲学的起点，这个起点构成哲学的全部意义。"[①] 黑格尔也是以这个基本问题为起点，并把这个起

---

① 〔德〕黑格尔：《哲学史讲演录》（第 3 卷），贺麟、王太庆译，商务印书馆，1996，第 325 页。

点贯穿其整个体系,提出了实体即主体的思想。在思维与存在的同一性问题上,黑格尔吸取了康德的主体意识性思想、费希特的主体辩证法和谢林的历史辩证法思想,同时批判了康德的二元论和不可知论、费希特的主观的主客体统一和谢林的不包含矛盾的绝对自我的思想。黑格尔的思辨理性在更深层次上把握全部现实的内在统一性,他说:"哲学的最高目的就在于确认思想与经验的一致,并达到自觉的理性与存在事物中的理性的和解,亦即达到理性与现实的和解。"① 在这样一个新认识的基础上,黑格尔建立了庞大的理论体系,恩格斯对此有所评论:"黑格尔完成了新的体系。自从人们有思维以来,还从未有过像黑格尔体系那样包罗万象的哲学体系。逻辑学、形而上学、自然哲学、精神哲学、法哲学、宗教哲学、历史哲学,全都结合在一个体系内,归纳成为一个基本原则。"② 黑格尔体系的最大特点是充满着辩证法思想,也就是说,黑格尔的体系和辩证法是融为一体的。黑格尔正是运用辩证法来全面而深刻地揭示了思维的能动性和它内在的统一性,达到了逻辑学、本体论(亦是黑格尔的世界观)和认识论三者相统一。因为在黑格尔看来,逻辑学是研究思维规律的科学,即思维把握对象是什么的科学,而思维把握对象是什么,就是把握对象自身的规定性,此二者的统一,就是一般的认识,因此,逻辑学就是认识论。逻辑学和认识论的统一,表现的是一般的认识,这一般的认识又体现在对世界上各种事物的区别与联系的一般普遍规定性上,而对世界事物的普遍的一般认识,就是世界观。为了达到这三者的统一,黑格尔运用了逻辑与历史统一的辩证思维方法把西方古典理性主义的优秀成果全部融合到他的哲学体系之中,使西方古典理性成为纯粹思辨理性,而整个世界的历史就成为理性的历史,从而,使理性处于如日中天的辉煌时期,并导致了人对理性的崇拜。

然而,这种辉煌是短暂的,一方面因为黑格尔的整个体系是建立在唯心论的基础之上,虽然他企图把全部现实包容于思辨理性之内,但在最终意义上却脱离了现实,从而使他的体系成为空中楼阁,成为不结果实的花朵。列宁指出了唯心主义认识论的实质:"它无疑是一朵无实花,然而却是生长在活生生的、结果实的、真实的、强大的、全能的、客观的、绝对的

---

① 〔德〕黑格尔:《小逻辑》,贺麟译,商务印书馆,1996,第43页。
② 《马克思恩格斯全集》(第3卷),人民出版社,2002,第489页。

人类认识这棵活树上的一朵无实花。"① 另一方面，黑格尔在充分发挥思辨理性的能动性的同时，却又将理性的能力片面地加以夸大，使思辨理性转变为宗教理性。正如列宁所言："哲学唯心主义是把认识的某一特征、某一方面、某一侧面，片面地、夸大地、überschwengliches（狄慈根）发展（膨胀、扩大）为脱离了物质、脱离了自然的、神化了的绝对。"② 这样的思辨理性必然要敲响西方古典理性主义的丧钟。一方面根据物极必反的道理，当理性主义达到辉煌之时，也就是向其对立面非理性主义方向转变之时，另一方面，在黑格尔死后，他的理性主义体系迅速瓦解，尤其在20世纪西方哲学转向的时刻，一些重量级的哲学家都把矛头对准了黑格尔。"几乎二十世纪的每一种重要的哲学运动都是以攻击那位思想庞杂而声名赫赫的十九世纪的德国教授的观点开始的，这实际上就是对他加以特别显著的颂扬。我心里指的是黑格尔。"③ 在人们对黑格尔的批判中，形成了两种根本对立的观点：一种观点认为黑格尔哲学的根本精神是强调过程、生成和否定，它在本质上是一种非理性主义；另一种观点认为，黑格尔哲学的精神实质是对总体和肯定的强调，是一种极端的理性主义学说。因此，黑格尔哲学既引起理性主义的强烈不满，又受到了非理性主义的非难。黑格尔哲学之所以得到这样结果，是他的庞大体系的内在矛盾造成的。黑格尔的唯心主义哲学，尤其是他的自我意识的出发点以及绝对精神又成为现代西方非理性主义哲学的理论来源。

总之，从理性的复兴到理性的辉煌，理性主义一路高歌猛进，呈现出繁荣景象，对人类认识的进步起了极为重要的作用，然而，作为人类认识之翼的非理性也不甘示弱，对人类认识的发展也起了一定的作用。长期以来，人们在研究这一时期的哲学时，把注意力集中在理性的身上，而忽视了非理性的作用。

理性主义的实质是要解决人类的知识问题，也就是要寻求人类认识的"阿基米德点"，并在这个"阿基米德点"上建立起理性主义理论的大厦，使理性主义呈现出表面的繁荣景象。然而在这表面的繁荣背后却隐藏着理论的

---

① 《列宁专题文集：论辩证唯物主义和历史唯物主义》，人民出版社，2009，第152页。
② 《列宁专题文集：论辩证唯物主义和历史唯物主义》，人民出版社，2009，第152页。
③ 〔美〕M. 怀特编著《分析的时代：二十世纪的哲学家》，杜任之主译，商务印书馆，1987，第7页。

顽症：对于"阿基米德点"本身的实在性问题理性是无能为力的，只能运用非理性的方式进行回答。只有这样，才能使他们的理论得以成立。无论是唯理论的"直观知识"，还是经验论的实体；无论是康德的理性世界、费希特的绝对自我、谢林的无差别的绝对，还是黑格尔的绝对精神，它们的最终归宿都是非理性主义的。如此说来，非理性认识是理性认识的前提和基础，如果没有非理性作为依托，理性主义的理论就不能自圆其说。这就说明，理性主义哲学家也是离不开非理性的。随着黑格尔将理性主义发展到无以复加的地步，物极必反，理性主义就会走向其反面，向非理性主义转化。

四 现代的非理性

近代理性主义哲学一方面将理性看成具有无限的权威，把理性作为评判一切的标准；另一方面，它又秉承形而上学的传统，追求超验的终极实体，对现实人生尤其是对个人生命的关注越来越少，以至于马克思称黑格尔的理性是"无人身的理性"。"无人身的理性在自身之外既没有可以设定自己的场所，又没有可以与之相对立的客体，也没有可以与之合成的主体，所以它只得把自己颠来倒去：设定自己，自相对立，自相合成——设定、对立、合成。用希腊语来说，这就是：正题、反题、合题。对于不懂黑格尔语言的读者，我们将告诉他们一个神圣的公式：肯定、否定、否定的否定。这就是措辞的含意……却是脱离了个体的纯粹理性的语言。这里看到的不是一个用普通方式说话和思维的普通个体，而正是没有个体的纯粹普通方式。"① 这样，哲学就丧失了它自古以来作为指导生活的功能，从而导致了哲学重心在现代发生了转移，并呈现出多元化。非理性主义思潮就是其中之一。

一般来说，现代西方非理性主义是指产生于19世纪末20世纪初的一股反对近代理性主义哲学的思潮。非理性主义不是一个完整的、统一的学说，而是一种广泛的哲学思潮。其中主要有：唯意志主义、直觉主义、存在主义。它们虽然不是一个完整的、统一的理论体系，却有共同的理论旨趣：反对西方近代理性主义哲学，尤其是黑格尔的绝对理性主义哲学。怀特海曾说过，20世纪的主要哲学都是从批判黑格尔哲学开始的。然而，非理性主义思潮的出现不是空穴来风，而是既有其社会历史背景，也有其科学发展的背景。

---

① 《马克思恩格斯文集》（第1卷），人民出版社，2009，第599页。

(一) 非理性主义哲学产生的根源

1. 非理性主义思潮产生的社会历史原因

"资产阶级在它的不到一百年的阶级统治中所创造的生产力，比过去一切世代创造的全部生产力还要多，还要大。自然力的征服，机器的采用，化学在工业和农业中的应用，轮船的行驶，铁路的通行，电报的使用，整个整个大陆的开垦，河川的通航，仿佛用法术从地下呼唤出来的大量人口——过去哪一个世纪料想到在社会劳动里蕴藏有这样的生产力呢？"[①] 这就是说，资产阶级凭借先进科学技术的发展及其应用，创造了巨大的社会财富，使人民的生活水平得到了极大的提高，使人类感受到前所未有的舒适与满足。人类似乎依靠自己的理性在不断地向"自由、平等、博爱"的理想目标迈进。但是社会的发展并不是完全按照资产阶级的乐观主义的"理想"进行的，因为，资本的本性就是逐利的，在资产阶级取得统治的地方，人与人之间只有金钱关系。"资产阶级在它已经取得了统治的地方把一切封建的、宗法的和田园诗般的关系都破坏了。它无情地斩断了把人们束缚于天然尊长的形形色色的封建羁绊，它使人和人之间除了赤裸裸的利害关系，除了冷酷无情的'现金交易'，就再也没有任何别的联系了。"[②] 甚至为了利益不惜一切手段，以战争手段来达到其获利的目的。两次世界大战给亚欧各国带来了极大的创伤，也给人们的心理蒙上阴影。在社会上就出现了孤独、忧郁、无聊、焦虑、恐惧等心理，体现在理论上，出现了以性的苦闷、生的烦恼和存在的无目的等为特征的非理性主义。狄更斯《双城记》一开始那段著名的描述是对资本主义社会的真实写照："那是最昌明的时代，那是最衰微的时代；那是理智开化的岁月，那是混沌蒙昧的岁月；那是信仰笃诚的年代，那是疑云重重的年代；那是阳光灿烂的季节，那是长夜晦暗的季节；那是欣欣向荣的春天，那是死气沉沉的冬天；我们眼前无所不有，我们眼前一无所有；我们都径直奔向天堂，我们都径直奔向另一条路。"[③] 相反的东西在资本主义社会同时存在。这就印证了恩格斯的一

---

① 《马克思恩格斯文集》（第2卷），人民出版社，2009，第36页。
② 《马克思恩格斯文集》（第2卷），人民出版社，2009，第33～34页。
③ 狄更斯：《双城记》，转引自张汝伦《现代西方哲学十五讲》，北京大学出版社，2004，第7页。

段名言:"文明每前进一步,不平等也同时前进一步。随着文明而产生的社会为自己所建立的一切机构,都转变为它们原来的目的的反面。"① 这就是历史发展的辩证法。西方非理性主义思潮既是时代的产物,又是对时代本质特征的反映。

资本主义社会的各种非理性主义的观点都是对当时社会危机的反映,只有返回到当时的社会背景,才能理解它们产生的必然性和合理性。因为"在分析任何一个社会问题时,马克思主义理论的绝对要求,就是要把问题提到一定的历史范围之内"②,对现代西方非理性主义思潮的研究更要如此,只有采取这种态度,一方面能更好地认识非理性主义思潮的本来面目,另一方面又能坚持历史唯物主义的基本路线。

西方社会表面繁荣,其背后却蕴藏着深刻的社会危机。这种社会危机主要表现在社会矛盾激化和人的异化两方面。

在资本主义社会里,人们虽然获得了人身自由,而面对的却是一个世态炎凉的世界。资本"无情地斩断了把人们束缚于天然尊长的形形色色的封建羁绊,它使人和人之间除了赤裸裸的利害关系,除了冷酷无情的'现金交易',就再也没有任何别的联系了。它把宗教虔诚、骑士热忱、小市民伤感这些情感的神圣发作,淹没在利己主义打算的冰水之中。它把人的尊严变成了交换价值,用一种没有良心的贸易自由代替了无数特许的和自力挣得的自由。总而言之,它用公开的、无耻的、直接的、露骨的剥削代替了由宗教幻想和政治幻想掩盖着的剥削"③。随着剥削程度的加深,资本主义社会的矛盾也在不断激化;经济矛盾的加深,导致政治矛盾的激化,最终在 20 世纪爆发了两次世界大战。特别是二战之后,从整个资本主义世界的情况来看,由于资本主义社会固有矛盾的日益尖锐,各国经济危机频繁发生,企业经常开工不足,失业问题日益严重;社会动荡使传统道德日益破坏。这一切在西方各国人民的心灵深处留下了深刻的影响,使人们对用理性和科学建立起来的社会文明产生了怀疑;加之人们目睹了战争的惨状,流血、死亡、毁灭、无家可归……从而产生压抑感,人陷入麻木、绝望、

---

① 《马克思恩格斯文集》(第 9 卷),人民出版社,2009,第 147 页。
② 《列宁选集》(第 2 卷),人民出版社,2012,第 375 页。
③ 《马克思恩格斯文集》(第 2 卷),人民出版社,2009,第 34 页。

无所作为的状态。这一切必然激发哲学家的思考。

2. 非理性主义思潮产生的科学背景

西方非理性主义思潮的出现不仅有其社会历史原因，也有其科学发展上的背景。换言之，西方非理性主义思潮也是西方现代科学对近代科学的批判的必然产物。

随着现代科学的发展，近代科学尤其是近代物理学和数学受到冲击。我们知道，自然科学是哲学的基础，近代哲学是在近代自然科学的基础上建立起来的。16、17世纪的自然科学革命以及近代科学的产生，为近代哲学的产生提供了科学基础。近代的自然科学以数学和物理学最为先进，它们解释世界的原则遵循机械因果规律，即一切自然现象都是按照固定的规律由物体运动引起的。伽利略开创的物理学以及牛顿开创的力学，使整个世界和人间生活统一起来，近代自然科学在逐渐控制人类的外部生存环境的同时，也逐渐控制了人的思想。尤其是19世纪自然科学的细胞学说、能量转化和守恒定律以及进化论，使自然科学变成了一种新世界观和意识形态。细胞学说论证了整个生物界在结构上的统一性，以及在进化上的共同起源。细胞学说揭示了细胞的统一性。这一学说的建立推动了生物学的发展，并为辩证唯物论提供了重要的自然科学依据。能量转化和守恒定律揭示了物质运动变化过程中物理量间的等量关系。这一发现揭示出"自然界中无数的起作用的原因，过去一直被看做某种神秘的不可解释的存在物，即所谓力——机械力、热、放射（光和辐射热）、电、磁、化学化合力和分解力，现在全都被证明是同一种能（即运动）的各种特殊形式，即存在方式；我们不仅可以证明，这种能在自然界中不断从一种形式转化为另一种形式，而且甚至可以在实验室中和在工业中实现这种转化，使某一形式的一定量的能总是相当于这一或另一形式的一定量的能"①。生物进化论的提出，是人类文明发展的一个新的里程碑。在基督教统治长达千年的中世纪，人们在心理上已经接受了世界是上帝所创造的观念，而进化论宣扬万物不是上帝所造，是自然长期进化而成。这一思想是对宗教神权统治的挑战，是无神论对有神论的宣战，无疑在社会上激起了不小的涟漪，给人们以启迪，使人们第一次摆脱了宗教神权的桎梏。所以这是对宗教权威的挑战，

---

① 《马克思恩格斯文集》（第9卷），人民出版社，2009，第456~457页。

最终在人类历史上确认了人类的起源，人并非神所创造。这些重大发现深刻地揭示了自然界各个领域之间的联系，沉重地打击了形而上学自然观和宗教神学自然观。因此，恩格斯非常重视并高度评价了这些重要发现，认为"有了这三大发现，自然界的主要过程就得到了说明，就被归之于自然的原因"[①]。

近代自然科学确立了全新的宇宙图景，在这新图景中，宇宙不再是一个由上帝支配的等级结构，因而对当时的宗教情感和压抑人性的精神生活方式提出了强有力的挑战。

然而，就在人们将近代科学的某些观念当作绝对真理坚信不疑时，科学自身却悄悄地发生了巨大的革命，这场革命对近代科学有巨大的影响。一方面，它使近代以来确立的世界图景不再可能。在此之前，人们以为，实在是由物质组成的，物质的基本成分是像微粒一样的小圆球即原子；它们在客观存在的时空中运动，服从机械因果规律。而现在科学家却告诉人们，物质是由看不见的电子组成的，并不服从牛顿定律，时间与空间具有相对性，这些让普通人觉得不可思议。宇宙并不像一架机器，宇宙中也没有任何可以轻易被称为"物质"的东西。另一方面，作为物质的微粒，电子并不像人们所认为的那样活动，它们根本就不像日常世界中普通事物那样运动。爱因斯坦、海森堡和德布罗意发现了电子具有波粒二象性。由于我们只能用电子观察电子，即不能直接观察电子，所以只能推断它们的性质。这就提醒人们，科学也有人类认识无法达到的地方。人和科学都不是万能的。同样，亚原子微粒的变化也只能在或然性的界限内预测。这样，近代物理学所声称的确定性和确切性就是不可能的。海森堡的"测不准定理"实际上宣告了确定性的虚妄。詹姆斯·基恩斯（秦斯）爵士在他的《物理学与哲学》一书中曾以六个命题来总结量子理论产生的结果：第一，自然的统一性消失了；第二，外部世界的确切知识不可能；第三，自然的过程不能充分表现在时空架构中；第四，主体与客体的明确区分不再可能；第五，因果性失去了意义；第六，如果有一个基本的因果律，它在现象世界之外，我们达不到。现代科学的这些新成就，虽然内容不同，但都从不同角度证明了近代科学理性的有限性，机械因果规律的解释原则的失效，

---

① 《马克思恩格斯文集》（第9卷），人民出版社，2009，第458页。

它们寻求的知识的"阿基米德点"的不可靠。这样一来，近代科学与近代哲学的基本理论预设，以及它们追求的认识论目标——确切可靠的知识，都被颠覆了。近代西方哲学实际上是以近代自然科学，尤其是近代数学、物理学为其理论模型。如果这个模型被证明有很大的盲点和局限，那么近代哲学就被根本动摇了。而非理性主义思潮就是在这样的背景下产生的。[①]

现代科学技术在得到长足发展、造福人类的同时，也给人类带来了双重的负面影响：一是全球范围内的核战争威胁、恐怖分子肆虐、能源危机、生态危机、人口膨胀等；二是人被自己所创造的文明"异化"了：人与人的劳动过程相异化，人与人的劳动产品相异化，人与人的类本质相异化，最后导致了人与人相异化。整个社会充斥着"异化"，于是才有"人变成甲虫"的现代主义的小说，才有"他人是地狱"的存在主义的思想，才有许许多多的荒诞、非理性主义思潮的出现。所有这一切都是以变异的形式歪曲地反映被扭曲了的现实社会。

（二）传统理性主义的局限性

理性主义向非理性主义转变，不仅有其社会历史的原因和科学发展的背景，而且也有传统理性主义自身的局限性。或者说，现代非理性主义思潮正是从传统理性主义的局限处萌芽的，是传统理性主义内在逻辑发展的结果。

我们知道，哲学作为时代精神的精华，是要随着时代的发展而发展，而哲学本身要发展，就应当要解决好主体和客体之间的关系问题。传统理性主义没有解决好这个问题，才使非理性主义思潮的出现。

从哲学自身的发展来看，西方传统哲学，其理论着眼点在探究和说明世界的本原、始基是什么的问题上。古希腊哲学处于哲学发展的幼年时期，这时在哲学家们的意识中还没有主体意识，他们只是从世界本身来说明世界。由于哲学家的旨趣不同，就出现了两条不同的解释路线：一条是以某一种或几种具体物质形态作为世界的本原，这是从物到思想的唯物主义认识路线；另一条是以抽象的形式作为世界的本原，是从思想到物的唯心主义认识路线。由于他们的认识还没有发展到对事物的细节、事物的内部做

---

① 张汝伦：《现代西方哲学十五讲》，北京大学出版社，2004，第16页。

比较深入的了解，没有进步到对自然界做分门别类的研究。

到了近代，哲学家们对认识论给予更多的关注，发生了"认识论转向"，同时又秉承形而上学的传统，追求超验的终极实体。虽然近代理性主义者在知识的来源问题上存在分歧，有经验论和唯理论之分，但是从总体上看，他们都把理性看作具有无上权威的东西，把理性作为评判一切的标准。由于经验论和唯理论都是把各自的基本原则片面地加以发展，走到各自逻辑的终端，都没有真正解决认识论问题。而康德的先验哲学就是在综合经验论和唯理论的基础上形成的，也是对这两派学说的调和，他采取划界的方式，将本体界和现象界分开，将认识和信仰截然分开，因而康德的哲学既受到后来哲学家的非难，又成为各种哲学理论的思想资源。"现代西方哲学应该上溯到近代承前启后的大哲康德，尽管后来的哲学家对他的学说备加非难，从各自不同的角度提出不同的意见来驳诘他，他却终不失为现代哲学的源泉。犹如投入大海的巨石，他在哲学界里激起了四向散开的巨大波浪或是细微涟漪。现代西方哲学各派哲学家受他影响的程度容有深浅不同，但没有任何人是和他了不相涉的。"① 德国古典哲学从康德发轫，中经费希特、谢林到黑格尔达到顶峰。黑格尔哲学是一种绝对理性主义哲学，这种哲学把黑格尔之前的所有哲学都囊括进去了，使其成为一个庞大的理性主义哲学体系。这就意味着理性主义的终结，"哲学在黑格尔那里完成了，一方面，因为他在自己的体系中以最宏伟的方式概括了哲学的全部发展；另一方面，因为他（虽然是不自觉地）给我们指出了一条走出这些体系的迷宫而达到真正地切实地认识世界的道路"②。这就说明，理性主义哲学发展到极端就走向其反面，从而出现了各种非理性主义学说。

现代西方科学的发展证明了近代科学的有限性和局限性，科学的有限性和局限性也就是理性的有限性和局限性。而近代哲学家是在具有有限性和局限性的科学的基础上，运用具有局限性的理性来阐述其理论，还要使这种有限性和局限性自圆其说，表现出时代特征，因而就不可避免地有其理论局限性。具体表现在：在认识论上坚持绝对真理观；并以此基础，在价值观上表现为抽象的普遍化的价值观；在历史观中坚持线性进步观。

---

① 贺麟：《现代西方哲学讲演集》，上海人民出版社，1984，第3页。
② 《马克思恩格斯文集》（第4卷），人民出版社，2009，第273页。

1. 传统理性主义在认识论中坚持绝对真理观

传统理性主义者坚信凭借着理性之光能够认识外在的世界，他们对达到知识的确定性是深信不疑的，可以说这是正确的，但是他们往往把这种确定性又加以绝对化。这种绝对化主要体现为：传统理性主义者把真理加以永恒化，认为认识真理的过程不受任何客观的和主观的条件的制约。无论是经验论者还是唯理论者都拼命寻找可靠知识的根据，力求精确地、绝对地把握认识对象。例如，洛克认为意识犹如一面镜子，"不能改变，不能涂抹它面前各种物象在它以内所印的各种影像或观念似的"[1]。这样洛克就既排除了认识过程中人的主观能动性，又把真理看成一次性获得的，使知识具有永恒性。唯心主义者虽然以主体的结构来保证认识的确定性，发展了认识主体的能动性，但仍然把真理视为不受任何条件制约的永恒的真理。笛卡尔认为，理性是人人都具有的"自然之光"，人们意见的分歧不在于理性禀赋的高低，而是由于冲动、情绪、想象、意志等对理性的影响。休谟的"观念的知识"、斯宾诺莎的"直观的知识"、莱布尼茨的"推理的知识"等都是绝对真理观的具体表现。康德虽然批判了经验主义、唯理主义各自的片面性，但是，他也没能摆脱近代哲学的绝对真理观的幽灵，他的认识论就是要研究普遍和必然的知识何以可能及其来源、范围和界限，为一切科学陈述寻找一个绝对的、不容怀疑的基础。

这种绝对的真理观，还体现在他们要建立一个严密的、从少数公理中逻辑地推演出来的知识体系。这在斯宾诺莎的著作《伦理学》中，得到了最明确的体现，他在书中依照几何学的论证方式，按照定义、公则、命题来推演和编排整个体系。因此，美国学者汉姆普西耳才这样说："我们可以适当地把17世纪称之为哲学史上的'理性时代'，因为几乎所有这一时期的伟大哲学家，都试图把数学证明的精确性引入知识的所有部分，包括哲学本身。"[2] 这种建立体系的意图在黑格尔的泛逻辑主义的哲学中达到了登峰造极的地步。"按照传统的要求，哲学体系是一定要以某种绝对真理来完成的。"[3] 黑格尔就是力图要建立一个包罗万象的并且是凌驾于具体科学之

---

[1] 〔英〕洛克：《人类理解论》（上册），关文运译，商务印书馆，2009，第89页。
[2] 〔美〕S. 汉姆普西耳编著《理性的时代》，陈嘉明译，光明日报出版社，1989，第8~9页。
[3] 《马克思恩格斯文集》（第4卷），人民出版社，2009，第271页。

上的"科学的科学","是为了实现他的绝对观念而努力,而达到这个绝对观念的坚定不移的意向就构成了历史事变中的内在联系"。但是,这样一来,黑格尔体系的全部教条内容就被宣布为绝对真理,这同他那消除一切教条的辩证方法是矛盾的,他的革命的思想就被保守的方面所闷死。这种建立体系的要求,充分反映了处于上升时期的新兴阶级认识世界、发展科学从而推动生产发展的强烈愿望,但他们却"用观念的、幻想的联系来代替尚未知道的现实的联系,用想象来补充缺少的事实,用纯粹的臆想来填补现实的空白",他们在这样做的时候,虽然"提出了一些天才的思想,预测到一些后来的发现,但是也发表了十分荒唐的见解"。①

真理本来是包含在认识过程中,包含在科学的长期的历史发展中,认识真理是一个动态的过程。传统理性主义的绝对真理观,却终结了这个动态过程,也就终结了人类的认识,而人类的认识是一定要继续下去的,这样就产生了一个不可调和的冲突和矛盾,这就为现代非理性主义的产生找到了生长点。

2. 传统理性主义的道德观是虚妄的普遍至上的道德观

传统理性主义在认识论上追求绝对真理,而绝对真理具有超越时空限制的普遍性,并以此来指导人们的行为,与此相适应,在道德观上就表现为要求人们遵循一条普遍性的道德法则。我们知道,普遍性和特殊性是一对既对立又统一的范畴,特殊性是普遍性的基础,普遍性是从特殊性中抽象概括出来的,离开特殊性就无所谓的普遍性,离开普遍性也就无所谓的特殊性。正如霍克海默和阿道尔诺(也译作阿多诺、阿尔多诺)所言:"主体本身只留下了永远相同的自我在思维,一切都必须能伴随着我的观念。主体和客体两者都是虚无的。抽象的本身,记录下来和系统化的真正的标志,只不过是抽象的资料,这种资料除了作为这样的占有的实体以外别无其他特征。归根到底,精神与世界是相等的,但是这只是意味着,这两方面都是概括的。"② 传统理性主义的抽象普遍的道德观是完全脱离现实的道德观,因而是一种虚妄的普遍至上的道德观。

---

① 《马克思恩格斯文集》(第4卷),人民出版社,2009,第301页。
② 〔德〕马克斯·霍克海默、西奥多·阿道尔诺:《启蒙辩证法——哲学断片》,渠敬东、曹卫东译,上海人民出版社,2003,第23页。

传统理性主义道德观的前提，就是肯定人性的普遍性。无论是经验论者还是唯理论者都把追求个体的自由、权利和幸福，视为人之本性。狄德罗曾宣布："没有一个人从自然得到了支配别人的权利，自由是天赐的东西，每一个同类的个体，只要享有理性，就有享受自由的权利。"① 在莱布尼茨看来，单子没有提供让任何东西进入其中并强制它的窗户，把这种观点运用到道德观就表现为：道德原则是人心所固有的，人不受外界决定，因而人是自由的。康德则宣称：应当把人看作目的，而不只是手段。因为每一个人都认为自己的存在本身是目的，具有价值，因此他必须同样地对待其他每一个有理性的人。一个人的行为完全受道德规律所统率，不受他的冲动、自私的情欲所支配，他才是自由的，并且这个道德律令表现了人的最内在的自我，是所有理性人的命令。这就是康德的"自由意志为人立法"。

传统理性主义的道德观虽然是个人主义的，但都企图把个人的价值追求与社会的规范统一起来。斯宾诺莎的伦理学的根本目的，是向往个人完善或幸福，但他又认为，道德只有促成社会生活时，才有存在的理由。莱布尼茨在承认每个人是自由的同时，又认为整个社会是和谐的。康德的一条重要道德律令，即"这样行动，你意志的准则始终能够同时用作普遍立法的原则"②，可以说是这种愿望中的最强音。因此，传统理性主义道德观中才有这样的矛盾：一方面肯定追求个体的自由、权利和幸福的价值导向，另一方面，又把社会的公正、平等与和谐作为价值理想。

传统理性主义这种价值导向和价值理想，是在反对封建专制和宗教神学、争取资产阶级的自身统治的斗争中提出来的。因此，"为了达到自己的目的不得不把自己的利益说成是社会全体成员的共同利益，就是说，这在观念上的表达就是：赋予自己的思想以普遍性的形式，把它们描绘成唯一合乎理性的、有普遍意义的思想"③。这种普遍的个人主义不仅受到马克思主义的批判，也受到了非理性主义的批判，两者的不同在于后者把这种普遍的个人主义合乎逻辑地导向了更为极端的个人主义。

---

① 北京大学哲学系外国哲学史教研室编译《十八世纪法国哲学》，商务印书馆，1963，第427页。
② 〔德〕康德：《实践理性批判》，韩水法译，商务印书馆，2001，第31页。
③ 《马克思恩格斯文集》（第1卷），人民出版社，2009，第552页。

3. 传统理性主义的历史观是普遍性同一化的进步观

在传统理性主义看来，科学进步对于人类社会的进步起着重大的推动作用，因为科学是理性的一项典型事业，它是不断积累、不断进步的。不仅科学的发展成为社会发展的重要手段，而且科学发展的模式也成了社会进步的模式。因此，传统理性主义的另一个信念就是：坚信人类社会的发展是一个全面进步的过程。我们不仅可以依靠科学更好地改造自然，而且可以更好地安排社会。所以，传统理性主义对历史的发展，总是充满乐观向上的精神。

传统理性主义者坚信依靠理性的力量，人类社会会不断地、全面地进步，然而，传统理性主义历史观是在其本体论和认识论的基础上发展起来的，在本体论上，他们都以自我意识作为其理论的"阿基米德点"，在认识论上，他们则认为，自我意识具有能动性，自然界和人类社会是自我意识的不同表现。他们用这种理论来解释社会历史时，虽然也承认历史有发展，但又认为这种发展只不过是自我意识自身的不同阶段，没有本质的区别，因而这种历史观就必然是量变的历史观。康德认为，历史是不断发展的，这种发展就表现在人由"不成熟状态"向"成熟状态"的转变，也就是要善于运用自己的理智。康德的"二元论"思想，使他在历史领域也坚持二元论。"人乃是唯一的自然物，其特别的客观性质可以是这样的，就是叫我们在他里面认识到一种超感性的能力（即自由），而且在他里面又看到因果作用的规律和自由能够以之为其最高目的的东西，即世界的最高的善。"[①] 在这里，康德既不想否定人的自由，又无法使历史摆脱经验世界所具有的必然性质，自由变成了先验的善良意志或道德命令，成了人的一种道德理想，而经验的历史过程又无法摆脱现象界的因果律的决定作用，这就形成了康德历史哲学的"二律背反"。由于这种划界，人类历史活动的目的只有在彼岸世界才能实现。在费希特看来，"经验的自我"是不自觉的、不自由的，"纯粹的自我"是自觉、自由的，世界历史就是从"经验的自我"向"纯粹的自我"发展的过程。这样，费希特把世界历史的进步归结为自我意识的发展和进步。费希特的自我意识决定历史发展的思想被黑格尔所吸取。

---

① 〔德〕康德：《判断力批判》，转引自韩震《西方历史哲学导论》，山东人民出版社，1992，第150页。

黑格尔认为，社会历史的最终原因是世界精神，"世界历史可以说是'精神'在继续作出它潜伏在自己本身'精神'的表现。如象一粒萌芽中已经含有树木的全部性质和果实的滋味色相，所以'精神'在最初迹象中已经含有'历史'的全体"①。也就是说，社会团体、法律、权力、民族等一切社会历史现象都是绝对精神的外在表现。这样黑格尔的历史观，就是"把全部历史及其各个部分都看做观念的逐渐实现，而且当然始终只是哲学家本人所喜爱的那些观念的逐渐实现"。在黑格尔那里，"历史是不自觉地，但必然是为了实现某种预定的理想目的而努力……是为了实现他的绝对观念而努力，而力求达到这个绝对观念的坚定不移的意向就构成了历史事变中的内在联系"②。黑格尔的历史观是一个同质的历史观，阿多尔诺称之为普遍性同一化的社会历史观。

传统理性主义者坚信历史的进步，这是无可厚非的，但他们不是从社会历史本身中寻找社会历史发展的动力，而是从外部，把哲学的意识形态作为历史发展的动力。事实上，历史的发展不只是一个同质变化的过程，因为人类历史是一个复杂的系统，在这个系统内部充满着矛盾和斗争，从而推动着历史由一种质态向另一种质态发展，这种异质的变化才是真正的历史发展。

总之，传统理性主义是随着自然科学的产生、资本主义的萌芽而发展起来，在同封建专制和宗教神学的斗争中逐渐形成和发展壮大。传统理性主义对资本主义的发展起过很大的作用，但由于它把科学理性的作用过分夸大，并把自然科学的研究方法照搬到哲学领域，因而不可避免地有其理论缺陷。随着时代的发展，传统理性主义不得不让位于其他的理论，非理性主义思潮就是在这时产生的。可以说，传统理性主义的理论局限性就是非理性主义产生的理论根源。

（三）现代非理性主义的理论形式

现代西方哲学虽然呈现出多元化，注重和关心的问题也不尽相同，但同传统西方哲学相比，现代西方哲学有一个共同的特点，即摆脱了传统哲

---

① 〔德〕黑格尔：《历史哲学》，王造时译，上海书店出版社，2001，第17~18页。
② 《马克思恩格斯文集》（第4卷），人民出版社，2009，第301页。

学中从本体论出发去思考问题的方式，能够从主体和客体相互关系的角度来进行哲学思维。在理论上，往往都是把人的问题作为自己哲学关心的出发点，从而达到了传统哲学所无法达到的理论深度，扬弃了传统哲学。对传统哲学的否定表现为两种极端的方式：要么是抛弃本体论，要么是抛弃理性主义原则。由此出发产生了不同的思潮，主要有：非理性主义思潮、科学主义思潮以及现代宗教神学思潮。

非理性主义思潮亦称为人本主义思潮，它产生于19世纪的德国，流行于19世纪下半叶和20世纪初的德、英、法和北欧各国。其基本理论特征是：保留了本体问题，却用非理性主义的形式代替了传统西方哲学中的理性主义原则。它把人当作世界的本体，所以被称为人本主义，由于它又把人性归结为情、意、欲，与传统西方哲学相对抗，所以又被称为非理性主义。作为非理性主义思潮的开创性流派的唯意志主义就具有这两个特性。非理性主义的现代形式主要有：唯意志主义、直觉主义、存在主义。

1. 唯意志主义

唯意志主义是指在理智和意志的关系问题上，强调意志的主导作用的理论。它的基本原则是：认为在人的精神活动中，意志应以理智作为自己的相对物，而又比理智处于更基本的地位。理性是意志的一种认识工具，直觉才是认识的最高境界。唯意志主义的主要代表有叔本华和尼采。叔本华创立了生存意志哲学，而尼采的权力意志哲学是对它的发展。

（1）叔本华的生存意志哲学

叔本华就是根据上述的基本原则来建立他的哲学体系，他认为人生是意志的表现，意志本身具有强烈的欲求，是无法满足的，人生又要努力去追求这种无法满足的意志，因而人生是痛苦的。他的这一思想集中体现在他的名著《作为意志和表象的世界》中。从这个书名中我们就可以看出，叔本华也是把世界一分为二，即表象的世界和意志的世界，这一思想直接来源于康德。叔本华说："康德的最大功绩是划清现象界和自在之物［两者之］间的区别。"[①] 但是叔本华不同意康德将主体和客体分开的两极对立的思维，而主张主体和客体相互统一、不可分割，于是他把康德的两个世界

---

① 〔德〕叔本华：《作为意志和表象的世界》，石冲白译，杨一之校，商务印书馆，1982，第569页。

改造成他的表象世界和意志世界。所以他在《作为意志和表象的世界》中开篇就说"世界是我的表象",世界的本质是同主体相联系的,这是他的哲学的出发点。叔本华认为,周围世界的一切都是表象,并且是"我的表象",这个"我"不是个体的"我",而是贝克莱意义上的"大我",也就是说,世界除了表象外,别无他物,这实际上是从康德走向了贝克莱。叔本华也承认这一点,"贝克莱是断然地把它说出来的第一人;尽管他那哲学的其余部分站不住脚,在这一点上,他却为哲学做出了不朽的贡献"①。

叔本华认为,从"世界是我的表象"这个命题可以推出另一个真理,即"自我"的存在。"从表象论,它需要'认识'的主体作为它实际存在的支柱。"② 这个主体就是自我,没有自我就没有表象,而自我的本质就是"意志"。叔本华认为,如果说康德所说的表象背后有一个"物自体"存在的话,那么它绝不是"物",而是"自我的意志"。

世界是自我的表象,这里的自我不是理性的自我,而是非理性的自我,即一种盲目的欲望冲动,而这盲目的欲望冲动是一种求生存的欲望冲动,是生存意志。它的基本要求是获取食物以求生存、发展自身以求美好的生活、战胜他物以求延续生命,因此,自我的本质就是那种求生存的意志,生存意志不仅是其他欲望的基础,也是整个世界的基础。他说:"意志是世界的物自体,是世界的内在内容,是世界的本质、生命。可见的世界、现象只不过是意志的镜子。因此生命不可分割地伴随着意志,有如影之随形,有意志,也就有生命、有世界。"③ 宇宙中的一切只不过是生存意志的外化或表现。

生存意志如何外化为外在的表象呢?叔本华吸取了柏拉图的理念论的思想,在生存意志与表象之间设立一个环节——理念,生存意志先产生理念,然后外化为时空中的具体的表象。或者说,理念是"直接的客体",表象是"间接的客体"。叔本华同意柏拉图的观点:万物是理念的摹本。在生存意志外化的过程中形成了不同的等级,并把人置于等级的顶端,他把人

---

① 〔德〕叔本华:《作为意志和表象的世界》,石冲白译,杨一之校,商务印书馆,1982,第26页。
② 〔德〕叔本华:《作为意志和表象的世界》,石冲白译,杨一之校,商务印书馆,1982,第62页。
③ 洪谦主编《西方现代资产阶级哲学论著选辑》,商务印书馆,1982,第12页。

看作生存意志发展的最高表现。这充分阐明了叔本华的人类中心论的思想。

叔本华的唯意志主义的最大特点是悲观主义的人生观。人的本质是生存意志的冲动，这种冲动就是欲望，而欲望就意味着不满足或欠缺，其本质是痛苦。欲望是罪恶的源泉，因欲望而产生争夺，产生尔虞我诈、弱肉强食，产生残暴和欺诈，产生一切痛苦。欲望得不到满足，就产生痛苦，得到满足则感到无聊，人的生存和生存本身就会成为他不堪忍受的重负。"所以人生是在痛苦和无聊之间像钟摆一样的来回摆着；事实上痛苦和无聊两者也就是人生的两种最后成分。"① 他还举了很多事例加以论证，例如，人生是肥皂泡，虽然清丽好看，一不小心就破了；人生是一个夹杂着几处阴凉处的炽热的环形跑道，人只能在阴凉处停留一小会儿，就要不停地奔跑。因此，人生就是痛苦。

既然痛苦是由生存意志产生的，那么要想摆脱痛苦，就只有彻底否定生存意志，这就是叔本华的"意志转向"理论。叔本华摆脱痛苦的思想受到佛教思想的影响。他的所谓"意志转向"，是从道德向苦行的过渡，把自己的欲望、生存意志束之高阁，避免它们实际地接触任何东西，力求在内心中对一切事物保持冷漠的态度。叔本华为"意志转向"开出了三个药方：一是从事哲学创造，哲学是理智的活动，理智不能消灭痛苦，只能减缓痛苦；二是从事艺术创造，艺术创造是通过直觉的方式进行，自我在直觉中体验到意志，把自我完全投入对象中，达到物我两忘的境界，但他又认为只有"天才"才能做到；三是宗教信仰，尤其是对佛教的信仰，这是最普遍的方式，佛教的"涅槃"是人生的最高境界，只有达到这种境界，才能彻底解脱。叔本华把佛教的"涅槃"境界神秘化，从而他的哲学也有神秘色彩，对以后的直觉主义和存在主义都有一定的影响。

（2）尼采的权力意志哲学

如果叔本华的悲观主义哲学是对19世纪40年代德国资产阶级革命失败的写照，那么尼采的权力意志哲学就是19世纪60年代末和70年代初德国对外侵略扩张的理论反映。

尼采继承叔本华的唯意志主义哲学，形成和发展为他的权力意志哲学。

---

① 〔德〕叔本华：《作为意志和表象的世界》，石冲白译，杨一之校，商务印书馆，1982，第427页。

他同意叔本华的"世界是我的表象"和世界的本质是意志的观点,但他不同意叔本华把意志理解为"生存意志",以及在此基础上形成的悲观论调,因此他赋予了意志完全不同的含义。尼采以叔本华的生存意志为出发点,并把它加以改造、引申和扩张,使意志具有强烈的欲求、创造的本能,尼采称之为权力意志。权力意志是永不停息的冲动,它企图占有、统治一切。他说:"权力意志分化为追求食物的意志,追求财产的意志,追求工具的意志,追求奴仆(听命者)和主子的意志。"①

尼采断言世界的本质是权力意志,世界万物的千变万化都是权力意志的创造和表现。世界上"各种有机功能都可以归结到一种根本意志,权力意志"。"世界是……一种无所不在的力量……一个奔腾泛滥的力量的海洋,永远在流转易形,永远在回流、无穷岁月的回流,……是一种不知满足、不知厌倦、不知疲劳的权力意志。"因此,尼采提出:"这个世界就是权力意志——岂有他哉!你们自己也是这个权力意志,岂有他哉!"②进而尼采以权力意志的本体论为基础,来阐述他的非理性主义的认识论、道德观和社会政治观。

尼采像叔本华一样,也宣扬非理性主义的认识论,否认理性思维,认为理性不是认识世界的武器,是一种无用的虚构,它只是权力意志为了达到一定的目的而任意使用的工具。尼采指出,认识仅仅是权力意志的一种创造性的假设,"认识是被当作权力的工具使用的"③。权力增长到什么程度,认识就达到什么程度。尼采从对理性的否定出发而曲解科学。他否定科学是对客观规律的反映,把科学说成是权力意志的任意创造和驯服工具,认为它是科学家从主观需要出发,根据权力意志对现象解释的产物。既然理性和科学都是权力意志的工具,那么从它们出发就不能得出真理。他说:"对理性及其范畴的信任,对辩证法的信任,以及对逻辑的尊重,只证明它们对生活有经过经验证明的效用,并不证明它们是'真理'。"④他用权力意志来解释真理,所谓"真理"无非是主观的信念,是对某种判断的确信和评价,真理只有主观性而没有客观性。"'我相信某某是这样'这个评价,

---

① 洪谦主编《西方现代资产阶级哲学论著选辑》,商务印书馆,1982,第17页。
② 洪谦主编《西方现代资产阶级哲学论著选辑》,商务印书馆,1982,第24页。
③ 洪谦主编《西方现代资产阶级哲学论著选辑》,商务印书馆,1982,第16页。
④ 洪谦主编《西方现代资产阶级哲学论著选辑》,商务印书馆,1982,第15页。

就是'真理'的本质,"他还说,"有各式各样的眼睛……所以有各式各样的'真理',所以根本没有真理。"这样,尼采就否认真理是对客观事物及其规律的正确反映,即主观和客观相符合,而认为真理就是权力意志,在尼采看来,"真理的标准就在于提高权力感"①。这就意味着,权力在谁手里,谁就拥有真理,谁的权力大,谁拥有的真理就多。因此,尼采的真理观是强权真理观。尼采的强权真理观既为战争狂魔提供理论依据,也对实用主义的影响很大。

尼采认为,传统理性派哲学家不仅用逻辑虚构出了"真实的世界",并为这个"真实的世界"设置了最高道德,用它对人类进行精神统治。这种道德观把人自身之外的、并不存在的所谓"真实的存在",作为人生追求的目标而忽视了生命自身,这是对人性的摧残和禁锢,所以尼采向传统和基督教的道德观宣战。他的最响亮的一句口号是"上帝死了!"过去,上帝是一切价值的标准,现在,上帝没有了,一切价值都需要重新评估。他说:"对一切价值重新估价:那就是我对人类最高的自我肯定活动的公式,对我而言,这个公式已成为具体生命了。"②通过对价值的重新评估以转换人类价值的意义与方向,以创造代替安于现状,以"超人"代替上帝。"上帝死了"是尼采哲学中极其深刻的思想,它标志着自文艺复兴以来,欧洲文化史中又一场革命的到来,正如存在主义者雅斯贝尔斯(也译作雅斯贝斯)所说,它带给西方哲学以震颤,而此项震颤的最后意义直到现在还未能估计出来。1000多年来,上帝的观念实际上是欧洲文化传统的象征者和守护神,它已经以有形或无形的方式融进每个人的血液里,弥漫于整个欧洲,它轻视人的本能、扼杀人的意志,把人的激情压抑在人的意识之下,这是对生命的根本否定。现在尼采喊出了惊世骇俗的"上帝死了""重新估价一切价值"的口号,使欧洲出现了价值真空的局面,这就把欧洲信仰危机的严重性形象地呈现在人们面前。

尼采的权力意志哲学的最终目的是为他的社会政治理论服务的,其社会政治理论的核心是"超人哲学",它是建立在社会不平等原则的基础之

---

① 洪谦主编《西方现代资产阶级哲学论著选辑》,商务印书馆,1982,第15页。
② 〔德〕尼采:《瞧!这个人》,刘崎译,中国和平出版社,1986,第107页。

上的。他声称:"目标并不是'人类',而是超人。"① 所谓"超人",即被超越的人,是理想的人、完全的人,是人类天生的统治者,一般人是达不到的,只有人类的"高等种族"才能达到。"超人"是区别于芸芸众生的强者,是强暴、阴险、奴役他人的化身,是"华丽的金发野兽",是"元凶"。尼采主张把人分成上等人和下等人,用暴力征服下等人,维持等级制度。他既憎恨社会主义,也讨厌资产阶级民主主义。他认为人类公平就是人类不平等,一切在于最大限度地满足上等人、超人的欲望,而一切软弱之力都是恶。尼采歪曲达尔文的进化论思想,把人的动物本能、人的某些自然属性加以夸大、神圣化,把人与人的关系以及历史发展归结为生存斗争。

在西方哲学史上,意志问题早在古希腊时期就已经被提出,赫拉克利特、柏拉图和亚里士多德都对此进行了考察。到了近代,非理性主义因素几乎与理性主义运动相伴而生。卢梭、休谟、康德和谢林的哲学都各自从不同角度看到了人类理性的消极的一面,论述了非理性的精神意志在人类认识中的地位,只不过在黑格尔之前,非理性主义因素的滋生并未对理性主义的主导地位构成威胁,非理性主义并未形成学派。作为一种哲学思潮的唯意志主义,是在19世纪上半叶由克尔凯郭尔和叔本华等人提出的。尼采继承了克尔凯郭尔和叔本华的非理性主义,引进了许多新因素,从而把非理性主义运动推向高潮,完成了西方由理性主义向非理性主义的过渡,并对以后的非理性主义的其他学派产生了深远的影响。

2. 直觉主义

直觉主义是产生于19世纪70年代的反传统理性主义的一个非理性主义流派,代表人物是法国哲学家亨利·柏格森。

(1) 直觉主义产生的理论原因

作为一种哲学,直觉主义的产生和流行,既是对现实的政治思想生活、自然科学不断发展的反映,又有其自身发展的内在逻辑。直觉主义是现代非理性主义思潮的一个流派,它产生的现实原因我们前面已经分析过,在此不赘述。

从自然科学发展的角度看,在20世纪以前,形而上学、机械论的认识

---

① 洪谦主编《西方现代资产阶级哲学论著选辑》,商务印书馆,1982,第23页。

论和方法论在自然科学中占统治地位。自然科学家们把物质看成一堆僵死的、不可再分的粒子的机械集合，把运动归结为机械位移，而牛顿的机械力学则被看成永恒不变的绝对真理。19世纪末20世纪初的自然科学革命揭露了客观世界的辩证性质，打破了上述机械论的图景，而许多哲学家，则极力曲解这场伟大革命的性质。他们把机械论和形而上学的危机歪曲成自然科学和唯物主义的"危机"，而直觉主义则是以反对机械论为借口，在生物学、生理学等自然科学的伪装下，宣扬非理性主义的认识论。

从理论发展的角度看，柏格森的直觉主义，一方面继承了古希腊赫拉克利特的辩证法原则，一方面又代表着从笛卡尔以来的法国理论界重视内心自我反省的精神。同时，受康德的二元论思想，黑格尔的辩证法思想和叔本华、尼采的意志主义思想的影响很大。可以说，柏格森的直觉主义是这些哲学家思想的汇合。

柏格森的直觉主义吸取了康德的二元论思想，并加以彻底化。柏格森是一个典型的二元论者，他的二元论基于时间与空间、生命与物质、哲学与科学的对立。但他的二元论统一在绵延之中，并使本体论和认识论有机地统一起来，从而使直觉主义作为非理性主义流派得以成熟。

（2）柏格森的"意识流"思想

虽然柏格森批判传统理性主义，但他同传统理性主义哲学家有一个共同点，即都企图建立一种新的哲学，他对传统理性主义的批判就是为此目的。在柏格森看来，西方哲学自柏拉图以来大都推崇理性。近代哲学，从笛卡尔到黑格尔更是把理性和科学抬到无上的地位，致使哲学思想受到严重"窒息"。为此，柏格森认为，他的哲学就是要反对西方理性主义的传统，否定理性和科学，建立一种新的哲学。这种哲学与传统哲学不同，它不把世界看作静止的、凝固的物质，而认为宇宙的本质是一种"生命之流"，即一种盲目的非理性的、永不停息而又不知疲倦的生命冲动。它永不停歇地冲动变化着，故被称为"绵延"，它像一条永流不息的意识长河，故又被称为"意识流"。

柏格森的生命冲动思想受达尔文的生物进化论影响很大，他把达尔文的进化论改造成唯心主义的"创造进化论"，并以此论证他的生命之流的学说。柏格森认为，生物进化的根本原因不是生存环境，而是一条绵延不断的创造性的生命之流。这种永流不息凭借自身内在的冲力，永远向上冲动,而物质则是失去了生命冲动的堕落。所以生命是向上冲动的,物质是向下堕落的,两者的交会处产生生物,因生命冲动的强弱不同而表现为不同的物种。他还用很多形象的比喻来说明生命和物质的关系。他把生命比作火箭、上升的火焰、喷汽,而把物质看成是它们的残留物,即火箭的残渣、火焰的灰烬和凝结的水珠。这样,在柏格森看来,整个生物界和非生物界,更确切地说整宇宙都是生命之流的产物。柏格森的生命之流不仅是宇宙的生命之流,也是自我的生命之流。他写道:"如果我把自我由边缘拉向中心,我就在存在的深处发现最为一般,最长久,最绵延的东西——自我。"① 因此,唯一实在的东西就是那活生生的、在发展中的自我。他认为自我具有内外两层:表层是感觉、表象、概念、思想的理性自我,犹如河面上的冰层,其特点是具有不连续性;内层是在冰层下面的心理内层,其特点是连续不断变化的意识流,这是真正的自我,是实体。"实体不是通过脑子的复杂构思所能达到的;在直接的经验里,实体显得是不息的川流,是连续不断的变化过程,只有直觉以及同情的内省才可掌握它。"② 作为实体的自我是绵延,是一种状态的连续之流,每一种状态都是异质的,其间没有量的变化,只有质的变化,其中每一种状态都既包含着过去又预示着未来,包含着希望,这就意味着,柏格森的自我也就是时间。柏格森对时间的理解,在哲学史上可以说是独树一帜。通过分析,我们看到,在柏格森那里,绵延、生命之流、意识自我、直觉和时间几乎都是同一个意义,只不过是在不同的场所为了说明问题,用不同的称谓而已。从马克思主义的角度来看,柏格森的"意识流"思想是一种突变论理论。因为他的"意识流"理论只承认异质的变化,而不承认量的变化。如果没有量的变化,事物从一种质态到另一种质态的变化只有间断性,而没有连续性。事物始终是处于跳跃状态。这似乎与他理论的绵延性不相统一。

(3)柏格森对理性思维方式的批判

柏格森的本体论和认识论是不可分割的有机整体,既然他把生命之流的自我作为实体,那么所谓的认识也就是用自我意识去体验生命之流这个实体。这是柏格森认识论的基本前提,也是他批判理性和科学、推崇直觉

---

① 〔法〕柏格森:《形而上学导言》,刘放桐译,商务印书馆,1963,第68页。
② 〔法〕柏格森:《时间与自由意志》,吴士栋译,商务印书馆,2004,英译者序言,第2~3页。

的基本出发点。

柏格森认识论的基本观点是：非理性的情感意志或心理本能活动的生命之流，无法用概念和语言文字来表达、言传和论证，而只能通过非理性的神秘的内心体验即直觉才能认识。为什么理性的表现形式，即概念和理性的方法即分析法不能把握生命之流呢？

首先，柏格森认为，理性"站在对象本身以外"，"是围绕着对象转"，"依靠所采取的立足点以及用来表达的符号"，只能"停留在相对的东西上"。[①]

在柏格森看来，理性这种从外面对事物本身进行认识的方式，表明认识主体的认识是受功利支配的。理性从个人的利益和需要出发，只是有选择地获取一些零星的、外在的知识，而不能把握生命整体的绝对知识，而每个人的功利需求是不同的，这使得每个人选择认识的角度就不同，从不同角度所获得的认识就会不同，有"横看成岭侧成峰"的现象出现，难以对事物本身形成一个统一的认识。因而通过理性所获得的认识是不可靠的，以不可靠的认识指导人的行为，就不可能达到预期的目的。柏格森指出："理智的正常活动决非无利害关系。总的来说，我们并不是为知识而知识，而是为了站到某一方面去，是为了获利，简单地说，是为了满足一种利益。"[②] 所以，在认识活动中，理性一开始所着眼的并不是外物本身，关心的却是与满足人的需要有关的印象，以及这些印象对人实现其目的所具有的意义。从理性的角度看，对象只有实用的价值，而没有认识的价值。

其次，理性是静止的、凝固的，不适用于活生生的生命之流。理性的静止性和凝固性，体现在理性的表现形式和认识方法上。理性在认识对象时，由于它是以对象为中心，为了追求对象的本质和规律，运用逻辑推理的方式，采用分析的方法，因此是以概念、判断和推理等理性思维方式，以文字的或图画的形式来表达认识主体对对象所能认识的程度，而文字或图画是僵死的符号。这样，理性总是把活的东西变成死的东西，把本来是整体的东西分解为许多孤立的部分，把连续的运动分解成一个个固定不连续的、静止的画面，或者说拍摄成一系列静止的照片，尽管可以无限地互相补充，却永远不会与它们所摹写的那个原物本身相同。理性的这种功能

---

① 洪谦主编《西方现代资产阶级哲学论著选辑》，商务印书馆，1982，第134页。
② 〔法〕柏格森：《形而上学导言》，刘放桐译，商务印书馆，1963，第18页。

充其量只能认识事物的外貌、某个断面,即事物的现存状态,它永远不能表达活生生的精神或生命之流,因而理性对对象所获得的认识只能是片面的认识。恩格斯对理性思维方式的这些缺点也有明确的论断:"这种做法也给我们留下了一种习惯:把各种自然物和自然过程孤立起来,撇开宏大的总的联系去进行考察,因此,就不是从运动的状态,而是从静止的状态去考察;不是把它们看做本质上变化的东西,而是看做固定不变的东西;不是从活的状态,而是从死的状态去考察。这种考察方式被培根和洛克从自然科学中移植到哲学中以后,就造成了最近几个世纪所特有的局限性,即形而上学的思维方式。"① 这种认识方式是只见树木不见森林,不能获得整体正确的认识。柏格森抓住了理性思维的这个缺陷,并以此为突破口,确立他的直觉思维方式。柏格森虽然否认理性能认识生命之流,却没有坚持不可知论。相反,他坚信实在是可以认识的,并指出要对实在有比较全面的认识,就需要采取一种与理性认识完全不同的认识方式——直觉。

(4) 柏格森的直觉思想

柏格森贬低理性,就是为了抬高非理性因素——直觉,那究竟什么是直觉呢?他给直觉做了明确的界定。"所谓直觉就是指那种理智的体验,它使我们置身于对象的内部,以便与对象中那个独一无二、不可言传的东西相契合。"② 实际上,柏格森所说的直觉,是指直接依据自我意识、直接把握对象的理智体验。这种理智体验不能用概念、判断、推理等逻辑的方式言说,只能是自我意识深入对象内部并与对象直接相一致。"我所说的直觉是指那种已经成为无私的、自我意识的、能够静思自己的对象并能将该对象无限制扩大的本能。"③ 把这两个定义放到柏格森的整体思想中考察,就会发现他的直觉思想可以归结为以下几点。第一,直觉是理智的体验。就是说,直觉进入对象内部,以自我为中心,是认识者用心灵去感知对象的内在本质。对象若是认识者自己,直觉就是内省;对象若是外物,直觉就是体验。直觉,是心灵直接接触、把握对象的内在本质的方式。这是一种简单的精神活动,它既不需要感性,也不需要理性的抽象思维的参与,而

---

① 《马克思恩格斯文集》(第 9 卷),人民出版社,2009,第 24 页。
② 洪谦主编《西方现代资产阶级哲学论著选辑》,商务印书馆,1982,第 137 页。
③ 〔英〕罗素:《西方哲学史》(下卷),马元德译,商务印书馆,2003,第 349 页。

是单凭意志努力就可实现。第二，直觉有无限扩大对象范围的本能。本能也是认识者的心灵与对象的一种亲和感应，是趋向生命本质，实现本身。但本能缺乏反省意识，是盲目的，无自觉性，因而本能只限于对个别对象的认识。如果将本能加以扩展、深入，不拘泥于特殊领域，且能对自身的活动进行反省，那么就能达到人所追求的直觉。柏格森把"本能的最佳状态称作直觉"①。可见，直觉是由本能发展而来，与本能相似，但高于本能，只有人类才具有。第三，直觉认识是超功利的、非实用的。直觉作为一种本能，具有使用或构成有机体器官的功能，是超功利的，只关注生命和运动本身。柏格森认为，直觉毫不顾及行动的需要和实际的功利，为直觉而直觉，而对自身以外的一切都无动于衷，抛弃、脱离现实生活和斗争，摆脱理性和科学所惯用的逻辑思维形式，"静观万象，体会一切"，运用一种与佛教"顿悟"相似的"精神听诊法"，深入对象内部，"是从里面，在运动本身中去理解它了，我就会得到一种绝对了"。② 第四，直觉不使用僵固的、现成的概念，不使用符号。由于直觉认识是超功利的、非实用的，它作为摆脱了经验和理性的内心的自由创造活动，所提供的是意识对"绵延的自我"和心灵深处本能冲动的体验，所有这些不可能用任何僵固的、现成的概念表达出来。这就是形而上学，因而"形而上学乃是要求不用符号的科学"③。

柏格森的哲学给人们提供了一幅与当时的机械论和实证论不同的世界图景，尤其是他用生命冲动来解释进化论，用直觉去体验实在，在当时具有激发性，使人耳目一新，曾一度出现了"柏格森热"。但由于柏格森把物质与生命、理性与直觉分割开来，贬低前者，抬高后者，把物质看作是僵死的，否认生命之流的相对静止，排斥理性，把直觉神秘化，从而也没有正确解决认识论上的斯芬克斯之谜。我们认为，生命之流虽然在时刻绵延着，但这也不妨碍我们运用理性的方式，从某个角度对生命之流进行静态的分析。正如恩格斯所描述的："当我们通过思维来考察自然界或人类历史或我们自己的精神活动的时候，首先呈现在我们眼前的，是一幅由种种联

---

① 〔英〕罗素：《西方哲学史》（下卷），马元德译，商务印书馆，2003，第349页。
② 洪谦主编《西方现代资产阶级哲学论著选辑》，商务印书馆，1982，第135页。
③ 洪谦主编《西方现代资产阶级哲学论著选辑》，商务印书馆，1982，第137页。

系和相互作用无穷无尽地交织起来的画面,其中没有任何东西是不动的和不变的,而是一切都在运动、变化、生成和消逝……一切都存在而又不存在,因为一切都在流动,都在不断地变化,不断地生成和消逝。但是,这种观点虽然正确地把握了现象的总画面的一般性质,却不足以说明构成这幅总画面的各个细节;而我们要是不知道这些细节,就看不清总画面。为了认识这些细节,我们不得不把它们从自然的或历史的联系中抽出来,从它们的特性、它们的特殊的原因和结果等等方面来分别加以研究。这首先是自然科学和历史研究的任务。"① 由此可见,纵然是对于不断流动的生命之流,为了把握住它的"总画面",我们也必须运用理性的方式去研究它的细节,否则,柏格森的生命之流也会成为不可知的虚幻的东西。

柏格森的直觉主义,虽然现在学术界未给予足够的地位,但是它对其后西方人类文化产生重大的影响,不仅对存在主义有影响,而且现代派文学和艺术也都受到它的洗礼。正如波兰哲学家拉·科拉柯夫斯基所说:"几乎没有一个当代哲学家敢夸耀他们完全没有受到柏格森的影响(不管是直接的还是间接的)。尽管很少有人提到和引证柏格森,但柏格森的存在却是不能从我们的文明中消失。"② 因此,学术界对柏格森的理论应该加大研究力度,深化对他的直觉思想的研究,推进对柏格森的新认识,这对当今提倡培养创新人才具有一定的启发性。

3. 存在主义

(1) 存在主义产生的根源

存在主义是现代西方哲学非理性主义思潮的重要流派,它产生于 20 世纪 20 年代,流行于 40 年代到 60 年代,是帝国主义时代矛盾和危机的产物,它的出现既有其社会历史条件,又有其思想根源。

从存在主义产生的历史条件看,存在主义作为一种哲学流派,是对两次世界大战给人们留下阴影的社会现实的反映。两次世界大战所引发的生存与责任问题是存在主义产生的直接社会根源。两次世界大战给人类带来的灾难是巨大的、伤害是深远的:物质上使人民饱受战乱之苦,生活苦不堪言;在精神上,人类社会对生命和自由尊重的道义原则被战争无情地践

---

① 《马克思恩格斯文集》(第 9 卷),人民出版社,2009,第 23 页。
② 〔波兰〕拉·科拉柯夫斯基:《柏格森》,牟斌译,中国社会科学出版社,1991,第 6 页。

踏，而战争所释放出来的暴力和在暴力作用下发生的滔天罪行在人类心灵中留下阴影，使人们产生了恐惧、焦虑、畏惧、孤独等种种消极情绪。它从一个侧面表现了现代西方文明的危机状况，表现了现代西方社会中人的异化情形，以及在特定时期的西方社会人们所特有的情绪与心态。两次大战之后，西欧人反思战争中不寒而栗的经历，对人的存在有了深切的体会，很多人在生死之间体验了恐惧、焦虑、孤独等刻骨铭心的感觉。在战争的大是大非面前，人们对个人责任感有了更深刻的反思：在暴力面前，是否动摇了自己的信仰和理想？是否力所能及地帮助无论是与自己有关还是无关的无辜的人免遭战争伤害？是否听从自己良心的呼唤，对于非人道的命令说不？是否力所能及地使非人道的命令给人类带来的创伤降到最低？面对这些问题或者更多与战争有关的问题，每个人是否都有选择的自由？是否要为自己的选择承担责任？选择虽然能体现出自由的特性，但是战争面前的选择不同于日常生活的一般选择，而是生与死之间的抉择，选择过程中不可能不经历忧虑、烦恼、恐惧、悲观和失望，存在主义就是对这种心理情绪以及与之相关的自由、选择、自我设计、责任等生存活动的反映。战争中的经历改变了战后的生活，存在主义理论正好适应了人们对人道主义、自主意识和责任意识的需要，使存在主义很快成为一个备受人们关注的学派。

科学技术的应用所引发的人的异化问题也是存在主义产生的一个重要方面。科学技术是一把双刃剑，它既能通过促进经济和社会进步以造福人类，给人类带来巨大正向价值。同时，战争也把科学家引入歧途，那些掌握了人类最尖端科学知识的人，在政府激动人心的爱国主义鼓吹下，完全失去了基本的道德考量，成为打开一个个潘多拉盒子的可怕工具，从而使科学技术在一定条件下给人类的生存和发展带来了消极后果，产生了巨大的负面价值。马克思对科技给人类带来的负面价值做过精辟的论述："在我们这个时代，每一种事物好像都包含有自己的反面。我们看到，机器具有减少人类劳动和使劳动更有成效的神奇力量，然而却引起了饥饿和过度的疲劳。财富的新源泉，由于某种奇怪的、不可思议的魔力而变成贫困的源泉。技术的胜利，似乎是以道德的败坏为代价换来的。随着人类愈益控制自然，个人却似乎愈益成为别人的奴隶或自身的卑劣行为的奴隶。甚至科学的纯洁光辉仿佛也只能在愚昧无知的黑暗背景上闪耀。"① 这段论述充分表明，人类在推动科学技术发展和利用科学技术时所产生的二重性：一方面随着科学技术的应用和普及，深刻地引起了人们的生产方式、生活方式和思维方式的变化和社会的巨大进步，从而在一定程度上使人产生了对科学技术的高度迷信和依恋；另一方面也招致对科学技术的极度憎恨。随着人类的进步、科技的发展，加上人类自身认识的不足，人总是以自我为中心或以本民族的利益为中心，而缺少全局意识、人类命运共同体意识，从而使科技给人类社会带来了许多新的矛盾和危机。诸如，经济危机、核战争危机、能源危机、生态危机、人口危机等不断出现，道德风尚日趋败坏，青年犯罪率、网络犯罪率不断提高等；精神危机也不断加重，这是因为在技术时代，技术的扩张使人被平均化、机械化了，人不成为人了，是可以随意配换的机器零件。在日常政治生活中，人被碾得粉碎，成了可悲的牺牲品，群众不过是任人摆布的盲从者，出于不可理喻的狂热追随某个领袖或政党，人们对外在的物质利益的追求热情空前高涨，对内在的生活的追求热情则日益萎缩。这一切表明，科学技术和政治已经把西方几千年流传下来的精神状态给摧毁了，人陷入了可怕的深渊。这里，我们也需要指出的一点是：就科学技术本身而言，无好坏之分，科学技术的二重性是站在人类的立场来评价的。如果科学技术的研发和利用有利于人类生存和发展，则会造福人类，反之，就会给人类造成灾难。面对科学技术所带来的这些负面影响，人们普遍感到无能为力和手足无措。科学技术及理性的光芒渐渐被负面影响的乌云所遮蔽，人们从关注科技理性，转向对人本身的关怀，存在主义就是在这一历史背景下登上了历史的舞台。

存在主义的思想来源。存在主义作为一种哲学思潮不是偶然出现的，从其理论来源看，一方面，它是西方哲学中早已存在的非理性主义传统的继续和发展。非理性主义传统可以上溯到古代希伯来文化和希腊文化。希伯来文化中理想的人是完整而具体的有信仰的人，希伯来人追求的具体思想正是存在主义哲学的思想源泉。希腊文化偏于理智但希腊人无疑又向往永恒、追求美和美的典范。苏格拉底自知其无知，并把自己的思想和人生交织在一起，拒绝将死和思想分割开来，存在主义者对此产生最强烈的共

---

① 《马克思恩格斯文集》（第2卷），人民出版社，2009，第580页。

鸣。柏拉图将世界分为物质世界和理念世界，其目的是摒弃现实物质世界而探究不死的理念世界，这被认为是对存在主义追问个人内心世界的启示。在基督教神学中，特别是教父奥古斯丁关于信仰高于理性的学说中，存在主义者也找到了自己的思想成分。

在近代，笛卡尔"我思故我在"的命题，似乎为哲学找到了一个坚实可靠的基础，但笛卡尔没有说明"我在"究竟是怎样"在"，没有说明"我在"的"在"的意义，其哲学依然是无根哲学。如果不先说明"我在"，也就无从说"我思"，因为"我思"是以"我在"为前提。因而存在主义者把"我思故我在"改造为"我在故我思"并加以利用。法国物理学家和数学家 B. 巴斯加尔（1623～1662）思想中的非理性主义和神秘主义因素，被存在主义者当作自己重要的思想来源，巴斯加尔也由此被认为是存在主义的重要思想先驱。此外，在德国古典哲学中，康德、谢林等人的哲学中的非理性主义和神秘主义因素都被存在主义者所援引。另外，存在主义要求以超越主客、心物二分的存在论取代以这种二分为根本特征的西方传统哲学思维方式，这正是西方哲学发展由近代向现代转型的一种突出表现。叔本华和尼采的非理性主义、柏格森的直觉主义、克尔凯郭尔的存在学说、胡塞尔的现象学和黑格尔的否定辩证法等，对存在主义的产生和发展有较大影响。

从理论根源上分析，丹麦神秘主义哲学家克尔凯郭尔，德国现象学家胡塞尔以及唯意志主义哲学家尼采都对存在主义有重要影响。克尔凯郭尔立足神秘主义的主观唯心主义立场，反对理性主义，反对客观性，强调非理性和主观性。他认为，哲学的起点是个人，终点是上帝，"存在"就是非理性的主观体验。这就为后来存在主义运动奠定了理论基础。存在主义与现象学有渊源关系，属于广义的现象学。胡塞尔的现象学，更是存在主义的直接来源，它为存在主义哲学提供重要的研究方法。现象学所主张的"回到事物本身"要求人们把最熟悉、最本真、最接近的东西当作哲学研究对象，这一思想成为海德格尔要寻求"有根哲学"的直接思想来源。他把胡塞尔所说的"现象"从"先验自我"领域转到了"人的存在"的领域，这是现象学发展的必然结果。存在主义者大多是由研究胡塞尔的著作开始的，独立地得出了与海德格尔相似的结论，也有人直接受到海德格尔的影响。可以说，现象学使存在主义成为一种哲学，而不仅仅是一种一般性的社会思潮。研究和学习存在主义的哲学理论，必须注重其现象学的基础部分。尼采以个体的权力意志为中心，否认上帝的存在，否认任何客观的、普遍性的伦理原则和道德原则，尼采的思想也是存在主义的重要理论来源。总之，从一定意义上说，存在主义是对它以前的非理性主义哲学思想的一种发展和深化。

（2）存在主义的发展历程

存在主义的发展历程。存在主义哲学流派在第一次世界大战后的德国正式形成。海德格尔和雅斯贝尔斯的理论很快成了德国哲学中最引人注目的理论。当时正值德国在大战中遭到失败，德国资产阶级在与列强争霸中遭到严重挫折，1918~1919年，德国无产阶级在十月革命影响下，在柏林、巴伐利亚举行了革命武装起义，起义虽未成功，但毕竟给德国资产阶级极大的冲击，这种内外交困的处境使德国垄断资产阶级充满了孤独、忧虑、烦恼、恐惧等悲观失望情绪。然而不甘失败的日耳曼民族主义希望有一天东山再起。宣传从死中领会生的意义，客观来看，存在主义迎合了当时很多人那种虚无主义观点并力求从痛苦中求重生的情绪。

二战后，存在主义的中心由德国移到了法国。在法国出现了萨特、加缪等一批著名的存在主义哲学家。战后，虽然法国摆脱了被占领状态，社会生产和经济也得到了恢复和发展，但是，大战留在人们思想上的阴影依然存在，人们对科学和理性更加失望，认为依靠科学和理性无法解决他们所面临的现实的人生问题。另外，资本主义本身所固有的矛盾、危机没有消失，广大无产阶级和小资产阶级知识分子及青年学生对资本主义制度所造成的人的异化的抗议比以往更加强烈了。而以摆脱异化为标志的存在主义，特别是萨特等人的马克思主义的存在主义，迎合了当时法国人的那种苦闷、孤独、被遗弃而又无可奈何的心态。

存在主义在欧洲其他国家也有不少信徒。20世纪50年代以来，存在主义在美国也逐渐风行起来，主要代表有巴雷特、蒂利希等人。他们力图把欧洲存在主义与美国的社会环境和美国的传统哲学结合起来。巴雷特认为美国早就有存在主义者，詹姆士最能够称得上存在主义者。蒂利希力图把神学和存在主义结合起来，他用"存在的勇气"这个概念取代"烦""畏""死"等传统存在主义的范畴，力图洗刷存在主义的悲观主义的色彩。不过存在主义在美国始终没有取得主导地位，20世纪70年代后逐渐走向衰落。

存在主义哲学把人的存在当作最基本的存在，从人出发去解释人本身及世界的意义，他们把存在作为纯粹的主观性来理解，认为人具有意识能动性，能够超越其他存在物。存在主义者认为，存在即是个体的人。克尔凯郭尔认为，"存在"就是非理性的主观体验；雅斯贝尔斯认为，存在就是自我，就是"大全"，即上帝；海德格尔认为存在只有在"此在"的追问中，才能得以呈现出来；萨特认为真正的存在是"自为的存在"。存在主义所讲的存在是指个人的非理性的心理体验和情绪感受，并且只有在烦恼、恐惧、悲观、孤独和失望等情绪之中才能真正发现自己的存在。所以存在主义具有强烈的非理性主义、个人主义和悲观主义的色彩。

存在主义不是一个完整意义的学派，而是一场思想运动，就其内部而言，各个代表人物的观点都不尽一致。正如 W. 考夫曼所言："存在主义不是一种哲学，只是一个标签，它标志着反抗传统哲学的种种逆流，而这些逆流本身又殊为分歧。……存在主义不是思想上的一个学派，也不可以归属于任何一种主义。在每一种'存在主义者'的名单上都被列名的三位作者——雅斯培（雅斯贝尔斯）、海德格尔和沙特（萨特）——他们在根本的问题上，意见都不相同。"[①] 本书也只考察德国的雅斯贝尔斯、海德格尔和法国的萨特存在主义的主要思想。

（3）雅斯贝尔斯的生存哲学

雅斯贝尔斯是一个有神论者，他认为哲学的基本任务就是为人的存在寻求可靠的根基。在雅斯贝斯看来，"关于人类当代状况的问题，比以往任何时候都更为紧迫。当代状况既是过去发展的结果，又显示了未来的种种可能性。一方面，我们看到了衰落和毁灭的可能性；另一方面，我们也看到了真正的人的生活就要开始的可能性"[②]。他为什么说人类的当代状况出现了衰落和毁灭的可能性呢？他认为，这是传统理性主义对人的根基理解错误所造成的。

传统理性主义从"意义"的角度对"人存在着"进行了理论的回答：

---

① 〔美〕W. 考夫曼编著《存在主义》，陈鼓应、孟祥森、刘崎译，商务印书馆，1987，第 1 页。
② 〔德〕卡尔·雅斯贝斯：《时代的精神状况》，王德峰译，上海译文出版社，1997，第 13 页。

人是理性的，人是政治的，人是自由的，人是道德的，等等。但是，当需要说明人的理性、政治、自由、道德等这些使人的存在与其他存在物区别开来的价值、意义究竟源于何处时，传统理性主义哲学就从人的存在中抽身出来，到人之外去寻找给予人的存在以价值和意义的绝对存在者，或者说，人的安身立命的根基来源于这个绝对存在者。无论是柏拉图的理念、基督教的上帝、康德的物自体以及黑格尔的绝对精神，还是形而上学唯物主义者所寻求的万物本原的物质等，都是他们各自理论的"阿基米德点"，当然也是人生存的根基。这是现代西方哲学之前的本体论思维的方式。

随着历史的车轮驶入20世纪中叶，现代西方哲学就逐渐摒弃了这种思维方式，人们不再从人之外寻找人的安身立命之本，而是从人自身寻找人存在的意义。尼采的一声呐喊，"上帝死了"。这一声呐喊如同晴天霹雳，给世人以巨大的震惊。它从根本上动摇了自古希腊以来的西方人的精神家园。上帝是人存在的意义和价值，上帝死了，也就意味着人的存在是没有依靠的，人的存在也是没有意义和价值的，如同行尸走肉，人们将进入一个历史虚无主义的时代，深深地被孤独、恐慌、烦恼、悲观和失望等情绪所笼罩。雅斯贝尔斯这时站出来安抚人心，他告诉人们，虽然上帝死了，但人没有死。他力图为人的存在寻求可靠的根基。

雅斯贝尔斯认为哲学的目标或者说使命是发现作为来源的实在，即存在本身，而揭示存在本身的根本途径是揭示人的存在。因此，寻求新的哲学的道路就是揭示人的存在的道路。人的存在又是世界万物存在的根源。事物的现实状况"只有通过人的存在，现实才可能被决定性地改变。起决定作用的乃是人的内心态度，这态度即是人思考其世界并对之形成意识的方式，也即是人的种种满足的基本价值。而人所要的种种满足，则是他的行为的根源"[①]。至于什么是真正的存在，虽然雅斯贝尔斯迂回曲折地给予回答，但他的答案给人一种神秘的感觉。之所以如此，是因为他的哲学思想受柏拉图的回忆说、康德的不可知论和基督教的信仰真理说的影响比较大，或者说是这三者的综合体。

雅斯贝尔斯指出，传统哲学家都对"存在"进行过探讨，但他们都采取主客二分的方法，把存在当作对象来看待，他们的差别在于所理解的存

[①] 〔德〕卡尔·雅斯贝斯：《时代的精神状况》，王德峰译，上海译文出版社，1997，第150页。

在的根基不同而已,而对象化的存在不是真实的存在。因而他们没有获得对存在的正确的结论。真正的存在是什么呢?雅斯贝斯指出:"我们所称为存在的既不单单是主体,也不单单是对象,而毋宁说居于分离的主客二者之上的东西,即大全,无所不包者。"① 他认为大全类似于康德的自在之物,是不可知的。他说,"大全并不给我以可知性","它不是我们某一时候的知识所达到的视野边际,而是一种永远也看不见的视野边际,却倒是一切新的视野边际又都是从它那里产生出来"。② 他的大全实际类似于基督教的上帝,二者的区别在于认识上的差别。对于大全,我们不能采用主客二分法去考察,这种方法只能认识大全的"现象",而不能把握到大全本身,而要运用哲学思辨和宗教的信仰"从本原上去观察现实,并且通过我在思维中对待我自己的办法,亦即通过内心行为去把握现实"③。

在雅斯贝尔斯看来,虽然大全不是对象,处于认识范围之外,但是大全能够向我们揭示与存在本身相关的现象,而现象指向真实的存在。因此,为了达到大全,仍需要借助对象,运用思辨、逻辑范畴,在对象的思维中超越这个思维,进而达到非对象,即大全。哲学思维是如何进行的呢?雅斯贝尔斯提供了三种哲学思维方式来证明大全的存在:一是哲学思维的失败。大全是不能被思维为可能的某种东西,因为可能的东西就是可被思维的东西,而大全不在认识的范围之内,是不可被思维的,而思维硬是要去思维它,其结果只能是失败。哲学思维的失败就体现大全的"威力"。二是大全向我们显示的历史性。永恒的大全不是"无时间性"的持续的他物,也不是在时间中永恒不变的东西,而是不断地活动在获取或游离真实存在之中。三是大全的统一性。只有具有统一性的大全才是真正的大全。人是具有理性的动物,而人的理性"是一种冲动,一种无限表明我们自己以及想与一切事物相通的冲动,这种冲动的范围很广,似乎包括最陌生的和最遥远的东西,探索与所有事物间的关系而不拒绝与任何事物相通"④。理性具有追求统一性的"冲动",而统一性只存在于"超越存在"中。他认为通

---

① 刘放桐等编著《现代西方哲学》修订本下册,人民出版社,1990,第620页。
② 〔德〕卡尔·雅斯贝斯:《生存哲学》,王玖兴译,上海译文出版社,2005,第170页。
③ 〔德〕卡尔·雅斯贝斯:《生存哲学》,王玖兴译,上海译文出版社,2005,第1页。
④ 〔美〕W.考夫曼编著《存在主义》,陈鼓应、孟祥森、刘崎译,商务印书馆,1987,第152页。

过哲学思维，虽然不能达到大全本身，但可以证明大全的存在，获得对一切"超越性"的确信。而要想真正达到大全本身，只有通过宗教。

雅斯贝尔斯指出："如果哲学离不开超越性的话，那么，一定与宗教有关系。哲学与宗教间相互激荡的方式确是它们自我了解的表现，也是它们深浅程度的表现。"① 他沿着哲学思维的方式为宗教的信仰把握大全开出处方。一是在宗教的神话故事里，宗教不追求事物间的因果关系，而只把大全当作事例来讲述，这就能使听者体会到大全的真实存在。二是在宗教里，大全是以耶稣降世的方式向我们显示历史事实。就人类社会而言，虽然耶稣降世只呈现一次就结束了，但是每个人都从这个历史事实中得到福祉，这也使人体会到了大全的真实的历史事实性。三是信仰的统一性。在宗教里，通过普遍的、统一的教会的信仰活动，人们在"绝对的满足"中找到了大全的统一性。于是人们就通过信仰的现实性接近真正的大全。

从上面的分析可以看出，雅斯贝尔斯要求把存在哲学与基督教结合起来，他说："宗教要永保真实，需要哲学的良知，哲学要保有丰富的内容，则需要宗教的实质。"进而，他又指出："哲学能使我们知道这一种'根源'是可能的；不过，它不能预想这个根源到底是什么和表示什么。因为'实在'是历史性的而有待于一再生起于这世界中的每一个体。就其为可言说的而言，哲学在实质上所论的和在历史上所回顾的任何事物仍然是相对的，同时，必须加以解释和利用以变成达到一个自己原有对至高无上者之理解的途径。"② 在雅斯贝尔斯看来，哲学只是用来证明"大全"存在的一个工具，打着生存哲学的幌子，为宗教信仰服务，就此而言，他的思想是"新瓶装旧药"而已，同时，也使他的哲学披上了一层神秘的面纱。

雅斯贝尔斯的生存哲学思想不仅在德国，而且在世界各国都产生了广泛而深远的影响，他的以下思想影响尤其深远。首先是思维方式。传统哲学的思维方式是主客二分的思维方式，把外在的客观世界作为认识的对象，雅斯贝尔斯认为，这种思维方式不适合于认识作为哲学对象的大全。大全既不是外在的客观世界也不是纯主观精神的东西。对大全的认识只有超越

---

① 〔美〕W.考夫曼编著《存在主义》，陈鼓应、孟祥森、刘崎译，商务印书馆，1987，第155页。
② 〔美〕W.考夫曼编著《存在主义》，陈鼓应、孟祥森、刘崎译，商务印书馆，1987，第156~158页。

主客二分法，通过主体内心的信仰和体验来把握现实，才能达到大全，而且基于"轴心时代"以来的两极对立思维方式，探索了"世界哲学"这一新全球思维形式，从而为建立一种符合全球时代需要的新的思维方式提供了可能性条件。其次是他的自由思想。雅斯贝尔斯认为，人的生存的本质特征就是人的自由，而人的生存就是发现和选择人所面向未来的各种可能性，这种发现和选择的行动就是人的自由。在他看来，每个个人是有限的、相对的，然而作为生存的个人又是通向无限、绝对的存在，即超越生存。这种由有限通向无限、由相对通向绝对的活动即是人的真正存在，又是人的自由，生存和自由是同一的，是可以相互替换的概念。他把自由分为外在自由和内在自由。外在自由不是人的真正自由，因为外在自由要受各种外部因素的制约，因外部条件的不同而获得或失去保证。人的真正自由是内在的自由，只由个人内在地决定。"每个个别的人都必须通过他的内心行为，重新获得其内在自由。"① 自由属于人之为人的非对象性的体验，不是把人当作对象的自由。但他把自由当作纯粹的主观性东西。人的真正自由必须超越个人的界限，朝向存在、上帝。上帝是人的自由的源泉。他的自由思想虽然带有浓厚的宗教色彩，但在西方社会影响很大。再次，是他的交往理论。在他所处的时代，人们必须面对和应对死亡、冲突、痛苦和忧患等主要问题。这些问题都直接威胁着人的生存，而任何一个个体都无能力单独处理，人又需要生存和自由，人的生存和自由只有在与他人的交往中才能真正实现。他说："交往是我面临的基本任务。按照它在大全的样式中的多种源泉阐明交往，是哲学研究的核心课题。"② 在雅斯贝尔斯看来，没有任何一种思想体系含有绝对的真理，因而各种体系之间的交流就十分必要。自我也如此，自我只有处于与其他自我的反思中，即与其他自我交往才成为真正的自我，个人的自由也只有通过与别人交往才能实现。尽管人们在交往中存在猜疑、成见、恐惧，却并不妨碍人与人之间的心心相印。个人在与他人交往时既不丧失于他人之中，失去自我，又不与他人相对立，而是在彼此保持自己的个性、人格、自由的同时又把自己的心揭示给他人，

---

① 〔德〕雅斯贝尔斯：《新人道主义的条件与可能》，转引刘放桐等编著《现代西方哲学》，人民出版社，1981，第 625 页。
② 〔德〕雅斯贝尔斯：《哲学的远见》，转引刘放桐等编著《现代西方哲学》，人民出版社，1981，第 627 页。

并领悟他人之心,做到彼此心心相印。雅斯贝尔斯的这些存在主义哲学思想对以后人本心理学和社会学的发展,产生了很大的影响。

(4) 海德格尔的本体论哲学

海德格尔接受了胡塞尔的现象学方法,并把它本体论化,即用现象学方法把客观物质世界"悬置起来",从而把宇宙的本原归结为纯精神的、非理性的"自我",并做了本体论的论证。

海德格尔认为,哲学本体论的基本问题是"存在"的问题,2000多年来,哲学家们都在谈论"存在",但由于他们研究"存在"问题时走错了方向,因而没有人真正理解"存在"的意义。海德格尔指出:"我们的时代虽把重新肯定'形而上学'当作自己的进步,但这里所提的问题(存在问题——引者注)如今已久被遗忘了。……它(存在——引者注)曾使柏拉图和亚里士多德为之思殚力竭。所以,从那时起,它作为实际探索的专门课程,当然就无人问津了。这两位哲人所赢得的东西,以各式各样的偏离和'润色'一直保持到黑格尔的'逻辑学'之中。曾经以思的至高努力从现象那里争得的东西(虽说是那么零碎那么初级),早已变得微不足道了。"[①] 所以,长期以来,人们所研究的哲学都是无根的哲学。要从事哲学研究就要先从地基开始,使哲学大厦不至于倾倒。"只有以先澄清和解答了存在问题为前提,古代存在论本身才能得到充分的解释。所以,我们愿意把对这些成见的讨论限制在一定范围内,只要它能让人明见到重提存在的意义问题的必要性就行了。"[②] 那么,"存在"的含义是什么呢?在海德格尔看来,"存在"是最基本的东西,不能运用理性的方法加以界说,他说:"存在的某些性质超出存在者的一切可能的关乎实事而可能归类的规定性之外,超出一切存在者的特殊式样之外,同时却又是无论什么东西都必然具有的。"[③] 这就说明,海德格尔把"存在"和"存在者"区别开来,存在本身具有自明性,是"最普遍性"的概念,虽然"存在"是使"存在者"得以呈现的前提条件,存在优先于存在者,但"存在者"与"存在"间的关系不是一般的个体与其种之间的种属关系,存在的"普遍性"超乎一切种

---

① 〔德〕海德格尔:《海德格尔存在哲学》,孙周兴等译,九州出版社,2004,第1~2页。
② 〔德〕海德格尔:《海德格尔存在哲学》,孙周兴等译,九州出版社,2004,第3页。
③ 〔德〕海德格尔:《存在与时间》,陈嘉映、王庆节译,生活·读书·新知三联书店,2000,第17页。

的普遍性，存在是一种"超越者"。基于存在自身的特性，就不能按传统的方法来理解存在，需要先对考察存在的方法进行研究。他说："存在问题不仅尚无答案，而且甚至这个问题本身还是晦暗和茫无头绪的。所以，重提存在问题就意味着：对这一问题的提法要先进行一番充分的研讨。"① 海德格尔首先通过对"发问"本身进行探讨来揭示存在的意义。在海德格尔看来，发问包含着问题之所在，发问者是一个存在者，发问本身就具有存在的某种本己的特征。在众多的存在者中，只有人这个存在者能发问，这一特性就决定了人这种存在者在众多存在者中具有优先地位。他用"此在"这个概念来称谓人这个特殊存在者。

海德格尔指出，"此在"不是我们通常所理解的人，不是生物学意义上的人，而是本体论意义上的人。海德格尔说，"一切存在者的存在总是此在的存在"，而自我存在不是别的，就是"思维"，"关于存在的问题，归根结底就是关于思维的问题"。② 海德格尔的思维不是理性的思维，而是非理性的体验或者领悟，即"此在"是在"存在"的展开过程中对"存在"的体验或领悟。这样，海德格尔建立了以人为中心的基本本体论。

海德格尔认为，此在的存在最切近的特征之一，就是它的时间性，也就是说它在时间上是有限的。它有自己的开始，它莫名其妙地、孤零零地被扔进这个世界中来。它有自己的终结，它总有一天不可避免地要面向死亡，而死亡就是此在存在的限制。

有限的此在是一个完整的结构，它的基本结构是"在世界之中"。他所说的世界不是指客观存在，而是"存在"的敞开状态，是与此在密不可分的先验因素。世界在本质上是此在的世界，完全是一个主观性的东西，此在和世界是一个完整性的东西，这就解决了传统哲学中的主客二分问题。"此在""在世界之中"是一个有机整体，那么，"此在"又是如何生活在世界之中呢？海德格尔认为，"此在"在世界之中的存在状态可分为"本真的状态"和"非本真的状态"。

"非本真的状态"就是指"此在消散在常人之中，为常人所宰治"，即

---

① 〔德〕海德格尔：《海德格尔存在哲学》，孙周兴等译，九州出版社，2004，第3页。
② 〔美〕W. 考夫曼编著《存在主义》，陈鼓应、孟祥森、刘崎译，商务印书馆，1987，第215页。

海德格尔所说的"沉沦"。常人所特有的展开状态是：闲言、好奇和两可。闲言是指人们在"常人"中饱食终日、无所用心，他们的言谈完全是一种"鹦鹉学舌，人云亦云"，没有自己的观点，一切皆由公众意见决定，个人只是"常人"的公众意见的传声筒。好奇是指人们在日常生活中为物质利益所驱使，不断追求新奇，为好奇而分心，却置个人的本质、责任于不顾。两可是指人们在现实生活中没有既定的目标，总是受外在的东西的制约，自己不能掌握自己的命运，未来处于模棱两可之中。在"非本真的状态"中，人们只能是处在生活的表面，不能达到本己的存在。

"本真的状态"是指此在的生存建构，其展开状态是：操心、畏和死。操心是人的原始的先验结构，它是人生来就有的，人生在世必定要操心。因为此在与其他存在者不同，此在不是现成的既定的东西，而是处在未定之中，是一种可能的存在，人生存着，就是不断地领会自身的可能性，自我筹划、自我选择，以获得自己的本质，实现自己。究竟哪种可能性成为现实，完全取决于存在方式，因此人就不可能不操心。海德格尔把人与他物打交道称为"操劳"，把人与他人打交道称为"操持"。在操心的过程中，此在展示了自身，同时也揭示了世内存在者的存在方式，因此，人生在世本质上就是操心。

在操心之中一切存在的规定性都统一在一个单一的结构中，为了更好地揭示这个结构整体，海德格尔从考察"畏"入手。所谓"畏"是此在的一种特殊的现身情态，即能领悟自己的存在。畏和怕是有区别的，怕是有具体对象的，所怕的对象具有某种威胁性，同时又具有偶然性，它也有可能不出现，因而是能够逃避的。而"畏"则没有具体的对象，甚至我们根本不知道什么是"畏"，它无时不在、无处不有，我们无法逃避它，这就迫使我们面对自己。

"畏"所无法逃避的对象是"死"。"死"在海德格尔这里，不是一般意义上的死，不是生物学意义上的死，而是本体论意义上的死。死是一切可能性中唯一无法回避的可能，是一定会实现的可能，是此在的结束，也是此在的大限。这决定了此在是先行到死中去的存在，这种事实性并不是消极的，而是积极的，因为它"揭示出丧失在常人自己中的情况，并把此在带到主要不依靠操劳操持而是去作为此在自己存在的可能性之前，而这个自己却热情的、解脱了常人幻想的、实际的、确知它自己而又畏着的向死的自由之中"①。只有真正领会了这一点,才能自由地选择自己,找回失落在常人中的自己本身。

尽管人们把海德格尔称为无神论者,但他关于人生意义的探讨,充满了悲观气息,趋于空幻和寂寞。所谓"操心""畏""死""沉沦"等状态,最后必然导致虚无。"他在《形而上学是什么?》中说,首先给'在者'以空间,然后解脱自身而进入'无',摆脱偶像,回到形而上学的基本问题中,即回到为什么'在者'在,而'无'却不在这一类玄而又玄的问题之中。非理性主义必然导致蒙昧主义和信仰主义,海德格尔的思想发展正说明这一点。他晚年离群索居,欣赏佛教禅宗,对老子学说甚感兴趣,与其说他是因年迈而近无为和恬淡,还不如说这正是海德格尔思想的必然归宿。"②

总之,海德格尔从此在出发,认为只有通过此在的存在,通过此在的非理性的直觉、情绪等领悟,才能使存在的意义得以显示出来,这充分表现出他的非理性主义的特点。当他指出此在就是向死而在、畏死统治此在、人生就是操心的时候,他的哲学的悲观主义就暴露无遗。这也是对帝国主义时期正在走向没落的资产阶级和被排挤、被吞没的中小资产阶级的惶惶不安的心境的理论反映。

(5)萨特的存在主义——现象学本体论

如果我们把海德格尔看作存在主义前期的杰出代表,那么存在主义后期的主要人物就是萨特。

萨特的存在主义哲学是继承了海德格尔的"存在"本体论和胡塞尔的现象学方法而形成的。萨特接受胡塞尔的现象学方法,用纯粹的意识的意向性活动来消除传统的主客、心物二分。他摒弃了胡塞尔的先验自我,以纯粹意识现象为出发点来揭示存在的意义,建立现象本体论。

在萨特看来,现象就是存在、本质的直接显现,二者间的关系不是内外的关系,本质不是隐藏在现象背后的基质或与现象不同的东西,而是作为显现的系列的联系,它本身就是显现。为了避免人们把他的思想与主观

---

① 〔德〕海德格尔:《存在与时间》,陈嘉映、王庆节译,生活·读书·新知三联书店,2000,第305~306页。
② 夏军:《非理性世界》,上海三联书店,1998,第174页。

唯心主义哲学思想混为一谈，他区分了现象的存在与存在的现象。现象的存在是存在的直接显现系列，虽然是一个系列，但这个系列是个有限系列，而存在的现象作为显现系列的联系，本身是显现，但这个显现在原则上却是无限的。如果不做这一区分，那么就很容易导致把存在归结为对现象的感知，就会以新的形式重复贝克莱的存在就是被感知的思想。

萨特区分现象的存在与存在的现象，是为了说明，存在的现象有显性的存在和隐藏的存在，存在中的哪部分显现，是由意识的意向性所决定的。这样，构成他的现象本体论的条件有两个：一个是意识，一个是存在本身。意识是使存在显现为现象的存在的条件。他的意识不是传统理性学派的反思意识，而是反思前的意识。反思意识是以意识自身为对象进行反思，这时意识不指向认识对象，而反思前的意识不是指向意识自身而是直接指向对象，这时的意识存在与对象的存在是融合在一起的。反思前的意识不依赖于反思意识，而反思意识要依赖反思前的意识。萨特由此批判笛卡尔的"我思故我在"，认为笛卡尔颠倒了我思与我在的关系，应是"我在故我思"。这里的"我在"是指反思前的意识。意识的存在是一切活动的前提条件，是存在主义的第一原则。他说："存在主义——它的名称就足以指明，它是把这种'存在'第一性作为一个原则而加以肯定的。"[①] 萨特把"存在"理解为纯粹的主观性，并依据这一点把"存在"区分为自在的存在和自为的存在两类。

萨特认为，意识的意向性就是超越性，就是从自身超越达到一个不是意识的存在，这个存在不依赖于意识而独立存在，但可以显现在意识中。这个独立存在的存在就是自在的存在。自在的存在的特性是"存在存在，存在是自在的，存在是其所是"[②]。这表明自在的存在是不发生变化的，无时间性，具有永恒性。自在的存在只有被意识所显现才有意义，如果自在的存在不被意识所显现，它也就没有意义。

在萨特思想体系中，除了自在的存在外，还有作为显现存在的意识，这个意识就是自为的存在。自为的存在的特性与自在的存在的特性刚好相

---

① 〔法〕萨特：《存在主义是一种人道主义》，转引自夏基松《现代西方哲学教程》，上海人民出版社，1988，第350页。
② 〔法〕萨特：《存在与虚无》，陈宣良等译，杜小真校，生活·读书·新知三联书店，1997，第26页。

反：它不是存在，但又总是要走向存在，它是其所不是，不是其所是，而是对存在的否定，是虚无。从这里，我们看到，自在的存在是客观的存在，是既成的存在，具有完成的特性，无时间性；自为的存在是未完成的存在，总是处于变动之中。就自在的存在与自为的存在的关系而言，萨特指出，只有自为的存在才是真正的存在，它完全是主动的、自由的，不断否定和创造着自身。自在的存在若离开自为的存在就会成为无意义的存在。自为的存在是自在的存在的基础，自为的存在决定并赋予自在的存在以意义。

他在"存在"本体论的基础上提出了"存在先于本质"的口号。这是萨特存在主义哲学的核心。既然存在先于本质，那么人就是自由的。自由在萨特存在主义哲学中是一个十分重要的范畴。萨特反对自由是对必然性的认识的观点，而认为自由是一种选择与否定选择的自由权，实质上他的自由是意志的绝对自由，这样的自由观，只能是非理性的自由观。

萨特虽然是从笛卡尔的"我思故我在"的命题出发，但没有肯定这个命题中所含有的深刻的理性主义本质，只是肯定这个命题中的"我思"的主观性。这种主观意识是对自在存在的虚无化，因而它在本质上是"虚无"的，因而自由也是虚无。萨特认为，自由是一种生存和认识活动状态，是"无法给它下定义"的，而且"不能描述别人和我本身所共有的自由"，"不能考察自由的本质"。① 自由既然是一种不能考察其本质也不能描述的东西，那么它就是一种无法用思维把握的东西，是一种非理性的东西。

这种完全非理性的主观性是掩盖一切因果性、客观性和必然性的，是完全否定性的，萨特称之为"绝对的内在性"。他说："显然应该在虚无化中找到一切否定的基础，这种虚无化是在内在性之中进行的。我们必须在绝对的内在性中，在即时的我思的纯粹主观中发现人赖以成其自身虚无的那种原始活动。"② 萨特发现这个"否定的基础"就是人的"欲望"。他说"欲望是人的实在性存在"，而每种欲望"都表明整个人的实在"。③ 在"欲

---

① 〔法〕萨特：《存在与虚无》，陈宣良等译，杜小真校，生活·读书·新知三联书店，1997，第 563 页。
② 〔法〕萨特：《存在与虚无》，陈宣良等译，杜小真校，生活·读书·新知三联书店，1997，第 80 页。
③ 〔法〕萨特：《存在与虚无》，陈宣良等译，杜小真校，生活·读书·新知三联书店，1997，第 735 页。

望"中当然也有从事艺术、从事科学研究的"欲望",但它绝不是"作为建立一个理性存在的谋划","不是为首先思维普遍的东西和根据概念自我规定而存在"①,而是表现为一种结构,在这种结构中,意志、激情、焦虑和各种各样的情绪起决定作用。

首先是意志和激情。萨特说:"对意志的研究应该使我们得以更深入地领会自由。"②"我们不应该把原始自由理解成先于意志或激情的活动的自由,而应该理解成与意志或激情完全同时的,而且意志和情感各自以其方式显露出的一个基础","自由只不过是我们的意志或激情,因为这种存在是素朴性的虚无化"。③萨特在这里与尼采一样,把自由首先理解为脱离理性纯粹意志和激情的自由。他认为人只有靠意志和激情才能拥有世界,只能靠意志和激情才能拥有自我。虽然萨特在某些时候也承认人的自由与人的处境有关,境况影响人的自由,但从总体上看,萨特认为无论人的处境怎样,他都可以摆脱它,处境和社会实践不妨碍人的自由,因为处境的意义是人给予的。他说:"我将是意志的还是激情的?除了我还有谁能决定它呢?如果我承认对我说来这是境况严格地规定了它显现的时刻,是荒谬的。"④ 从这里我们看到,萨特存在主义自由观的非理性本质十分明显。在处境与自由的关系上,萨特坚决地否定决定论,主张自由的绝对性。

其次,萨特存在主义自由观的非理性本质还表现在他对自由形式的规定中。萨特首先提出这样的问题:"如果自由是意识的存在,意识则应是对自由的意识。这种对自由的意识采取的形式是什么呢?"⑤ 在萨特看来,由于自由是虚无的,自由就没有逻辑、没有规律,因此,自由就不能向外求,只能向内求诸人的非理性,在人的各种情绪、情感中去寻找。而在各种各样的情绪中,萨特认为"焦虑"具有决定性的作用,"焦虑"是自由存在的

---

① 〔法〕萨特:《存在与虚无》,陈宣良等译,杜小真校,生活·读书·新知三联书店,1997,第763页。
② 〔法〕萨特:《存在与虚无》,陈宣良等译,杜小真校,生活·读书·新知三联书店,1997,第568页。
③ 〔法〕萨特:《存在与虚无》,陈宣良等译,杜小真校,生活·读书·新知三联书店,1997,第570页。
④ 〔法〕萨特:《存在与虚无》,陈宣良等译,杜小真校,生活·读书·新知三联书店,1997,第571页。
⑤ 〔法〕萨特:《存在与虚无》,陈宣良等译,杜小真校,生活·读书·新知三联书店,1997,第61页。

形式。他说:"如果我们的分析没有使我们误入歧途的话,那么,当人的存在意识到存在的时候,他应该具有某种面对过去和将来并作为既同时是过去和将来,又不是过去和将来的方式。我们能为这个问题提供一个直接的回答:正是在焦虑中人获得了对他的自由意识,如果人们愿意的话,还可以说焦虑是自由这存在着的意识的存在方式,正是在焦虑中自由在存在里对自身提出问题。"① 萨特认为,"焦虑"是自由实现的主要形式,如果焦虑表现了自由,它就应该是"我"的情感的永恒状态。萨特把他的这种自由实现形式,还运用文学作品表现出来,如《恶心》以象征性手法写出了现实的"荒诞性",即现实对人的自由的剥夺,认为人在现实中只有不满、厌倦和烦躁等各种令人作呕的感受,各种非理性的情绪跃然纸上。

最后,萨特的自由观既然源于他把意识解释成"虚无",自由就是自在的存在的虚无化,因此,它不受自在存在的限制。他认为:"除了自由本身以外,人们不可能在我的自由中找到别的限制,或者说我们没有停止我们自由的自由。"② 这就是说,自由是天生的,不受别的东西的限制。在现实生活中虽然有人拒绝自由、逃避自由,但他们仍然是自由的,因为自由是无限的大全,人们对这种无限大全的自由的选择只能是对具体的自由进行选择,但是这种选择又是无条件的、绝对的,不选择也是一种选择。总之,人从降生那天起就被赋予了自由,无论如何都无法摆脱它,于是人们就是要取消神学对人自由的先验剥夺,这在哲学上具有很大进步性。但萨特对自由作用的无条件的夸大,就使自由具有上帝的功能了。

总之,萨特的存在主义自由观在自由和必然的冲突中,始终反对决定论,妄图取消自由存在的必然性基础。他反对在人类的理性思维中去探寻自由存在的形式,把自由放逐在人的各种非理性的情感、欲望、情绪中。从自由是虚无出发,过分夸大自由的作用,最终把自由神圣化了,从虚无主义走向信仰主义是萨特存在主义的认识论自由观的非理性主义发展的必然结果。

---

① 〔法〕萨特:《存在与虚无》,陈宣良等译,杜小真校,生活·读书·新知三联书店,1997,第61页。
② 〔法〕萨特:《存在与虚无》,陈宣良等译,杜小真校,生活·读书·新知三联书店,1997,第565页。

第四章　非理性的本质、特征和产生机制

从前面的分析来看，非理性随着人类社会和历史的发展而发展，它始终脱离不了时代的经济、政治和文化发展状况，也脱离不了人们的体质和脑力进化，脱离不了自然环境的变迁。因而，非理性的特征呈现出动态性，不同时代的人们对非理性的研究，深深地打上了时代的烙印，使非理性的研究呈现出多样性，即使是同时代的思想家，对于非理性的本质、特征和产生机制有不同的认识，也使他们对非理性的认识大相径庭。为了清楚明白地了解不同的思想家之所以持如此观点，就需要深入研究非理性的本质、特征和产生机制。这些是本章要讨论的问题。

一　非理性的本质

研究非理性首先遇到的一个难题就是对非理性本质的界定。非理性研究可谓源远流长，然而，到目前为止人们对非理性本质的认识还没有完全达成共识，这可能是由于人们的认识受到社会历史发展水平的限制。"从历史的观点来看，这件事也许有某种意义：我们只能在我们时代的条件下去认识，而且这些条件达到什么程度，我们就认识到什么程度。"[①] 随着人类社会的发展，人们对非理性的认识也会不断进步，这决定了对非理性有必要进一步深入研究，也说明非理性研究之艰难。

从前面我们对非理性认识的分析来看，在人类认识史上，对非理性的本质和地位没有正确的认识：要么是抬高理性贬低非理性，在总体上表现为理性至上，以理性专制的形式压抑人的欲望、情感，贬低直觉、灵感、想象等非理性因素在认识和实践中的能动作用，形成理性主义；要么是抬高非理性贬低理性，表现为针砭理性至上的局限性，重新挖掘非理性的意

---

① 《马克思恩格斯文集》（第9卷），人民出版社，2009，第494页。

义和价值，但同时又片面夸大非理性的作用，把非理性绝对化，形成非理性主义。无论是理性主义还是非理性主义，它们的共同之处是：脱离社会实践活动而进行的纯粹思辨，没有正确处理好理性与非理性的关系，都是把各自强调的一方面在精神领域内作先验的理解，从而不可避免地在理论上造成混乱，在实践上导致失误。我们在研究非理性时，要避免哲学史上前辈们所犯的错误，我们应将其置于应有的地位。正如恩格斯所言："不应当牺牲一个而把另一个片面地捧到天上去，应当设法把每一个都用到该用的地方，但是只有认清它们是相互关联、相辅相成的，才能做到这一点。"① 只有使二者相互关联、相辅相成，有机结合起来，才能推动人类认识和实践发展。

马克思指出："哲学家们只是用不同的方式解释世界，而问题在于改变世界。"② 马克思的这个论断遭到很多学者的误解，这里有必要澄清。长期以来，不少学者认为，以前哲学家们只是认识世界而不改造世界，只有马克思主张改造世界。其实不然。以往的哲学家和马克思一样都有改造世界的主张，但他们和马克思的主张还是有很大的区别：以往的哲学家们是先设定一个理论体系，然后再以这个理论体系为指导改造世界，哲学家们在哲学党性上是唯心主义，在实践上是教条主义；而马克思主张先进行改造世界，不断总结改造世界的经验和教训，不断形成、完善理论，马克思在哲学党性上是唯物主义者，在实践和认识的关系上，是坚持实践高于理论、理论与实践相结合的革命者。

无论是认识世界还是改造世界，都离不开理性和非理性的共同作用。就实践与认识的辩证关系而言，实践是目的，认识是手段，实践决定认识的来源、动力、目的和检验认识的标准，而认识对实践具有能动的反作用。这一原理告诉我们，要想实践活动达到预期目标，就需要有正确的理论指导。就人类的认识而言，它是由理性和非理性构成的统一体，或者说理性和非理性构成人类认识的两翼，如果缺少其中的任何一翼，人类的认识就难以发展，也就会影响实践活动的完成。

认识世界就是使人的内在尺度和外界对象的尺度相符合，以便为人们

---

① 《马克思恩格斯文集》（第9卷），人民出版社，2009，第492页。
② 《马克思恩格斯文集》（第1卷），人民出版社，2009，第506页。

改造世界提供一定的指导，而改造世界就是使外界对象的尺度符合人的内在尺度，改变外在客体的存在方式或样式，以满足人们生产和生活的需要。在马克思主义看来，人类的认识本质是人类在实践基础上对客观对象的本质及其规律的能动反映，在认识过程中是理性与非理性相互作用的结果。在一般情况下，在认识过程中占主导地位、起主导作用的是理性认识，非理性处于从属地位和发挥辅助作用，但这并不意味着，在认识过程中非理性的缺席或消失。理性认识对人类社会的发展具有预测、分析和指导作用，避免人类社会的发展方向出现偏差，而非理性认识则是人类认识的助推器，对人类认识的发展起着激发、驱动和诱导作用。因此，我们必须保持理性和非理性之间的合理张力，寻求它们的动态平衡，不能顾此失彼。这就为我们研究非理性本质提供了一个指导性原则：以理性为主导，以对客观对象的认识为基础，在理性和非理性相互依存、相互影响下来研究非理性的本质。

　　理性和非理性是相对而言的，从它们的性质来看，都属于认识范畴，就其反映的内容而言，都是对客观世界的反映，并随着人类认识和社会实践的深化，它们的内容也在不断地丰富和完善，但它们的反映形式是有差别的。理性和非理性的内容极其丰富，可以从不同角度进行界定，限于本书的主题，只从认识论的层面进行界定。由于理性和非理性是相对的，如果要认识非理性，就必须首先界定理性概念。从认识论上看，无论是东方还是西方，在现代人类社会，人们对理性的理解逐渐趋于统一，即把理性理解为人的一种认识能力和思维形式。我国的《辞海》是这样解释理性概念的，所谓理性"一般指概念、判断、推理等思维形式或思维活动"①。而西方的《简明不列颠百科全书》对理性概念的定义是"理性——哲学中进行逻辑推理的能力和过程"，并且"凭借这种能力，基本真理被直观地把握"②。既然把理性理解为一种认识能力和思维形式，而非理性又是与理性密不可分的人类认识的有机组成部分，非理性也应该是人类的一种认识能力和思维形式，只不过它认识的方式、速度和过程不同而已。鉴于此，我

---

① 《辞海》，上海辞书出版社，1979，第 2776 页。
② 《简明不列颠百科全书》，转引自王勤《非理性的价值及其引导：社会发展视野里的非理性问题研究》，中共中央党校出版社，2001，第 53 页。

们可以初步把非理性理解为：非理性是在理性指导下，又不同于理性，以社会实践为基础，以直觉、灵感、顿悟等方式揭示认识对象的本质及其规律的一种非逻辑、非程序化的认识能力和思维形式。这一界定具体来说，就包含非理性与理性的关系、非理性与实践的关系和非理性揭示对象的本质及其规律的方式。下面对此做简要分析。

（一）从非理性与理性的关系界定非理性的本质

理性和非理性作为人类认识的两翼，构成人类认识的统一体。就理性和非理性的关系而言，理性和非理性是既对立又统一的矛盾统一体。它们的对立，主要表现在认识的形式、过程和结果上。

从认识形式上看，理性以概念、判断、推理等形式，运用归纳与演绎、分析与综合、抽象与具体等智力思维方法反映事物的本质，表现出一定的逻辑性，因而具有规范性和稳定性；而非理性则以直觉、灵感、顿悟、想象以及情感、意志等非智力思维形式反映事物的本质，表现出一定的非逻辑性，因而具有即时性和不稳定性。在认识过程上，理性通常是在实践基础上，经过多次反复和无限发展的方式获得事物本质的反映，表现出程序性、规范性、渐进性，因而具有确定性和必然性；而非理性通常是在非线性条件下反映事物，表现出非程序性，表现为"渐进过程的中断"，因而具有随机性和偶然性。在认识结果上，理性对事物的反映侧重于追求精确和实证，表现为模式化，揭示事物的本质，即"真"；而非理性对事物的反映是在理性思维陷入困境的时候，并且受到外界相关因素的刺激才凸显出来，因而，非理性思维经常表现为不定性和创造性，不仅揭示事物的本质，即"真"，而且更主要的是追求事物的善和美。理性和非理性的区别，既体现出它们的优点也表现出它们的不足，在人类认识史上，理性主义只是看到了理性的优点和非理性的不足，因而抬高理性贬低非理性，非理性主义则相反，只是看到了理性的不足和非理性的长处，因而抬高非理性贬低理性。这都不是科学的态度。

理性和非理性不仅对立而且还是统一的。在对待理性和非理性的联系上，康德可以说是楷模。康德说，理性认识若不借助非理性认识是僵死的认识，而非理性认识若没有理性认识的指导是盲目的认识，这就说明，一个完整的认识过程，必须是既包含理性因素的认识，也包含非理性因素的认识，二者相互依存、相互补充,共同推动人类认识的发展。其一,理性离不开非理性的补充和推动作用。理性认识和思维具有严密的逻辑性、程序性和模式,容易使人们的认识和思维呈现出机械性和凝固性,从而限制了人们的视野,容易导致理性思维陷入困境或受阻,从而难以揭示所要认识对象的本质,使认识停摆。而实践活动是需要在一定的理论指导下进行,理性认识停摆,也就会影响实践的进程。在这种情况下,非理性认识以其思维和认识的灵活性大显身手,就会从隐性思维走向显性思维,承担起认识对象的任务,对理性认识和思维起补充作用。科学史中有大量的事例说明非理性思维对理性认识和思维起补充作用。当科学家和艺术家已占有了大量的感性材料,正着手解决科学研究的问题和塑造艺术形象,一般情况下,他们是按照理性思维进行研究和塑造,但是,当他们运用理性思维进行的研究和塑造无法顺利进行下去,出现"山重水复疑无路"的困难,百思不得其解时,研究者被迫放下手中的工作,从事一些其他工作或进行休闲活动,转移注意力。当研究者在从事其他活动的时候,他们原先思考的工作就以隐性的方式储存在他们的思维中。在随后的生活中,如果观察到某一事件与自己正在进行的工作相关时,他们往往就会联想到与自己工作的相似性,这时,他们就会有灵感或顿悟的产生,想象自己的工作也可以尝试类似的方法,激活了曾经一度陷入困境的理性认识和思维,使"中断"了的理性认识和思维得以连接,从而使久困不解的难题找到了突破口,进而推动了工作的进程。从动力方面来看,非理性是理性认识和思维的原动力。理性认识为人类认识指明正确的方向,以免认识发生偏差。人类的实践活动是在理性认识的指导下进行的,然而理性认识是以非理性思维为先导和动力的。"想象是理性的先驱","感情因素是原始的、初发的;这是因为一切创造总要以某种需要、某种愿望、某种用心、某种没有满足的冲动、甚至常常以某种痛苦的孕育为它的前提……它总伴随着创造的每个阶段或整个发展过程。"[①] 在整个认识过程中,通过感情的充盈、意志的激发、欲望的驱动、直觉和灵感的贯通,从而推动理性思维的发展。其二,非理性也离不开理性的制约和监督。非理性虽然对理性具有补偿作用和动力作用,但它的这些作用只有在理性认识的制约、监督和引导下,才能发挥出来。

[①] 中国社会科学院外国文学研究所外国文学研究资料丛刊编辑委员会编《外国理论家 作家论形象思维》,中国社会科学出版社,1980,第186页。

理性的制约、监督和引导作用具体表现在以下三方面。第一，人们要形成正确的认识和理论体系离不开理性对非理性作用的整合。人的认识最初都是以直觉、灵感、想象等非理性思维形式表现出来的。在这个阶段，人们往往是从朦胧和混沌状态出发去认识事物，还不可能取得清晰的认识，为此，就必须对其进行理性的照射，使潜藏在意识中的有价值的发现在理性之光中浮现出来，经过逻辑的整合、梳理，使原来所获得的无序的、零乱的认识有序化、条理化，从而获得确定的理性认识。第二，非理性的作用是以理性思维失效为条件。非理性的补偿、诱导和动力作用不是凭空产生的，而是立足于人们的实践活动，并且是在理性思维的惯常功能失效的时候，非理性的这些功能才有机会大显身手。如果理性思维一直起作用，就会把问题解决好，非理性的作用就一直处于隐性状态。正是由于理性思维在实践过程中受阻，按照理性思维逻辑不能解决问题，并且是百思不得其解，而理性思维又处于高度兴奋、集中的状态下，被迫把思维主导地位让给非理性。这时，实践主体在生活中受到某种突发事件的诱导或刺激，就会诱发主体的直觉或灵感，使主体恍然大悟，如获至宝，找到解决问题的方案，出现"柳暗花明又一村"的新局面，从而推进实践活动的进展。第三，非理性作用的正确发挥有赖于理性指导。非理性认识是人类认识的一个途径，并且是人类认识不可或缺的一翼，并对人类的认识具有驱动、诱导和激励作用，但是通过非理性思维方式所获得的认识，往往是无序的、零乱的，如果通过非理性思维所获得的认识不受理性思维的约束和指导，并以此来指导实践，也会产生负面效应。同时，由于非理性的即时性和偶发性，也是通常所说的灵光一现，需要以理性方式记录下来，否则，非理性的诱导等作用就会稍纵即逝。另外，非理性认识是一种不被理性认识所包容的非智力思维形式，不仅具有能动性，而且具有不确定性、随机性和任意性，若没有理性监督而放任自流，必然造成行为失控，最终也会扰乱理性的确定性和程序性。目前，人类社会出现各种危机，其中一个重要原因就是冲动，通常所说的"冲动是魔鬼"，就是有力证明，为了避免冲动，需要"三思而后行"，就是要人们以理性驾驭非理性。

简言之，理性和非理性在人类的实践和认识中是相互作用、相互影响的，在理性的主导下，才能充分发挥非理性在实践和认识中的作用。

（二）从非理性与实践的关系理解非理性的本质

马克思主义认为，实践决定认识，认识对实践具有能动的反作用，而人类认识是由理性认识和非理性认识组成的统一体，这就决定了实践对非理性具有根源性、目的性，非理性对实践具有反作用。因此，我们研究非理性也必须在实践观的基础上进行，否则，非理性就会成为无源之水、无本之木。

非理性是第二性的，它是在社会实践中形成和发展起来的。我们知道，人不同于动物之处在于，动物是按照本能进行活动的，而人是有意识有目的地、自由自觉地进行活动，是按物的尺度和人的尺度相结合进行实践活动。马克思在《1844年经济学哲学手稿》中做了详细分析："动物只生产它自己或它的幼仔所直接需要的东西；动物的生产是片面的，而人的生产是全面的；动物只是在直接的肉体需要的支配下生产，而人甚至不受肉体需要的影响也进行生产，并且只有不受这种需要的影响才进行真正的生产；动物只生产自身，而人再生产整个自然界；动物的产品直接属于它的肉体，而人则自由地面对自己的产品。动物只是按照它所属的那个种的尺度和需要来构造，而人却懂得按照任何一个种的尺度来进行生产，并且懂得处处都把固有的尺度运用于对象；因此，人也按照美的规律来构造。"① 人的实践活动体现了合规律性与合目的性的统一，合目的性是以合规律性为基础的。合规律性是指主体对客观对象的改造要遵循客观事物的本质和规律，为此目的，就必须首先认识客观对象的本质和规律，而客观对象作为系统是多层次的、多方面的、复杂的、变动着的，这就为揭示客观对象的本质和规律增加了难度。人类只有全面地认识和把握事物的本质和规律，才能有效地指导实践，真正满足实践活动的需要，并不断产生新的需要，使人类的认识不断地深化。在人类的实践活动中，产生理性认识的同时也产生了非理性认识，并且实践活动的水平也决定了非理性认识的程度。恩格斯指出："从历史的观点来看，……我们只能在我们时代的条件下去认识，而且这些条件达到什么程度，我们就认识到什么程度。"② 非理性的能动作用也是在社会实践中实现的，并对实践活动具

---

① 《马克思恩格斯文集》（第1卷），人民出版社，2009，第162~163页。
② 《马克思恩格斯文集》（第9卷），人民出版社，2009，第494页。

有驱动、激励、诱导和调控作用。人的实践活动之所以区别于动物的本能活动，就在于人的实践活动是在理论的指导之下自觉地进行的。只有人的认识能使实践活动的结果事先就以观念的形式存在于人们的头脑中，使人有意识地在客体上实现自己的目的。这就是马克思说的，"最蹩脚的建筑师从一开始就比最灵巧的蜜蜂高明"[①]的原因。理论对实践具有指导作用，并且是以理性思维方式体现出来，但实际上，理论本身是理性认识和非理性认识的共同结晶，是对实践活动的经验总结。我们知道非理性具有非逻辑性、非程序性和灵活性，主体在实践活动中，当理性思维和认识受阻时，直觉、灵感和顿悟等非理性思维和认识能够直接洞察到客观对象的本质和规律，使人豁然开朗，推动实践活动快速发展，从而使合规律性与合目的性相统一，促使实践活动走向成功，事后，人们把正确的认识以理论的形式记录下来。我们这样说，并不是要强调非理性认识比理性认识的作用大，而是要说明非理性在人类认识中确实应占有一席之地，可以说，如果没有非理性认识，人类的认识就不会如此快地发展，人类社会也就不会有如此快的进步。只看到非理性认识正确把握客体是片面的，其实非理性认识也有出错误的时候，直觉并不能保证每次都正确，这就需要理性认识对非理性认识加以引导。社会实践活动的开放性和实践对象的复杂性，推动人类不断地对实践对象进行认识再认识，从而推动人类的认识不断接近对象本身的性质。在不断深化认识的过程中，理性认识时常会出现"脑梗死"，影响实践活动顺利进行，这时，非理性就会即时地起到"活血化瘀"的救助作用，起到疏通的作用，非理性认识在社会实践活动中的地位和作用就会凸显出来。

（三）从认识的辩证运动过程来理解非理性的本质

我们知道，人们认识客观世界的过程是一个曲折复杂的过程，对复杂事物的认识即是如此，即使对某一具体事物的正确认识也往往需要经过由实践到认识，再由认识到实践的多次反复才能完成。人们在对客观世界进行认识，揭示客观对象的本质和规律的时候，不仅运用理性的思维方式和认知能力，而且也运用非理性的思维方式和认知能力，因为它们是主体认识客体的中介。只有这两种思维方式和认知能力密切配合，人们才能揭示

[①] 《马克思恩格斯选集》（第2卷），人民出版社，2012，第170页。

认识对象的本质和规律，从而推动人类认识的发展。

理性思维对客体的认识要依靠概念、判断和推理等形式，运用归纳和演绎、分析和综合、抽象和具体、逻辑和历史相统一等方法，依据一定的程序才能揭示对象的本质和规律，因此它不可能一蹴而就，而是一个耗时相对较长并且比较复杂的过程。而非理性思维则不然，非理性在参与认识活动时，主要通过直觉、灵感、顿悟、想象等方式进行，不需要程序化就能抓住事物的本质，它是瞬间完成对事物的认识。用柏格森的话说，理性思维是围绕对象转，非理性思维是钻进对象内部，他的这种观点还是有一定道理的。柏格森把非理性揭示对象的方式称为直觉。他说："所谓直觉是指那种理智的体验，它使我们置身于对象的内部，以便与对象中那个独一无二、不可言传的东西相契合。"① 对象中"独一无二"的东西就是事物的本质。直觉作为对客观对象的本质的领悟，要求去除一切概念、符号，与分析完全不同，它能保持其连续性、完整性和单纯性，因此，直觉是一个"单纯"的过程。如果我们剔除柏格森思想中的非理性主义成分，正确地看待他的直觉思想，对我们研究非理性的本质是大有帮助的。

无论是从人类认识发展的整个过程，还是从单一认识过程来看，非理性认识对揭示对象的本质，推动认识的发展是功不可没的。首先，从人类发展的整个过程来看，非理性认识作用突出地表现在认识发展的突破过程中。在认识发展处于量变的缓慢积累阶段，理性认识起主要的作用，人类在特定的认识模式下不断扩张认识范围。而当旧有的认识模式无法解决现实问题而陷入困境时，类似于库恩的旧范式不能解决新问题，就要被新的范式所取代一样，这时，非理性认识的作用开始凸显出来，理性的认识模式就会被非理性认识所代替。非理性认识具有非程序性、灵活性等特性，它不受任何固有模式的限制，拒绝逻辑推理，直接对事物的本质进行把握，即"钻进对象内部"，以一种全新的视角审视陷入困境中的认识对象，从而打破认识过程中的僵局，推动认识向前发展。可见，非理性认识是整个认识过程中不可缺少的一部分，否则人类认识的发展是无法理解的。其次，从单一的认识过程看，对事物本质的认识也要发挥非理性认识的作用。马

---

① 〔法〕柏格森：《形而上学引论》，引自洪谦主编《西方现代资产阶级哲学论著选辑》，商务印书馆，1993，第137页。

克思主义认为，人的认识过程分为感性认识和理性认识两个阶段。感性认识是认识的初级阶段，是主体在实践过程中通过感官直接接触客体而产生的，是人们关于事物的现象、各个部分和外部联系的认识，而理性认识是认识的高级阶段，是主体对感性认识材料的抽象和概括而形成的关于事物的本质、整体、内部联系的认识。这就决定认识必须由感性认识上升到理性认识，这是认识过程中的第一次飞跃，要实现这次飞跃必须具备两个条件：一是在实践中获取丰富的和真实的感性材料，二是要运用正确的思维方式。这个正确的思维方式就包括理性的思维方式和非理性的思维方式。毛泽东指出："要完全地反映整个的事物，反映事物的本质，反映事物的内部规律性，就必须经过思考作用，将丰富的感觉材料加以去粗取精、去伪存真、由此及彼、由表及里的改造制作工夫，造成概念和理论的系统，就必须从感性认识跃进到理性认识。"① 如何做到"去粗取精、去伪存真、由此及彼、由表及里"，毛泽东没有具体论述，在人类认识史上，可能只有康德用"先验的图型说"，比较合理地解释了感性认识如何上升到理性认识。康德指出，把感性对象置于一个与它不同类的范围之下，需要一个第三者，这个第三者必须既是知性的，也是感性的。这个第三者就是他的"先验的图型"。他说："显然必然有第三种东西，一面和范畴同质，另一面又和出现同质，而这样才使前者之应用于后者成为可能。这种中间媒介的表象必须是纯粹的，即毫无经验性的内容，而同时它一方面必须是知性的，另一方面却必然是感性的。这样一种表象就是先验的图型。"② "先验的图型说"强调在人们的认识活动中，先验想象力在知性和感性之间，图型在范畴感性对象之间起中介作用。正是借助先验想象力论述了由感性认识上升到理性认识的具体途径，先验想象力实际上是一种非理性的思维方式。我们认为由感性认识上升到理性认识既要运用理性的抽象思维，还应该正确运用非理性思维，但在传统的认识论中却只见到理性的思维方式，而忽视了非理性的思维方式。事实上，每一次飞跃都有非理性思维的一半功劳，它推动认识不断超越。非理性思维虽然具有主观性、随意性，容易出错，但它却加速了认识的进程。有位专家曾说过，直觉思维的结果有可能90%是错

---

① 《毛泽东选集》（第1卷），人民出版社，1991，第291页。
② 〔德〕康德：《纯粹理性批判》，韦卓民译，华中师范大学出版社，2000，第186页。

误的，但10%的正确也就难能可贵。正是这正确的10%在认识停滞不前的时候助了一臂之力。传统认识论不仅扭曲了非理性认识的作用，而且还把非理性认识神秘化，事实上，非理性认识并不神秘，它也是在感性认识的基础上形成的。"直觉思维的基本源泉是一个人在相对不变的环境中积累起来的经验。"[①]

非理性认识伴随着创造性认识过程的始终，因此，只有正确对待非理性认识并且深入研究非理认识，才能有助于人类认识的辩证运动。

二 非理性的特征

理性和非理性是人类认识的两翼，它们是人类在改造和认识客观世界的过程中逐渐形成的，是物质客观世界在人脑中的主观反映。在人类认识世界和改造世界的过程中，理性和非理性相互依存、相互补充，共同促进人类认识的深化和社会的进步。但由于二者在本性上的差异，它们的特征也不同。理性思维在感性认识的基础上形成概念，然后运用概念进行判断，并按照确定的逻辑进行推理，因而理性思维具有逻辑性、程序性和稳定性等特点，另外，理性思维直接以语言符号为其思维工具，语言符号虽然是人的理性思维的强有力手段，但语言是意识的物质外壳，也给人的思维带来某种限制。而非理性思维是以直觉、灵感、想象等非逻辑形式表现出来的，这种非逻辑形式是借助于客观世界中非线性规律而展开的思维活动，因而非理性具有非逻辑性、整体性和内在性等特点。

（一）非逻辑性

非逻辑性是相对逻辑性而言的，非逻辑性是非理性认识的最显著特征。所谓非逻辑性是指在实践经验的基础上，主体的非理性因素在认识和思维过程中不受任何逻辑规则所制约，并呈现出放射状和跳跃性的一种思维特性。非逻辑性之名意指它不能用传统的形式逻辑来解释和说明，但它却可以用以辩证法为基础的辩证逻辑来解释。我们在前面对非理性的本质的理解就是从辩证逻辑的思维视角进行的。

非理性认识是在实践经验的基础上形成的，以直觉、灵感、想象等认

[①] 王天思：《理性之翼——人类认识的哲学方式》，人民出版社，2000，第136页。

识形式表现出来的一种认识和思维方式。这些认识形式在人类认识过程中表现为不经过逻辑推理就敏感地、直接地臆测到认识对象本质的认识能力和认识方式,它是以已经获得的知识和积累的经验为依据的。非理性认识的非逻辑性在认识过程中表现为:人们不是按照理性思维那样,运用概念、判断、推理,遵循形式逻辑的规则,亦步亦趋地进行思维,而是突破理性思维的框架,直接面向事物,与此同时,非理性思维呈放射状,进行多角度的扫描,并能迅速获得事物本质的直接认识,从而使认识发生了质的飞跃。认识的这种飞跃既不是个别经验的简单综合,也不是原有知识的逻辑演绎,而是思维过程中的思维跃迁。这时的思维跃迁有点类似于康德的先验想象力,它往往发生在感性认识向理性认识飞跃的途中,是在感性认识和理性认识之间的逻辑联系中断时突然迸发出来的。由于非理性认识是以个体经验为基础的,而经验又是未经逻辑整理的混沌知识,因而非理性认识就呈现出非逻辑特性。只有看到非理性与经验的密切关系,并进而认识到非理性是以经验为基础进行认识的,我们才能对非理性认识有更深入的了解。非理性认识的非逻辑性主要表现在它的突发性和创造性上。

直觉、灵感等非理性认识形式的迸发是没有预定计划和逻辑程序的,它们的迸发是受到外界或主体生理心理等不确定因素的诱导,有时,认识主体也无法预料到,是一个意外收获,因而它们的出现是随机的、突然的和非逻辑的。从时间上来看,它们什么时候来,从空间上来看,它们受什么东西启迪而触发,都是不可能预期的,具有不确定性。关于这一点费尔巴哈有过精彩的论述,他认为只有在问题激起他的热情、引发他的灵感的时候,他才从事创造活动,但是"热情和灵感是不为意志所左右的,是不由钟点来调节的,是不会依照预定的日子和钟点迸发出来的"①。在科学史上,直觉、灵感等非理性认识方式突然来临,从而使问题得以解决的事例很多。这里仅举一例来说明。19世纪20年代,英国要在泰晤士河上修建一条水下隧道。如果采用传统的支护开掘法,松软多水的岩层很容易塌方。工程师布鲁内尔绞尽脑汁,每一种方案都被自己否定了,为此,他很是苦恼、一筹莫展。一天,他去公园散步,当他走累了,坐到一棵大橡树下休

---

① 〔德〕路德维希·费尔巴哈:《费尔巴哈哲学著作选集》(下卷),荣震华、王太庆、刘磊译,商务印书馆,1984,第504页。

息时，他无意中发现有只小虫在使劲地向坚硬的橡树皮里钻。布鲁内尔注意到，那只小虫虽然很弱小，可它是在其硬壳保护下进行"工作"的。此情此景使工程师恍然大悟：河下施工，为什么不能采用小虫钻树皮的方法呢？循着这条思路，布鲁内尔发明了"构盾施工法"，也就是先将一个空心钢柱体打入岩层中，而后在这个"构盾"保护下进行施工，最终一条水下隧道如期竣工。布鲁内尔的"无意中"和"恍然大悟"就说明了灵感的突发性。他的灵感的出现有两个因素：一个因素是，他虽然是在休息，但他的大脑仍然在思索工程设计的问题，只不过是以隐性的方式进行，另一因素是小虫钻树的诱导。需要说明的是，为什么只有小虫钻树才诱发他的灵感呢？布鲁内尔在公园时，肯定会关注很多事物，而众多的事物都没有引起他的注意，只有看到小虫钻树，他才恍然大悟。这是因为只有小虫钻树与他正在进行的工程设计具有相似性，而其他的事物虽然也映入他的眼帘，但都与他当时的工作不具有相似性，所以没有引起他的注意。这个事例说明，非理性发挥作用不是无缘无故地表现出来的，而是因为外在因素或内存因素与主体当下正在进行的工作具有某些相似性。

　　非理性认识的非逻辑性不仅表现为诱导性，而且还表现为认识过程中的创造性。从认识论的角度来看，直觉、灵感等非理性认识方式属于与新质有关的思维和认识方式，使认识发生质的飞跃。如果说归纳和演绎等理性思维方式主要表现了认识基于旧质的缓慢及其有步骤的进化，那么，非理性思维方式则主要表现了跨越常规的与新质有关的飞跃，这种新质的飞跃就是创造。所谓创造，是指将两个或两个以上概念或事物按一定方式联系起来，主观地制造客观上能被人普遍接受的事物，以达到某种目的的行为。简而言之，创造就是把以前没有的事物给产生或者造出来，或者是改变原来存在的事物的存在状态，这明显是一种典型的人类自主行为。因此，创造的一个最大特点是有意识地对世界进行探索性劳动。

　　长期以来，研究者们对于非理性创造性特点的认识存在分歧。绝大多数研究者认为灵感、直觉等非理性因素的创造性来自对大自然或人类社会的实践活动的摹仿，并且有大量的科技史或艺术史上的例证。歌德因听到一个少年失恋自杀而爆发《少年维特之烦恼》的创作灵感；罗曼·罗兰在霞尼古勒山远眺夕阳，而有了"看到"想象中的"约翰·克利斯朵夫"从地平线走来的创作灵感；画家列宾在涅瓦河畔遇到一群衣衫褴褛的纤夫，就有了创作《伏尔加河上的纤夫》的灵感；布鲁内尔看到小虫钻树而恍然大悟，发明了"构盾施工法"，使工程顺利完成等。通过这些事例，这类研究者得出他们的结论：在认识过程中，认识主体受到外界某种因素的刺激，他们的直觉、灵感、想象等非逻辑方式突然来临，使他们的思维瞬间活跃起来，形成他们创造的灵感，并把它付诸实践产生新的成果。凡是与非理性思维密切相关的成果都是具有创造性的，因此，苏联科学哲学家凯德洛夫甚至提出一个观点，即没有任何一个创造性行为能够脱离直觉活动。因此，他们认为，一个人的灵感仿佛是来自外界的某个因素的刺激或引导，从而大大加速了工作的进程。对于灵感的创造性作用，也有人认为非理性思维的创造性不是来自外界的诱导，而是人处在一种特定状态下产生的。被称为"美学之父"的鲍姆加敦曾指出，非理性思维的创造性是在灵感状态下产生的，他认为人的灵感状态有三个特征，他说："灵感状态下产生的艺术作品具有非摹仿性和不可重复性，在灵感状态中，思想感情的表达是十分敏捷和有秩序的；理智在灵感状态中，一方面承受鲜明的形象，另一方面又下降到感性世界，也就陷入迷狂和热情。"[1] 按照鲍姆加敦的看法，人在灵感状态下所创造出来的物品，并不是对自然物的摹仿，而人的思维"十分敏捷和有序"，人的理智处于"迷狂和热情"状态，达到如痴如醉的程度时，大脑的潜意识迅速激活知识和信息等素材，使长期蓄积起来的思维能量最终冲破各种思维阻碍而凸显出来，使实践和认识主体的思路清晰，使自己的思维发生质的飞跃，加快长期陷入僵局的工作进程，从而创造出独特的产品。这个产品具有"非摹仿性和不可重复性"，因而呈现出非理性的创造性。奥地利著名作曲家约翰·施特劳斯的圆舞曲《蓝色多瑙河》的创作就体现了灵感的创造性。一次，施特劳斯在一个优美的环境中休息，突然灵感涌现，当时他没有带纸，急中生智的施特劳斯迅速脱下衬衣，挥笔在衣袖上谱成一曲，这就是后来举世闻名的圆舞曲《蓝色多瑙河》。

非理性的非逻辑性、诱导性和创造性只是从认识方式、认识过程和认识功能上进行分析的，然而它们的出现不是空穴来风，而是主体在长期的实践中积累的结晶，"直觉思维的基本源泉是一个人在相对不变的环境中积

---

[1] 肖君和：《论思维》，时代文艺出版社，1989，第93页。

累起来的经验"①。同时还应看到，虽然直觉、灵感、想象等非逻辑方式是突发的，但它的发生也是有一个过程的，即准备阶段—酝酿阶段—迸发阶段—验证阶段。直觉等的非逻辑性和主观臆测性，就导致由非理性方式获得对事物本质的认识并不能保证都是正确的，而事实上通过直觉所获得的结论，在很多时候是错误的，贝弗里奇曾做的设想统计发现，只有7%的科学家认为自己的直觉一贯正确，有些著名科学家则认为他们的大部分直觉后来都被证明是错误的。因此，通过非理性方式所获得的结论就离不开理性逻辑的证明，更离不开实践的最后检验。

（二）整体性

非理性认识的非逻辑性，使认识主体在进行认识的过程中，摆脱了理性认识的抽象分析方法，它使用综合的认识方法，从整体上来把握认识对象，使非理性认识具有整体性。非理性认识的整体性表现在两方面：一方面，非理性认识的基础具有整体性；另一方面，非理性认识的方式具有整体性。

首先，非理性认识的整体性表现在它的基础上。我们知道，实践经验是认识的基础，离开了实践经验，非理性认识就成为无源之水、无本之木，人类甚至难以生存。非理性认识在人类认识上之所以永葆活力，是因为它深深地扎根在实践经验之中。所谓实践经验是指认识主体在长期的实践活动中，与客体相互作用，从而积累了对客体认识的内在体验。这种内在体验是主体在长期以来的实践活动中自觉或不自觉地获得的对客体的外在的或宏观的信息，而这些信息是未经逻辑整理的，因而它具有一定的整体性和全息性。建立在包含整体性和全息性的经验之上的非理性认识，就具有了整体性。非理性认识是个人经验的结晶，许多大思想家都认识到非理性认识与经验的这种关系。皮亚杰认为，直觉是客观对象的知觉与"内化的行为模式"的直接联系，这意味着认识主体在非理性及其因素的指引下，对事物的认识不是着眼于它的一个方面或某一个部分，而是注重事物各部分之间、各方面之间的内在联系，即注重的是事物的整体结构，柏格森曾形象地比喻为"钻进对象内部"对其进行直觉体验认识。非理性的这种整体性和内在性的特点不仅体现在西方哲学中，而且在中国哲学中也有更为

---

① 王天思：《理性之翼——人类认识的哲学方式》，人民出版社，2000，第136页。

突出的体现，"道""气""太极"等就既有整体性的认识和理解，也有内心的体验和感悟。爱因斯坦在《关于思维同经验的联系问题》一文中，把非理性认识同经验的关系以图式的方式做了形象的表述。在爱因斯坦看来，思维同直接经验的关系可以由直接经验、公理体系和个别结论间关系来说明。其中直接经验是已知的，公理体系是假设的，个别结论是由公理推导出来的；公理体系以经验为基础，但是它们之间"不存在任何必然的逻辑的联系，而只有一个不是必然的直觉（心理的）联系"；同时假定由公理体系推导出来的个别结论也是正确的，然后用经验验证个别结论，这一步"实际上也是属于超逻辑的（直觉的）"。① 由直觉经验所获得的认识是一个笼统的认识。因此，经验是未经逻辑整理的混沌知识，导致了非理性认识的非逻辑性和整体性。

其次，非理性认识的整体性还表现在认识途径上。我们知道认识的目的就是要获得对客观对象本质的、内在的、必然性规律的认识，然而在实际的认识过程中，单纯的理性思维是难以胜任的，因为理性的逻辑性使认识趋于程序化、固定化，加之采用分析的方法，只是抓住对象的局部特性，易导致片面性。理性主义的这种认识方式遭到非理性主义的强烈抨击。非理性主义者普遍否认真理的客观性，反对理性主义依靠抽象的逻辑推理和二元对立的知性思维来把握世界，他们认为只有依靠体验、直觉、情感等非理性的认识方法，才能认识世界。非理性的这些认识方式是认识主体在一定的环境下，凭借自己的直觉、情感等方式来获得对对象的整体认识，是不需要经过理性的分析推理，不假思索地从事某种活动。为了达到对事物本质的认识，认识主体在认识过程中不是着眼于事物的某一方面或某个部分，而是注重事物的部分与部分之间、各方面之间的内在联系，注重事物的整体结构。直觉情感体验最能呈现非理性认识方式的整体性。直觉情感体验，是指主体身临某种特定的环境而直接感受到并且未经理性思考而急速产生的情感体验。这种情感体验一般出现在比较紧急的环境下，如看到一个可爱的小孩子快要从桥上掉下来或者很有掉下去的可能而不经思考赶紧跑过去拉开，拉开以后才意识到可能小孩自己的身体平衡能力没有问题，思考假如错过拉开怎么办，是不是他的家人还在一旁有意测试孩子的

---

① 《爱因斯坦文集》（第 1 卷），许良英等编译，商务印书馆，1976，第 541 页。

平衡能力等问题。这时，如果主体按照理性的思维方式进行分析，就会产生两种不同的结果，一种是如果主体伸手去拉小孩，小孩出于防范不让主体拉，加速了他从桥上掉下去，这个主体岂不成了伤害孩子的人吗？如果主体伸手去拉的时候，情急之下自己失去平衡，与孩子一起掉下桥去，后果不堪设想。这么分析，主体就会事不关己，高高挂起，就会当作看不见一样。一种情况是，考虑到主体的行为使孩子的安全得到了保证，会给主体带来某些好处，所以才去拉孩子。我们看到，最后的结果是一样的，都把孩子拉开了，其安全有保障了，但是，它们所体现的人性论和价值观是不同的，正所谓"一念是善，再念是恶"，可见，直觉的情感是自身长期沉淀的基于尊重生命、关爱生命的情感的直接提取，未经过现场的充分准备与酝酿而产生应急判断，这时的判断一般来说，不会有善恶观念掺杂其中。

非理性的这种对客体进行整体认知的方式，无论是在西方哲学尤其是现代西方哲学中，还是在中国哲学中都有所体现。就是在重理性思维的西方，也有很多哲学家重视整体认识，其中以人本主义哲学家为典型。海德格尔在《存在与时间》中对此在把握世界的方式进行了翔实的论证。他认为，人们对世界的把握不是靠理性分析，而是通过怕、烦、畏、领会、闲谈、好奇、两可、沉沦、被抛、操心、死等方式来获得对世界的整体认识。他的这种把握世界的方式是把主体置于一定的情景中，主体通过自己的亲身体验和感悟而获得对世界的整体性认识。海德格尔指出："世内存在者都是向着世界被筹划的，这就是说，向着一个意蕴整体被筹划的……领会，作为此在的展开状态，一向涉及在世的整体。"[1] 他还认为向死是人对世界整体认知的本真体验，是对世界的真实把握，他说："此在能够获得某种死亡经验，尤其是因为它本质上就共他人存在。死亡的这种'客观'给定性于是也必定使某种对此在整体性的存在论界说成为可能。"[2] 柏格森的直觉主义认为，人是运用直觉去把握世界。所谓直觉是主体在当下的内心体验，它是一下子置身于具体绵延运动中的那种努力，总是有机地把握事物而不是分割它们。柏格森说："我们在这里所指的直觉尤其同内部的绵延有关。它把握没有位置并列的演

---

[1] 〔德〕海德格尔：《存在与时间》，陈嘉映、王庆节译，生活·读书·新知三联书店，2000，第177~178页。

[2] 〔德〕海德格尔：《存在与时间》，陈嘉映、王庆节译，生活·读书·新知三联书店，2000，第274页。

替，从内部而来的增长，把握从过去向已渗透着未来之现在的不间断的延伸。它是心灵对心灵的直接注视——无物插入其中，没有通过折射棱镜而来的折射，这棱镜中的一面是空间，另一面是语言。"① 与西方人相比，中国人更注重整体性体验。在中国人的思维中，把人、社会和自然界看作一个有机整体，从而用"道""气""太极""理"等概念来描述这个整体。无论是儒家的"易有太极，太极生两仪，两仪生四象，四象生八卦"，还是道家的"人法地，地法天，天法道，道法自然"，都主张把自然的发展变化看成整体的，并且其认识的最终目的是达到"天人合一"的最高境界。

非理性认识的整体性特点，一方面使它具有某种超逻辑性，另一方面，当理性思维在认识进程中受阻时，非理性思维形式能够跳跃这一障碍，从整体上把握和认识事物，推动认识的新突破，进到一个新阶段。

（三）内在性

由非理性认识的非逻辑性和整体性，就可以得出非理性认识的内在性。非理性认识与理性认识的不同之处在于，它不是主体围绕对象转，不是从事物外部对其进行分割、解剖来获得认识，而是将理解者和被理解者融为一体，"钻进对象内部"（柏格森语）对其进行直觉体验认识，因而非理性认识具有独特的内在性。非理性认识的内在性特点与人的心理因素密切相关。非理性认识是在经验的基础之上对客观对象进行直观的把握和理解，而这种认识和理解又往往是在包括无意识的心理层面进行，这就使非理性认识具有理性认识所不具备的一个重要特征：忘我或物我一体的境界。在这种境界中，认识主体就成为纯粹的主体，即无个体、意志和理性之分。在这种状态下进行认识，"人们自失于对象之中了，也就是说人们忘记了他的个体，忘记了他的意志；他也仅仅只是作为纯粹的主体，作为客体的镜子而存在；好像仅仅只有对象的存在而没有觉知这对象的人了"②。英国著名的哲学家、物理化学家 M. 波兰尼在其名著《个人知识：迈向后批判哲学》中把人对事物的认识觉察，分为"集中的觉察"和"附带的觉察"两

---

① 刘放桐等编著《现代西方哲学》修订本上册，人民出版社，1990，第 224 页。
② 〔德〕叔本华：《作为意志和表象的世界》，石冲白译，杨一之校，商务印书馆，1981，第 249~250 页。

大类。他还把人的活动分为概念化的活动和体验的活动。当"集中的觉察"和概念化活动相关联时,形成"言传的知识",而"附带的觉察"和体验的活动相关联时,形成"意会的知识"。这里的"附带的觉察"和体验的活动实际上就是非理性认识活动,而"意会的知识"是非理性认识和活动的结果。无论是"附带的觉察"、体验的活动,还是"意会的知识"都具有内在性。意会的知识比言传的知识更根本。波兰尼指出,我们能够知道的比我们能说出来的东西多,而不依靠意会的理解就什么也说不出来。意会知识是难以进行逻辑分析和进行批判性思考的,它是先于言传的知识。在日常生活中,人们也经常说对某某东西,只能意会不可言传。这是非理性的内在性在人们的日常生活的体现。正是意会知识的内在性,使得它难以言表,它只能存在于认识主体的内心深处,当外界的某一因素诱导,这些意会知识会使认识主体有所感、有所悟,但主体却又说不清楚所感所悟的内容是什么。这种"只可意会不能言传"的心理体验,就是内在性的最好描述。

非理性认识的非逻辑性、整体性和内在性,使它不以客观认识见长,而长于处理意义问题,特别是价值问题的解决。而这些又正好是理性认识所欠缺的,可以把非理性认识看作对理性认识的补充。因为,在人类的认识过程中,不只是单纯追求对对象的认识,同时也包括探寻价值问题,即善和美的问题,人类的认识实际上是在追求真善美的统一。可见,非理性认识是人类认识中不可或缺的一部分。

三 非理性认识产生的机制

(一) 机制的本质

"机制"一词最早源于希腊文,原指机器的构造和运作原理,借指事物的内在工作方式,包括有关组成部分的相互关系以及各种变化的相互联系和运行方式。机制的内涵在中西方的权威工具书中都有记载。中国的《学生辞海》对"机制"的内涵做了四项解释:"一是用机器制造的;二是机器的总体构造和工作原理;三是有机体的构造、功能和各器官间的相互关系;四是某个复杂的工作系统或某些自然现象的演变规律。"① 在美国梅里亚姆-韦

---

① 盛平主编《学生辞海》,海洋出版社,1992,1415 页。

伯斯特公司编的《韦氏词典》中，也给出了一个主要解释，即"涉及或导致某些行动，反应和其它自然现象的一系列相关的基本活动或过程"[①]。后来，人们将"机制"一词引入人文学科和自然学科，如政治学、经济学、生物学、医学通过类比借用此词，它们的"机制"就是指各个学科作为一个整体的功能，也了解它的内在工作方式，包括有关学科内部的结构组成部分的相互关系，以及其间发生的各种变化过程的性质。我们从"机制"的本意及其引申含义看出，机制一词无论是用于机器，还是人文学科和自然学科，对机制的理解主要包括三个方面的内容，即组成要素、运行原理及功能。组成要素主要是指构成一个对象的有机组成要素，这些组成要素决定了运行的情况和功能的本质。如石头放在阳光下不发生光合作用而树叶可以发生，根本原因是其构成要素不同。运行原理是指因为组成要素之间的相互作用、相互影响而体现的一种特有秩序的原理，这一原理规定和影响这个有机体的运行发展。功能是一种运行模式，是指一个有机体通过这种运行模式，来实现它的目的。任何机制必然产生某种功能，没有无谓的机制。

（二）机制的特征

机制的本质就决定了机制本身具有整体性、目的性和调控性。

机制的整体性是指，机制内容的三方面是一个有机整体，其中组成要素在机制中处于基础地位，起主导作用。机制的组成要素决定其运行原理和功能的本质；运行原理是按照一定的方法把机体的组成要素组织起来，使它们之间相互作用、相互影响，它一方面是对构成的体现，另一方面体现了该机制功能的优劣，对机制系统起约束作用；功能在机制系统中起反馈作用，按照一种运行原理进行下去，行动的结果是否达到预期目的，既能检验组成要素是否得当，也能检验运行原理是否正确。

机制的目的性。人类要生存和发展，就必须不断地从事实践活动，为了使实践活动能顺利完成并达到预期目标，就必须要对实践活动的对象进行能动的认识，人们在从事实践和认识活动过程中，总是根据一定的目的、要求去确定反映什么、不反映什么、怎样反映，做什么、怎么去做，采取什么样的机制来更快、更有效地达到预期目的，表现出主体认识活动的计

[①] 梅里亚姆-韦伯斯特公司编《韦氏词典》，世界图书出版公司，2000，第455页。

划性、目的性和选择性。机制的目的性也是主体的目的性和计划性。马克思说:"蜘蛛的活动与织工的活动相似,蜜蜂建筑蜂房的本领使人间的许多建筑师感到惭愧。但是,最蹩脚的建筑师从一开始就比最灵巧的蜜蜂高明的地方,是他在用蜂蜡建筑蜂房以前,已经在自己的头脑中把它建成了。劳动过程结束时得到的结果,在这个过程开始时就已经在劳动者的表象中存在着,即已经观念地存在着。他不仅使自然物发生形式变化,同时他还在自然物中实现自己的目的,这个目的是他所知道的,是作为规律决定着他的活动的方式和方法的,他必须使他的意志服从这个目的。"[1] 人的活动,就是围绕着"观念地存在"的目标和蓝图而进行的。因此,机制的目的性不仅预先规定了主体希望完成某项活动所需要的因素以及希望活动所要达到的目标,而且为实现这一目标又预先规定了运行原理。

机制的调控性。世界事物处在普遍联系之中,机体的构成因素确定以后,再按照某种方式进行运行,而机体的各要素在运行过程中,不仅机体内各要素间相互作用、相互影响,而且机体还要受到外界因素的干扰,这是因为"当我们通过思维来考察自然界或人类历史或我们自己的精神活动的时候,首先呈现在我们眼前的,是一幅由种种联系和相互作用无穷无尽地交织起来的画面"[2]。各种纷繁复杂的因素对机体的运行或产生积极的作用或产生消极影响,当产生积极作用时,就会促进机体的健康运行,并能有效地达到预期目标,这时,机体的运行机制的各个环节只需要有效地维护当下的正常运动,但是,当产生消极影响时,就会阻碍机体的运行进程,并使运行的结果不可能达到预期目的,这时,就需要不断地对机体进行调整,或者调整机体内部的组成要素,或者是调整机体运行的外部环境,或者调整机体的运行原理,直到运行结果与预期目的相一致。

依据"机制"的基本含义,我们尝试着给非理性认识的机制下个定义。非理性认识的机制就是指非理性在认识活动过程中,影响这种认识活动的各种因素的结构、功能及其相互联系,以及这些因素产生影响、发挥功能的作用过程和作用原理。非理性认识的形成,既有坚实的客观机制,又有主体依据,是客体物质运动和主体思维活动的辩证统一。因此,对非理性

---

[1] 《马克思恩格斯文集》(第5卷),人民出版社,2009,第208页。
[2] 《马克思恩格斯文集》(第3卷),人民出版社,2009,第538页。

认识形成的机制的分析就应从客观机制与其主体依据两大方面进行，以揭示非理性认识形成过程的基本动因和内在机制。对非理性认识产生的内在机制的研究，有助于在把握非理性认识的概念内涵、本质特征的基础上，进一步揭示非理性认识形成过程的奥秘，以达到对非理性本质的科学理解，从而推进非理性认识的深入研究。

（三）非理性产生的机制

1. 非理性认识产生的客观机制

作为人类认识之翼的非理性认识是主体在实践活动基础上，通过把握客体的运动规律，在理性思维受阻的时候，主体的大脑思维活动所产生的对客体的不确定性、随机性的能动反映。事物的现实存在以及它们之间表现出来的不确定性、偶然性和随机性，构成了非理性认识产生的客观机制的主要内容和基本方面。

客观物质世界是非理性认识产生的现实根据，也是非理性认识产生的客观机制的最基本的方面。非理性认识虽然没有客观对象与之直接对应，但它也绝不能脱离现实的事物，或与现实事物无关。认识主体在实践活动中其理性思维遇到障碍，活动处于停滞状态，不能进行下去时，主体被迫转移注意力，这时，主体对"停滞状态的活动"的思考就处于潜意识状态，后来，在另外一个环境中，主体受到另外一些与其正在进行的活动无关的事物的启发，迅速联想到自己的处于"停滞状态的活动"也可以按照类似的方式去做，从而使主体茅塞顿开，突破了思维瓶颈，加速了活动的进程，并最终完成这项活动。因而非理性认识必须立足于现实的客观实践活动，以对现实客观对象的认识为前提。非理性认识对客观世界的反映主要是就它的客观基础而言的。按照唯物辩证法和系统论的观点，世界是一个充满了极其多样的物质形态和现象的统一的物质世界。构成物质世界的具体事物或事件各自都是一个系统，这些系统都是由一定因素组成，而每一种因素也都是成系统的，这就表现出系统的层次性。在这个系统中，各因素又表现出相互关联和相互作用的关系，这些"关系"不仅表现为单一的因果关系，服从线性决定论，而且有时还呈现出偶然性、不确定性和随机性的关系，它们服从非线性的、非系统的决定论，这客观上就要求人们运用非逻辑认识方式来把握这些偶然的、不确定的和随机的"关系"。这种非逻辑的认识方式经过长时期的多次反复,就会在人的精神中逐渐凝聚和沉淀为非逻辑、无规则的非理性因素。因此,客观世界中偶然的和随机的现象,是非理性认识产生的客观机制,这种客观机制从最一般意义上奠定了非理性认识产生的基础。

非理性认识产生的现实根据,从信息论的观点来看,更容易得到理解和说明。辩证唯物主义认为,信息是物质的基本属性,客观世界中的一切物质都相互联系、相互影响和相互制约,形成不同的系统,并且系统内部或系统之间不断地进行着输出、传递、接收和保留信息。因此,客观世界在普遍的相互作用和能量转换的过程中,必然伴随着信息交互发展过程,因而人们在同客观世界发生实际的相互作用的过程中,就会自觉或不自觉地获得外部世界的相关信息。人们在日常生活中,获得外部世界的相关信息,既有在相关理论的指导下,通过有意识的认识活动获得的,即"观察渗透着理论""观察附载着理论";也有大量的日常认识,它并不是一种专门独立的认识活动,而是渗透在人们日常工作和活动之中,没有明确动机和目的的认识活动。这种认识活动,具有很大的随意性、不自觉性和无意识性。因此,日常认识在很大程度上是在潜意识下进行的。例如,人们处于半睡眠、睡眠和做梦等潜意识状态下的非理性认识活动,也会把相关的信息传递给主体。主体有时候也可以从这些非理性认识中得到解决实践中的难题的思路。因此,人们的认识是理性和非理性共同完成的。

马克思主义的认识论认为,认识是主体在实践基础上对客体的能动的反映。人的认识过程是一个实践基础上不断深化的发展过程,并且这个过程不是线性的而是极其复杂的活动过程,因而,"人的全部认识是沿着一条错综复杂的曲线发展的"[①]。实践和认识的主体,对任何一个实践对象的认识,必然要经历一个"模糊—精确—模糊"的辩证否定过程,没有模糊性就没有精确性。从心理基础看,人的认识觉察活动有集中觉察和附带觉察两种基本形式,集中觉察就是有意识的觉察,附带觉察是无意识的觉察;从反映功能看,认知主体具有概念思维和体验把握两种方式。集中觉察和概念思维作为显意识,获得的信息形成"言传的知识",它形成人的意识活动,固然是认知过程中的重要一面,而附带觉察和体验把握作为隐意识,沉淀和累

[①] 《马克思恩格斯文集》(第9卷),人民出版社,2009,第493页。

积为人的无意识活动，所获得的信息汇集而形成"意会的知识"，也是认识活动中必不可少的一面。一般来说，显意识较多地表现了精确性，主要是因它们有较强的目的性、能动性以及较多运用逻辑思维；而隐意识则更多地呈现模糊性，主要是附带觉察更多地表现了随机性，而体验把握又多为直觉思维方式的缘故。从认识主体的认知过程来看，多呈精确性的显意识活动与多呈模糊性的隐意识活动，往往是相辅相成的。两者都处于激烈的运动状态。这时，如果受到外界偶然的、随机的信息的刺激，或者因为意识处于休息或放松状态时，不能掩盖、控制住潜意识，激烈运动、活动的潜意识就会将长期以来由"附带觉察"所获得的信息进行自动的排列组合，一旦找到了主体百思不解的"临界点"，当无意识与显意识相沟通时，就会以直觉、灵感、想象等非理性认识方式获得对对象的模糊认识。而且，认识只有在后者的认知积累的基础上，才可能有前者的理解和表达。换句话说，充实的精确认识是建立在充分模糊认识的基础上，模糊认识是精确认识的基础。

总之，由于人们的实践的需要，客观世界中存在大量偶然的、不确定的和随机的现象和信息，以显意识或潜意识的方式反映到人们的认识活动和思维活动中，而那些大量的以潜意识方式存在于主体中的认识方式和思维方式，在外界不确定因素的刺激下，就凸显出来，使陷入停滞状态的理性思维摆脱困境，推动认识和实践活动前进。因而，社会实践活动以及客观世界中的偶然的、不确定的和随机的现象和信息就成为人们的非理性认识方式产生的客观机制。

2. 非理性认识产生的主体依据

主体作为"有意识的类存在物"，是一种具有意识和生理结构的生命体，其基本构成要素是意识要素和生理要素，在生理要素中大脑是核心。人自身的内在结构及其属性就是认识形成的主体根据。非理性认识一般是指认识主体在实践活动的基础上，通过心理和生理人脑这一物质器官的思维活动而产生的，对客体在运动中表现出来的偶然的、不确定的和随机的现象的反映。因此，同一般认识一样，对非理性认识产生的主体依据的考察实质上也就是对非理性认识产生的生理心理机制和思维机制进行理论上的探索。

（1）非理性认识的生理和心理机制

认识是主体在实践的基础上对客体的能动反映。就意识的本质来看，意识是人脑的机能，是主体对客观世界的能动的反映。要揭示非理性认识产生的生理和心理机制,实际上是对人脑何以能够反映外界对象以及人们在反映外界对象时的心理、生理机制进行透析。

非理性认识虽然属于精神领域,但并非纯粹的精神存在,它有其现实的物质基础。马克思主义哲学及现代科学告诉我们:意识和思维是人脑的属性。人脑的肉体组织和生理结构,是人类意识和思维能够进行信息加工、从事认识活动的物质载体。思维的现实展开和实现必须以人脑的结构及其功能的发挥作为生理机制。因此,主体的非理性认识能力必然根植于人脑的结构及其功能实现的机制之中,必然有其坚实的生理机制即有一定的人脑结构及其功能与之对应。对非理性认识产生的生理机制的研究必须放在科学基础之上,才能正确说明。列宁曾经在批判米海洛夫斯基曲解马克思思想的时候,指出所谓的"形而上学家"的研究方法的本末倒置,他说:"过去任何一门科学都从形而上学开始,其最明显的标志就是:还不善于着手研究事实时,总是先验地臆造一些永远没有结果的一般理论……这种方法是很荒谬的。……在这里要想有所进步,就必须抛弃那些什么是灵魂的一般理论和哲学议论,并且能够把说明这种或那种心理过程的事实的研究放在科学的基础上。"① 列宁的这段话对于研究非理性认识产生的机制具有十分重要的指导作用,因为在认识史上,理论家们对认识产生机制的研究往往是以假设或猜测的形式出现。早在古希腊时期,由于当时科学不发达,逻辑思维还不成熟,人们在认识外在对象时,在多数情况下是以自己的主体经验为依据,凭借自己的直观对外在对象进行判断。这一时期的认识机制多半以直观、素朴、经验的描述为主,如恩培多克勒的"流射说"、德谟克利特的"影像说"和亚里士多德的"蜡块说"。德谟克利特设想,人的感官具有接受对象流射出的影像的孔道,对象作为原子构成物会流射出更精微的原子作为其影像,这些影像被主体所接收,就产生了感觉、思想、观念。到近代,最有名的是洛克的"白板说"和休谟的"联想说"。而唯理论认为,知识是人脑先天固有的东西,本身不存在形成过程。这些观点都不是"在科学的基础上"得出来的,一方面是由于这些"形而上学家们"的思维方式不正确,另一方面是由于当时的科学不够发达。因而这些理论是"纯粹先验的、独断的、抽象的议论","要知道,这样的理论,就其存在来

---

① 《列宁选集》(第1卷),人民出版社,2012,第18~19页。

说，已是无用的，就其基本方法，就其彻头彻尾的暗淡无光的形而上学性来说，也是无用的"①。

现在，人类进入信息社会，科学技术相当发达，尤其是现代神经生理学、神经心理学取得了辉煌成就，这就为非理性认识机制的研究提供了科学基础。因此，我们在对非理性认识产生的生理、心理的机制研究的过程中，需要把这种或那种生理、心理过程的事实的研究放在现代科学的基础上。

神经生理学、解剖学和心理学研究成果表明，人的大脑是意识和精神的主要器官，它是人的神经系统的最高部位。神经系统是由神经元构成的一个极为复杂的机能系统，根据结构和功能的差异，可以将神经系统分成中枢神经系统和周围神经系统两部分。中枢神经系统又包括脑和脊髓，而周围神经系统包括传入脑、脊髓的内向神经和由脑、脊髓传出的外向神经，包括脑神经、脊神经、植物性神经。全身的神经系统统一于大脑两半球。

脑划分为大脑、间脑、中脑、脑桥、小脑和延髓，延髓以下是脊髓。整个脑是一个结构和功能极为复杂，运行也极为复杂的器官，是人的精神活动的主要承担者。现代神经心理学、解剖学的成果告诉我们，人脑是由许许多多神经细胞组成的。细胞种类很多，脑科学研究发现，估计有5000万种细胞，总数约有1000亿或10^{11}个。每个神经细胞的边缘又都有若干向外突出的部分，被称为树突和轴突。在轴突的末端有个膨大的突起，叫作突触小体。每个神经元的突触小体跟另一个神经元的树突或轴突接触，叫作突触。神经元通过突触跟其他神经元发生联系，并且接收许许多多其他的神经元的信息。神经元传递和接收信息的功能，使大脑具有认识的生理机制，自然也是非理性认识的生理机制。大脑结构的这个特点，说明大脑是一个庞大而且复杂的信息储存库。这些信息由大脑两半球来处理。从大脑的功能来看，在正常情况下，大脑两半球是协同活动的。进入大脑任何一侧的信息会迅速地经过胼胝体传达到另一侧，做出统一的反应。但大脑两半球的功能各有所长，神经生理学、神经心理学研究成果表明，左脑主要具有逻辑、理解、记忆、分析以及语言等功能，又被称为语言脑，控制身体右侧活动。左脑发生病变时，就可能造成言语不清、失语，病人不能听懂外界人员的语言，不能理解，也许不能表达。右脑负责形象思维，在

---

① 《列宁选集》（第1卷），人民出版社，2012，第11页。

空间、形象、记忆以及美术、音乐、想象等方面起主要作用，又被称为艺术脑，控制身体左侧的活动。两半球对外部信息处理的方式也各不相同，左半球进行串行的、继时性的信息处理，采取收敛性的因果式的思考方式；右半球进行并行的、空间的信息处理，采取发散性的因果式的思考方式。因此，它们在解决任务时表现出了不同的特点：左半球善于完成有固定结构的任务，善于加工语言提供的间接信息，以归纳的方式找出事物之间的因果关系，发现事物的内部规律；右半球则善于完成开放性、灵活性的任务，能够对事物的形象或表象进行同时性的直觉加工。①

　　脑科学家最近的研究发现，右脑有许多重要的高级功能，这些功能主要体现出右脑的五大特点。一是右脑是"祖先脑"，它有一个隐蔽得很深的重要功能，即保留和储存从古至今人类进化过程中的遗传因子的全部信息，它可以随时随地影响后代心理和行为的倾向性。这一发现为人类发展受先天和后天共同影响找到更深层可靠的依据。二是右脑是"无意识脑"，是人类精神生活的深层基础，做梦、顿悟等"无意识"心理过程，主要受右脑控制。三是右脑是"节能脑"，右脑不需要很多能量就能高效率地工作，这与它独特的处理信息的方式密切相关。右脑储存的信息是左脑的10万倍，这使得它处理信息的方式与左脑有别。右脑用表象思维，左脑用语词逻辑思维。右脑信息处理机制是空间依赖的、同时的、并行的，左脑是时间依赖的、序列的、串行的；右脑是形象的、直觉的，左脑是逻辑的、理性的；右脑是描述的、模拟的，左脑是分析的、数字的。四是右脑还是"行动脑"，人类的行为，特别是大量情绪性行为，均处于右脑的控制之下。右脑的直觉判断不是以一个步骤接着一个步骤的方式达到的，而是顷刻之间达到的。右脑这种"整体审视、瞬间判别"的高度组织特性，有利于人类趋利避害、保存种群。五是右脑是"创造脑"，人类的创造之魂在右脑。右脑的祖先因子，10万倍于左脑的信息量以及迅捷高效的信息处理方式，使它具备了卓绝的创造天性。

　　从上面的分析可以看出，脑的左右半球的功能是不相同的，有明显的功能区别。但是任何高级心理过程，又都是大脑两半球协同作用的结果。现代脑功能模块论的研究，为左右脑功能的整合性提供了依据。如语言功

---

① 彭聃龄主编《普通心理学》，北京师范大学出版社，2004，第47~65页。

能中枢,过去以为是在左半球,而现代研究表明,右脑并不是无声的,语言的语音和句法的功能在大脑左半球,加工词语语义的功能左右两半球均有,右半球表现出了对具体形象的词语有较高的储存和提取的能力。对大脑损伤病人的研究发现,在言语交往中,左半球只能表达和理解事实,但不能表达和理解情感,不能表明他对事实的情感和态度,也不能理解别人说话的情感和态度。胼胝体联结纤维的沟通作用使左右半球功能的互相整合、互相补充、互相协调成为可能。胼胝体的信息传递可达40亿次每秒,这样的信息传递量表明,任何高级心理活动都必须依赖于大脑两半球不同功能、不同工作方式的互补和协调才能进行。

还有一种观点认为,大脑分为旧皮质层和新皮质层。旧皮质层主要与本能活动及某些情感有关,具有脑的动物都有旧皮质层;而新皮质层主要与理智、信念、意志及某些情感有关,它是随着动物的进化,在旧皮质层上增殖的新的覆盖层。人类的新皮质层最发达,尤其是被认为是信念、意志和创造中枢的额叶部分,在整个新皮质层中的比重,人占29%,猿占16%,狗占7%,猫占3%。正因为有了新皮质层,人才有了意识活动。人脑的功能,就是脑干、旧皮质层与新皮质层的对立与交互作用的表现。[①] 旧皮质层是人与生俱来的,后天的实践活动使其功能更加完备,而新皮质层则完全是后天在一定的社会环境下发育而来的,人的新皮质层最发达。在进化过程中,人类面临着人与自然、社会以及自身的更多、更复杂的矛盾,为了解决这些矛盾,必须有更强的大脑硬件来支持,促使皮层不断地扩容,于是颅骨腔体增大、皮层折叠生成。如果离开了一定的社会环境,新皮质层就不可能有这么发达。印度"狼孩"的事例就是例证。从个体成长的历程来看,随着大脑发育成熟,新皮质层逐渐取代旧皮质层占主导作用。

人的非理性认识的发生主要是以人脑的右半球作为其生理机制的。人的非理性活动包括无意识、直觉、情感和意志等因素,这些因素的发生更具体地依赖于相应的生理基础。

从大脑神经过程来考察,阈限上的、强度较大的刺激是形成有意识的生理根源。而阈限下的、强度较小的刺激是形成无意识的生理根源。阈限下的刺激是指那些强度不大的,不能使我们觉察到的刺激。这种刺激能引

---

① 夏军:《非理性世界》,上海三联书店,1998,第218页。

起主体的阈下反映,这些反映是无意识形成过程的一部分。阈限上的弱刺激也能形成无意识,因为阈限上的刺激并不是完全同质的,它们之间也有强弱之分。正因为这一原因,虽然实际上达到了知觉的绝对阈限,但由于高级神经活动的诱导规律,对强的特性知觉就抑制了对弱的特性知觉。因此,这些弱的特性知觉就不能进入有意识中,而只能成为一种无意识。

直觉是大脑的一种独特的高级功能,尽管现代科学还没有完全精确地揭示出直觉的生理机制,但现代脑生理学对大脑的网状结构和左右半球的研究结果,已初步证实了大脑的复杂结构和功能,为探索直觉发生的生理机制提供了科学依据。在人的大脑下面有一个被称为脑干的部分,解剖学上将脑干内许多大小不同、形态各异的细胞小集团和纵横交错的神经纤维网,统称为网状结构。网状结构的功能之一,是依靠上行系统和下行系统维持大脑的兴奋水平,使之保持觉醒状态或睡眠状态,调动整个中枢神经系统的活动状态,也参与感觉意识活动。在直觉发生的渐进过程中的中断和顿悟,以及从无意识状态向有意识状态的过渡,都与意识的觉醒程度有关。而意识的觉醒状态又是由网状结构所决定的,因此可以说,脑干网状激活系统正是直觉及其顿悟发生的初级生理机制。

情感的发生也依赖于一定的生理机制。一般来说,情感主要源于大脑皮层下中枢(丘脑、下丘脑、边缘系统和网状结构),大脑皮层控制着皮层下中枢的活动,调节着情感。

意志活动是大脑皮层支配下的一系列随意动作所组成的活动,而随意动作是由大脑皮层的运动区和感觉区调节和控制的。人的意志不仅受大脑皮层的运动区和感觉区调节和控制,而且受整个大脑皮层的调节和控制。小脑和网状结构对意志行为的调节也起着重要的作用。①

非理性认识的产生不仅依赖其客观机制和生理机制,而且也要通过一定的心理机制才能产生。一般的认知反映是有具体的客体作为反映对象的,反映的内容实质上是对客体的"复写、摄影、反映"。反映的内容和客体形成了对应关系。而非理性认识不是对某一具体客体的反映,不可能在客观世界中找到它的具体客观根据和反映对象,客观对象和非理性认识之间也不可能形成具体的一一对应关系。尽管非理性认识的反映过程有其特殊性,

---

① 胡敏中:《理性的彼岸:人的非理性因素研究》,北京师范大学出版社,1995,第127页。

是在不确定的外界或内在环境的刺激下才能发生，但它毕竟服从于认识论的一般规律，它离不开反映，心理的凝聚和沉淀也是反映，只不过更间接一些罢了。这就是说，非理性认识不是对某一具体客观的反映，它只能是以主体正在从事客观实践活动为宏观背景的更为间接、更为混沌的反映，并且，这种反映又不是一次性就能形成和产生非理性认识，非理性认识是经过多次反复的反映而逐渐凝聚和沉淀而成的。因此，凝聚和沉淀就是非理性认识形成的心理机制，这种心理和认知的逐渐凝聚和沉淀，一旦达到了定势的程度，就会使非理性认识具有自发性、突发性和非逻辑性等特点。

总之，从主体的生理结构和心理活动来看，人类的非理性认识的发生主要是以人脑的旧皮质层和右脑作为其生理机制的，以人类的凝聚和沉淀为其心理机制。主体的生理机制和心理机制只是说明了非理性认识的产生要以人的生理和心理作为条件，但并不能说明非理性认识的现实发生。主体的生理和心理结构只能为非理性认识的产生提供了一个可能条件，而非理性认识的真正产生必须在后天社会实践活动中才能实现。

（2）非理性认识的思维机制

我们探讨了非理性认识的生理机制和心理机制，从物质层面对非理性认识产生的主体依据做了生物学、心理学的解释。但非理性认识作为主体认识的重要组成部分，与基于纯生理机制和心理机制的反映不同，后者是以过去无数次重复作用于自己的祖先或多次重复作用于自己的那类现象或事件为对象，以生理的遗传结构或暂时接通的神经通路为基础，与外界建立的一种刻板的联系。它是机体在生物学意义上的功能特性，不是认识论意义上的对环境条件的自觉把握。因此，我们对非理性认识的主体依据不仅需要分析其生理、心理机制，还需要研究其思维机制，即对非理性认识通过人脑的思维活动具体展开的内在机理进行透析。否则我们对非理性认识的主体依据的分析就很容易与生物学意义上的反映混淆，且不足以揭示非理性认识产生的主体依据的真实所在。

人是能思维的动物。"思维是人的中枢神经系统，特别是大脑受外界各种刺激而引起的"[①] 运动。这就意味着，思维是对客观事物的反映，也要遵循一定的规律。正如恩格斯所言："我们的主观思维和客观世界遵循同一些

---

① 钱学森：《关于思维科学》，转引自肖君和《论思维》，时代文艺出版社，1989，第8页。

规律，因而两者的结果最终不能互相矛盾，而必须彼此一致，这个事实绝对地支配着我们的整个理论思维。"① 客观世界中除了线性规律外，也还存在大量的非线性规律，这就决定了与非线性规律相一致的思维必须是非逻辑思维。从思维学的角度看，思维包括抽象（逻辑）思维、形象（直感）思维和灵感思维。后两种思维应属于非理性思维。因此，我们进行非理认识研究，就有必要对其思维机制进行分析。

非理性认识的主体依据是指主体能进行非理性认识的能力，特指主体通过非逻辑思维活动直接把握对象的能力。它具有非逻辑性、潜意识性、突发性、整体性和内在性等特性。非理性思维（主要是直觉、灵感、想象、潜意识思维，以下均同）作为人脑的属性，是以人脑的结构和机能为生理物质基础的，人脑的结构和机能决定非理性思维的品质。非理性认识的发生、发展尽管以人脑的机能属性为生理基础，但它并不受生物规律支配，而是遵循更高级的社会思维规律。人的社会性决定了个人与个人、个人与群体、群体与群体之间必然要进行思想交流，相互沟通情感和思想，并在交流中使人们的思维在内容、动力、能力等方面相互促进、相互补充。人们在相互交流中，在不经意间受到对方的某一句话或某一个行为的启发而产生灵感，为自己陷入困境的工作提供一个解决思路，让工作出现"柳暗花明又一村"的局面。非理性思维能力在社会实践和交流中经历了由量变到质变的过程，从而引起"渐进过程的中断"，实现认识的"飞跃"，从而加速实践的进程。

我们知道人类认识是由理性认识和非理性认识组成的统一体，也就决定人类的思维是由理性思维和非理性思维相互协调、相互作用的统一体。非理性认识，就其思维品质而言，是以思维的非线性规律为依据，结合主体的需要、价值、愿望、意志等主体性因素的内在要求，对事物的本质及其发展变化进行认识的一种潜在思维活动。人的现实思维是知、情、意的对立统一，是事实认识和价值认识交互作用的多维结构和功能系统。非理性思维与理性思维的区别在于：从思维的严密性来看，它是非逻辑的，从思维的过程来看，它是"渐进过程的中断"，从思维的结果来看，它是创造性思维。

非理性思维不以概念作为出发点，也没有严格判断和推理，更不借助语法和语义学，然而却能产生理性思维所不能产生的意外效果。思维的渐

---

① 《马克思恩格斯文集》（第9卷），人民出版社，2009，第538页。

进阶段,是人类思维的起点,是人们从一定的事实材料出发,遵照某种因果关系,按概念、判断和推理的形式亦步亦趋地进行的,如果离开了这种严谨的逻辑思维也就无法思维了。但只按这种思维来思维,其结果最佳值只是"发现",当这种思维达到饱和程度时,即思维的目标无法实现时,这种渐进式思维就被迫中断。然而,此时思维又没有完全中断,只不过表现为潜在思维状态,具体来说,是理性思维处于休眠状态,而非理性思维处于工作状态。一旦遇到诱因,非理性思维就及时抓住所要解决问题的实质,思维立刻飞跃到一个新的层次,于是便有茅塞顿开、豁然开朗之感。非理性思维在科学史上具有非常突出的地位。大科学家爱因斯坦对非理性思维有很高的评价:"写下来的词句或说出来的语言在我的思维机制里似乎不起任何作用。那些似乎可用来作为思维元素的心理实体,是一些能够'随意地'使之再现并且结合起来的符号和多少有点清晰的印象。"① 我国著名科学家钱学森认为:"凡是有创造经验的同志都知道光靠形象思维和抽象思维不能创造,不能突破;要创造要突破得有灵感。"② 非理性思维对科学的发展起过很大的作用,在科学史上有很多事例可以证明。我们这里仅举一例来说明。法国数学家彭加勒"在对一个问题久思不得其解时,他来到海边休息几天想些完全不相干的事情。一天,在山岩上散步的时候,他简洁、突然和直截了当地想到,不定三元二次型的算术变换和非欧几何变换方法完全一样"③。我们可以把彭加勒对"不定三元二次型的算术变换"的思维过程分为五个阶段进行解析:第一阶段,思考问题解法的认知逻辑思维。这种思维是以问题提出、问题的预设为前提,是在显意识领域中进行的,是指理性思维力求在已知问题的解决方案中求索答案的思维活动,一旦经多方自我思维也没有找出解决办法或答案时,大脑思维主体逐渐走向疲劳,自我保护趋向排斥再次思考这个问题,即思考这个问题的思维趋向及活动被大脑主体排斥,需要暂时遗忘。彭加勒考虑这个问题很久,依然没有找到头绪后,就去海边散步,"想些完全不相干的事情"。事实上,"想些完全不相干的事情"表明彭加勒的思维已进入第二阶段:思维抑止阶段。在这

---

① 《爱因斯坦文集》(第 1 卷),许良英等编译,商务印书馆,1976,第 416 页。
② 钱学森:《关于形象思维问题的一封信》,《中国社会科学》1980 年第 6 期。
③ 田运:《思维科学简论》,北京工业学院出版社,1985,第 116 页。

一阶段，大脑主体思维对所要认知的事物、所要解决的问题，即"不定三元二次型的算术变换"问题是排斥、抑止的，是愿意"遗忘的"，但由于大脑的各个神经细胞分属不同皮层，具有独立的生物体现象，也由于不同的大脑皮层受到"问题解决"的刺激或激活的深度不同，大脑主体愿意"遗忘"，而大脑其余部分，一些皮层单位不愿意"遗忘"，愿意继续工作，但这样的工作显然是大脑主体不知觉的，是潜意识地探寻某方面的信息："不定、三元二次型的、算术变换、非欧几何的、变换方法"等。当大脑的一些皮层不愿意"遗忘"，愿意以潜在方式继续工作时，一旦捕获到一些大脑主体思维所要认知的事物、所要解决的问题的新信息，并认为这些新信息可能对问题的解决有帮助时，就会立即向大脑主体汇报，于是思维进入第三阶段：潜意识逻辑认知阶段。此时仍是潜意识的，彭加勒的整个思维的过程是：完全一样—不定三元二次型的算术变换—非欧几何的变换方法—不定三元二次型的算术变换和非欧几何变换方法完全一样。此时，思维的潜意识转向意识，进入第四阶段，既然不定三元二次型的算术变换和非欧几何变换方法完全一样，那么问题就能解决了，这一阶段可称为显意识逻辑认知前期，此时的大脑正逐渐苏醒，即大脑的各个单位、各个组织正逐渐转向激活状态和工作状态中。当大脑被全部发动起来，"问题的具体解决方法和过程"就成为大脑思维的中心任务，于是就回到显意识领域，进入第五个阶段：逻辑描述、验证和完善阶段。从这个事例可以看出，非理性的思维机制是认识主体依据的重要组成部分，当理性思维面对各种"疑难杂症"无能为力的时候，非理性思维就会冲锋陷阵，清除理性思维过程中的各种障碍，打通理性思维通道，推进思维整体的发展。

  从这里我们可以看出，非理性思维是在理性思维的基础上进行思维的，是认识主体长期实践活动的积累和沉淀的结果，最后也还要以理性思维的形式表达出来。正如爱因斯坦所说："只在第二阶段中，当上述联想活动充分建立起来并且能够随意再现的时候，才有必要费神地去寻求惯用的词或者其他符号。"①

  综上所述，非理性认识的产生有生理、心理和思维等综合基础，这些基础构成了非理性认识的主要机制。

---

① 《爱因斯坦文集》（第 1 卷），许良英等编译，商务印书馆，1976，第 417 页。

第五章　非理性因素在人类认识中的作用

从古希腊时期起，对人的理解就是，人一半是野兽，一半是天使。兽性是人性中一个必不可少的、回避不了的部分。所谓兽性就是自发性、攻击性、情绪性和本能；所谓天使性就是预定的、理性的和克制的特性。人的这种双重特性，在人类发展历史上，有许多思想家从不同角度给予揭示。亚里士多德认为，人是"理性的存在物"，是政治的动物，A.阿德勒认为人是"希望的存在物"。先哲们的研究表明，人既是理性存在物，也是非理性存在物，只是他们从自己的研究角度，突出了其中的一面而贬低了另一面。事实上，如果综合他们的研究，我们就更能清楚地看到，人作为一个特殊的物种，作为一个完整的人，是理性和非理性的统一体，从而构成完整的认知结构和人性结构，没有理性或没有非理性的人，都不是现实的和完整的人。这一点马克思有比较精确的论述。"人以一种全面的方式，就是说，作为一个完整的人，占有自己的全面的本质。人对世界的任何一种人的关系——视觉、听觉、嗅觉、味觉、触觉、思维、直观、情感、愿望、活动、爱，——总之，他的个体的一切器官，正像在形式上直接是社会的器官的那些器官一样，是通过自己的对象性关系，即通过自己同对象的关系而对对象的占有，对人的现实的占有。"① 马克思这段话中所说的"个体的一切器官"就既包括理性的器官，也包括非理性的器官，正是通过这些器官，人才能占有对象，也就是能够认识对象，这就意味着，在人类的认识中，理性和非理性都起着重要作用，只有理性认识和非理性认识相互依存、相互作用，人类认识才能得以存在和发展。二者构成人类认识的两翼。本书由于主题的限制，主要分析非理性在人类认识中的作用。

---

① 《马克思恩格斯文集》（第1卷），人民出版社，2009，第189页。

我们知道，人类认识是一个矛盾的统一体，即在人类认识中理性认识居于主导地位，对非理性认识有指导、制约和控制作用，而非理性认识处于从属地位，对理性认识有补充、诱导、激励、驱动作用。因此，在具体的、实际的认识和活动中，单凭理性认识不能够完成认识任务，只有与非理性认识协作才能够完成。这是由主体自身是理性存在物和非理性存在物的特点，以及认识对象的复杂性所决定的。从主体是理性存在物和非理性存在物来看，主体在认识过程中，一般来说，是以理性的方式来认识对象的，但理性认识方式自身具有逻辑性、固化性和收敛性，有时使认识陷入停滞状态，这时被迫让位于非理性认识方式，从而使认识呈现出"柳暗花明又一村"的新局面。从认识对象的复杂性来看，主体的认识对象纷繁复杂、包罗万象，而这些纷繁复杂的对象之间既存在必然性、因果性的关系，也存在偶然性、非因果性关系，理性认识方式具有程序性、逻辑性，它对偶然性、非因果性关系是无能为力的，而非理性认识方式具有非逻辑性、整体性、内在性和灵活性，能够对主体认识对象中出现的偶然性、非因果性关系加以把握。可见，非理性认识是人类认识中不可或缺的一部分，而非理性在人类认识中的作用是通过具体的非理性因素的作用体现出来的。所谓非理性因素是指认识主体在认识过程中出现的非逻辑的思维方式以及主体心理结构上的本能意识。前者是一种不自觉的认识能力，包括直觉、灵感、想象和顿悟等；后者实际上是一种精神力量，它虽然不是独立的因素，却渗透到主体的认识和活动中，从而推动人类认识的发展，它包括情感、意志、无意识、信念和欲望等。

因此，下面我们分析非理性在人类认识中的作用，也是通过分析具体的非理性因素来进行的。非理性因素在人类认识中既起积极作用也有消极影响。非理性因素在认识方面的积极作用主要表现为动力作用、选择定向作用和调控作用等，而非理性因素的消极作用是对认识活动起束缚阻碍作用、误导作用以及消极的认知定势影响人类认识向纵深方向发展。

一 非理性在人类认识活动中的动力作用

认识是主体在实践基础上借助认识工具对客体进行的能动反映。这说明一个完整的认识活动是由多种因素组成的，因此，推动主体进行认识的因素也是多种多样的。长期以来，中国理论界把认识的动力仅仅归结为实践，这一方面是从宏观认识论的角度出发来考察认识的动力因素，这肯定是正确的，另一方面可能是受传统哲学原理教科书的影响。传统哲学原理教科书在讲到认识的动力时，只是阐述了实践是认识的动力，而没有提到其他的因素，这就给人造成一种错觉，以为认识的动力只有实践一个因素。强调实践是认识的动力因素，并没有错，但是如果把认识的动力仅归结为实践，那就不一定对了。事实上，马克思主义经典作家在强调实践是认识动力的同时，也承认了非理性在认识中的动力作用。恩格斯指出："世界体系的每一个思想映象，总是在客观上受到历史状况的限制，在主观上受到得出该思想映象的人的肉体状况和精神状况的限制。"[①] 同时他还指出："就单个人来说，他的行动的一切动力，都一定要通过他的头脑，一定要转变为他的意志的动机，才能使他行动起来。"[②] 这就说明，人的认识是离不开其内部条件的。

根据系统论的观点，任何事物的发展，绝不是某一个因素单独起作用，而是多种因素构成的有机整体综合作用的结果。认识发展也是如此，它是由多重动力因素共同组成的动力系统来推动的。在认识的动力系统中，大体上包括社会实践、认识的内部矛盾和主体的精神结构等子系统，而精神结构又可分为理性因素和非理性因素等次子系统。限于本书的主题，只对非理性因素加以分析。非理性因素作为认识发展的动力源泉也不是某一个因素单独作用的结果，也是多种因素共同组成的动力系统共同推动的。具体表现为：主体内在的欲望、需要体现出来的需求作用，情感和情绪的激励作用，意志的推动作用。

（一）需要、欲望：主体认识的内在动力的需求作用

人的需要，从其最一般意义来看，是人与外部环境之间的一定价值关系，或者说是由人与外部环境之间的某种不平衡关系而引起的人对外部环境的渴求和欲望。人的需要不仅反映出人按自己的内在尺度能动地认识和改造客观世界的必然性，而且表现为人的欲望、情绪、意志等一系列非理性活动。人类的一切对象化活动无非是要使自己的需要得到对象化、现实

---

① 《马克思恩格斯文集》（第9卷），人民出版社，2009，第40页。
② 《马克思恩格斯文集》（第4卷），人民出版社，2009，第306页。

化，为满足主体的某种需求服务。正如马克思批判施蒂纳时所说的那样，"任何人如果不同时为了自己的某种需要和为了这种需要的器官而做事，他就什么也不能做"①。人的需要是其从事一切活动的动因，如认识活动、思维活动和实践活动等。而人的欲望和需求是多种多样的，具有系统性和层次性，从需要的起源看，人的需要包括生理需要和社会需要。就人与自然界的关系而言，"经济上的需要曾经是，而且越来越是对自然界的认识不断进展的主要动力"②；就人与社会的关系而言，把人和社会"连接起来的唯一纽带是自然的必然性，是需要和私人利益"③。从需要的对象来看，可以把需要分为物质需要和精神需要。物质需要是个人生存和发展的前提，是人最根本的需要，在基本物质需要得到满足后人们就会产生新的、更高层次的需要。精神需要以物质需要的满足为基础但又超越了物质需要，是人类特有的、具有自由自觉性的需要，精神需要的丰富程度是衡量社会进步和人的全面发展程度的重要尺度。从需要的发展来看，人的需要是有层次的。美国人本主义心理学家马斯洛把人的需要分为生理的需要、安全的需要、归属关系和爱的需要、尊重的需要和自我实现的需要。马克思将人的需要按照由低到高的发展层次分为生存需要、享受需要和发展需要三个层次。生存需要的满足是其他一切需要得以满足的前提条件，是人类从事认识和物质资料生产活动的原动力。享受需要是在基本生存需要得以满足之后，进一步优化生存条件、提高生活质量的需要，是一种特殊的生存体验。发展需要是指人类发展生命力、体力和智力以及其他各种能力，完善自我、实现自身价值的需要，是人的自由发展的需要，而自由发展是最高层次的需要。"每个人的自由发展是一切人的自由发展的条件。"④ 人的需要的多样性不仅是个人认识发展的驱动力，而且也是社会发展的驱动力。

现代心理学研究成果表明，需要是指有机体的内部环境和外部生活条件的要求在人脑中的反映，它通常以欲望、愿望和动机的形式表现出来。欲望是由人的本性产生的对外在客观世界想要达到某种目的的要求。在欲望的推动下，人不断占有客观的对象，从而同自然环境和社会产生了一定

---

① 《马克思恩格斯全集》（第3卷），人民出版社，1960，第286页。
② 《马克思恩格斯文集》（第10卷），人民出版社，2009，第599页。
③ 《马克思恩格斯文集》（第1卷），人民出版社，2009，第42页。
④ 《马克思恩格斯文集》（第2卷），人民出版社，2009，第53页。

的关系。通过欲望或多或少的满足，人作为主体把握着客体与环境，和客体及环境取得统一。在这个意义上，欲望是人类认识和改造世界，同时也是改造主观方面的根本动力，从而也是人类进化、社会发展与历史进步的动力。欲望无善恶之分，关键在于如何控制。叔本华曾说，欲望过于强烈，就不再仅仅是对自己存在的肯定，相反会进而否定或取消别人的生存。用"上帝的命定"或"天理"来取消或压制别人的欲望是不合理的，过度推崇与放纵欲望也是愚蠢的。欲望不是纯粹的、绝对的东西，它需要理智的调控与节制，它也绝不可能像有人声称的那样是文明发展的唯一动力。

当人的客观需要被主观表现出来时，它的最初形态就是欲望。欲望如果没有理性参与往往就停留在单纯本能和机体的无意识冲动的水平上，表现为一种盲目的而又不可遏制的力量，就这个角度而言，本能欲望是一切动物的天性。欲望如果以理性为指导，就会获得一定的梳理、引导和升华，这种需要才成为愿望，这种欲望是人所特有的，也是把人与动物区分开来的一个因素。当欲望或愿望成为激励人去行动或抑制某个行动的意图、打算或心理冲动时，这种需要才成为活动的动机。所谓动机是由一种目标或对象所引导、激发和维持的个体活动的内在心理过程或内部动力，是人类大部分行为的基础。它是引起人去行动或者抑制某种行动的一种内在因素，是直接的推动力量。现代心理学认为，构成行为动机的因素有两个，"其一是认识，即对现实事物、现实事物与自己的关系以及对自身的行动及其后果、意义的认识。这种认识是产生有目的的动机及实现有目的行为的前提，任何行动都包含这种认识在内"[①]。马克思曾指出："愿望是由激情或思虑来决定的。而直接决定激情或思虑的杠杆是各式各样的。有的可能是外界的事物，有的可能是精神方面的动机，如功名心、'对真理和正义的热忱'、个人的憎恶，或者甚至是各种纯粹个人的怪想。"[②] 这就说明，欲望、愿望、动机是主体对客体的需要以及对这种需要状态的反映。当这种反映与客观需要相一致，就表现出合理性；反之，这种反映与客观需要不一致，就表现出不合理性。而合理性是社会发展的必然性，也是人类认识活动所追求的目标。社会发展的动力就是由众人需要的合力构成，"在社会历史领域内

[①] 叶奕乾、祝蓓里主编《心理学》，华东师范大学出版社，1991，第238页。
[②] 《马克思恩格斯文集》（第4卷），人民出版社，2009，第302页。

进行活动的，是具有意识的、经过思虑或凭激情行动的、追求某种目的的人；任何事情的发生都不是没有自觉的意图，没有预期的目的……人们总是通过每一个人追求他自己的、自觉预期的目的来创造他们的历史，而这许多按不同方向活动的愿望及其对外部世界的各种各样作用的合力，就是历史"①。

欲望、愿望和动机等是人的认识的内在动力，它们调动、激发主体的能动性、创造性和积极性。它们推动人类认识的不断进步，从而推动人类不断地去探索宇宙、社会和人生的奥秘。需要是人的本质属性。人有丰富多样的广泛需要和不断增长的无限需要，并以此与动物区分开来。"人以其需要的无限性和广泛性区别于其他一切动物，那么另一方面就可以说，没有任何一种动物能够把自己的需要缩小到这样不可想象的程度和把自己的生活条件限制到这样的最低限度。"② 按照马克思主义的观点，人只有在满足了第一需要以后，才会从事其他的活动，这第一需要就是对物质生活资料的需要，而物质生活资料主要是来自自然界，自然界又不能主动地、完全地满足人类的需要，这就需要人类发挥其主观能动性进行认识和改造自然界，以满足人类的需要。正如列宁所言："世界不会满足人，人决心以自己的行动来改变世界。"③ 因此，人的需要是通过改造外部世界的活动即生产活动来满足的。一旦原有的需要得到满足，或者是低级的需要得到满足，就会不断产生新的需要或高级的需要，所谓生命不息，欲望不止，或者说欲壑难填，就是这个道理。因此，需要以及得到满足的需要及其满足方式所不断引起的新的需要，是人的认识活动最根本的动因，也是社会发展的内在源泉。

需要、欲望还表现出社会历史性。一方面，需要具有社会历史性。需要及其满足程度取决于特定的社会历史条件，是人对特定物质生活资料和精神生活条件依赖关系的自觉反映，在不同的历史时期，需要的内容、层次和实现途径都是不同的，因而需要及其满足程度受到社会历史条件的制约。"正是由于生产总量的增长，并且随着生产总量的增长，需要、欲望和

---

① 《马克思恩格斯文集》（第 4 卷），人民出版社，2009，第 302 页。
② 《马克思恩格斯全集》（第 38 卷），人民出版社，2019，第 11~12 页。
③ 《列宁专题文集：论辩证唯物主义和历史唯物主义》，人民出版社，2009，第 138 页。

要求也提高了。"① 另一方面，需要也会随着历史条件的发展而不断地发生变化。马克思指出："需求的产生，也像它们的满足一样，本身是一个历史过程。"② 人的需要并非静止停留在一个水平，而是随着生产力和历史发展而不断由低级向高级、由简单向全面发展，具有历史发展的时代性。

（二）情感和情绪在认识中的激励作用

情感和情绪都是心理学上的名词。情感是人对客观事物是否满足自己的需要而产生的稳定或不稳定的态度体验。情绪是对一系列主观认知经验的通称，是多种感觉、思想和行为综合产生的心理和生理状态。情绪的外部表现是表情，表情具有信号传递作用，属于一种非言语性交际工具。人们可以凭借一定的表情来传递情感信息和思想愿望。情绪和情感虽然不尽相同，但二者却是密不可分的。一般来说，情感是在多次情绪体验的基础上形成并通过情绪表现出来的稳定状态；反过来，情绪的表现和变化又受已形成的情感的制约。当人们从事一项工作的时候，总是体验到轻松、愉快，时间长了，就会爱上这一行；在他们对工作建立起深厚的感情之后，会因工作的出色完成而欣喜，也会因为工作中的疏漏而伤心。由此可以说，情绪是情感的基础和外部表现，情感是情绪的深化和本质内容。因此，基于二者的这种关系，人们通常把情绪和情感通用。

情绪和情感具有特殊的主观体验、显著的心理生理变化和外部表情行为，对人的认识活动起到一定的激励作用。情绪和情感是主体在对外界事物的认识和实践的过程中，客观事物引起主体心理和生理的变化所表现出的态度体验，而这种态度体验又直接影响着主体的认识和活动的进程。正是由于主体对客观事物的认识和实践的需要，才有情绪和情感的产生。

情感和情绪对主体的认识活动具有激励作用。人是认识活动的主体，是有血有肉的活生生的人，不仅具备各种能力，即认知能力、实践能力、社交能力等，而且还具有与各种需要相伴随着的多种情感和情绪，人的情感总是这样或那样地对认识活动发挥着作用。正如恩格斯所言："在社会历史领域内进行活动的，是具有意识的、经过思虑或凭激情行动的、追求某

---

① 《马克思恩格斯文集》（第1卷），人民出版社，2009，第125页。
② 《马克思恩格斯文集》（第1卷），人民出版社，2009，第575页。

种目的的人；任何事情的发生都不是没有自觉的意图，没有预期的目的。"① 人在认识和改造世界的过程中，并不是无动于衷、麻木不仁的，而是受特定情感的激化和支配。没有情感的激化和推动就谈不上认识的开展。列宁曾说过："没有'人的感情'，就从来没有也不可能有人对于真理的追求。"② 认识是一种情感交融的过程，认识主体感情的变化随时随处可能对需求产生放大或缩小的作用。当主体在一定的需求下去认识某一个对象，那么此时他的情感、情绪对需求就起着放大作用，情感、情绪就是激励他从事此项认识活动的最大动力。相反，如果情感、情绪对主体的需求产生缩小的作用，那么主体就不会积极地发挥主观能动性。这就意味着，情感、情绪对主体需求的放大或缩小直接影响着主体的认识活动及其认识效果。所以，为了使认识取得良好效果，主体应带有一种强烈的情感、情绪去进行认识活动。

前面我们已说到，构成行为动机的因素有两个，其一是认识，其二是对认识对象的一定的情感或情绪。"一般说来，情绪愉快与否常决定着一个人努力去取得或避开某个事物。而且，情绪或情感越强烈，要取得或避开某事物的动力就越强。人之所以能在认识和行动中克服各种阻力和障碍，其中就有相应的情感的强大推动力的作用。"③ 情感和情绪的动力作用表现为它对主体的激励作用。

积极的情感能激励主体进行认识活动，它能使认识主体的各种能力，即实践能力、观察能力、记忆能力和想象能力等都得到充分发挥，使其总体认识活动取得最佳效果。情感的激励作用，一般通过两个方面表现出来：一方面，它作为一种持续和稳定的力量长期支撑着认识主体的认识活动。通常所说的心境和热情，就是这样一种情感。我们知道，人的意识对心理和生理具有调控作用，当主体处在良好的心境下，生活在一个相对宽松和谐的环境里，他的心情就会愉悦，良好的、稳定的心境就能调动认识主体的潜能，增强主体认识的兴趣。人与人的交往，一要谋求情感方面的交流，二要实现信息方面的沟通。人都是有感情需要的，主体希望从其所交往的

---

① 《马克思恩格斯文集》（第4卷），人民出版社，2009，第302页。
② 《列宁全集》（第25卷），人民出版社，1988，第117页。
③ 叶奕乾、祝蓓里主编《心理学》，华东师范大学出版社，1991，第238页。

对象那里得到尊重和关爱，这种需求得到满足之后，必定会以更积极的心境投入交往活动中。双方之间信息的交流，可以增加彼此的信赖感和了解程度。长期在这样的环境里生存，交往双方理解对方的心理活动，了解对方的意图，于是交往起来就会得心应手，工作起来也事半功倍。

热情是在认识过程中的强有力、稳定而浓厚的情绪状态。它体现主体对自己的认识活动和行为持什么样的态度，热情是一种强大的心理推动力量。人的热情总是在一定的情境下被调拨和激发出来的。情境之于知识，犹如汤之于调料。调料需深入汤中，才能被吸收；知识需要融入情境之中，才能显示出活力和美感。情境在于"情"、在于"境"。创设良好的生活工作情境，既能为主体的认识提供生活工作依靠点，又能激发主体的生活工作热情，从而唤起主体追求真理和掌握知识的强烈欲望，从而产生良好的认识效果。古今中外凡是在科技创造中做出过伟大贡献的科学家，都对创造充满热情，正是凭着这股热情，他们对自己的事业有浓厚的兴趣和爱好。如果没有良好的和稳定的心境，没有强有力的和稳定的热情，就不可能激起科学家们对科技创造的浓厚兴趣和爱好，没有稳定的心境和热情，人们对认识对象只能产生短暂的、变化无常的兴趣，而这种短暂的、变化无常的兴趣使人见异思迁、朝三暮四，不可能推动人去深入科学的迷宫，自然也就不可能有创造的出现。在这个意义上，我们可以说，没有热情，就没有创造。因此，只有良好的、稳定的心境和强有力的和稳定的热情才能调动认识主体身心各种认识器官以及大脑皮层各个部位的积极性，提高认识的效果，推动认识主体在认识活动中克服困难而勇往直前。热情在认识活动中的作用更为强大，追求真、善、美的各种热情，向来是认识的重要动力，在认识的发展中，发挥了重要作用。

情感激励作用的另一方面表现是其瞬时和短时的激励作用，通常称之为激情。激情是一种强烈的、爆发性的、为时短促的情绪状态。这种情绪状态通常是由对个人有重大意义的事件引起的。激情状态往往伴随着生理变化和明显的外部行为表现。盛怒时全身肌肉紧张，双目怒视、怒发冲冠、咬牙切齿、紧握双拳等；狂喜时眉开眼笑，手舞足蹈；极度恐惧、悲痛和愤怒，可能导致精神衰竭、晕倒、呆滞，甚至出现所谓的激情休克现象，有时表现为过度兴奋、言语紊乱、动作失调。重大事件之后的狂喜、惨遭失败后的绝望、亲人的突然离世引起的极度悲哀、突如其来的危险所带来的异常恐惧等，都是激情状态。激情较之热情，瞬时力量更大、作用更显著，特别是在认识过程中遇到严重困难和挫折时，其作用更为显著。但是在激情状态下人往往出现"意识狭窄"现象，即认识活动的范围缩小，理智分析能力受到抑制，自我控制能力减弱，进而使人的行为失去控制，甚至做出一些鲁莽的行为或动作。在消极的激情状态下，思维会中断，会直接影响认识活动的正常进行。所以，人在认识活动中都应该控制消极性情绪，这样才能使积极性情绪在认识中发挥更大的作用。饱满的激情是启发、激励认识主体进行创造性思维而获得新认识的重要因素。激情状态使认识主体的大脑各部位在极短的时间内能够活跃起来，使它们相互作用、密切配合，提高人脑的活动效率，使认识主体产生灵感和直觉，从而使陷入困境中的认识有了新的突破，推动认识的发展。因此马克思说："人作为对象性的、感性的存在物，是一个受动的存在物；因为它感到自己是受动的，所以是一个有激情的存在物。激情、热情是人强烈追求自己的对象的本质力量。"[①]

总之，情感是主体对外在对象体验的情绪状态，对认识具有激励作用。情感在认识中的激励作用是通过心境、热情和激情从不同的角度体现出来。心境是人比较平静而持久的情绪状态。心境具有弥散性，它不是关于某一事物的特定体验，而是以同样的态度对待一切事物。热情是在认识过程中的强有力、稳定的情绪状态。激情是一种强烈的、爆发性的、为时短促的情绪状态。激情对主体的激励作用具有不确定性，因此需要正确引导激情的正向认识作用，抑制其消极作用。

（三）意志的推动作用

非理性在认识中的动力作用，不仅表现为需要的动力作用、情感的激励作用，而且还表现为意志的推动作用。意志是人们自觉地确定目的并克服各种困难，按照一定的计划实现预定目的的心理过程，是人的能动性的突出的表现形式。人类的认识活动具有目的性、计划性、创造性、改造性和调控性等。只有人类才能在自然界打上自己意志的烙印，能够自觉地确定目的、克

[①] 《马克思恩格斯文集》（第 1 卷），人民出版社，2009，第 211 页。

服困难。这就是说,意志活动是人类所特有的。虽然动物也作用于环境,但那只是本能的活动而已,正如恩格斯所指出的:"一切动物的一切有计划的行动,都不能在地球上打下自己的意志的印记。这一点只有人才能做到……动物仅仅利用外部自然界,简单地通过自身的存在在自然界中引起变化;而人则通过他所作出的改变来使自然界为自己的目的服务,来支配自然界。"① 马克思也有类似的表述。"通过实践创造对象世界,改造无机界,人证明自己是有意识的类存在物,就是说是这样一种存在物,它把类看做自己的本质,或者说把自身看做类存在物。诚然,动物也生产。动物为自己营造巢穴或住所,如蜜蜂、海狸、蚂蚁等。但是,动物只生产它自己或它的幼仔所直接需要的东西;动物的生产是片面的,而人的生产是全面的;动物只是在直接的肉体需要的支配下生产,而人甚至不受肉体需要的影响也进行生产,并且只有不受这种需要的影响才进行真正的生产;动物只生产自身,而人再生产整个自然界;动物的产品直接属于它的肉体,而人则自由地面对自己的产品。动物只是按照它所属的那个种的尺度和需要来构造,而人却懂得按照任何一个种的尺度来进行生产,并且懂得处处都把固有的尺度运用于对象;因此,人也按照美的规律来构造。"② 简言之,人不仅能动地认识世界,而且能动地改造世界。随着社会的发展,人越不同于动物,他们对自然界的影响就越带有经过事先思考的、有计划的一定目标为取向的行为的特征,人改造世界的能力也会越来越强。

人类要想在改造自然界的过程中,实现主体的某种需要,并且还能促进人与自然和谐发展,首先得认识自然界、尊重自然规律,然而自然界是由错综复杂的多种因素组成的有机整体。根据系统论的观点,世界上的一切事物是处在普遍联系的统一体之中,每一事物都要受到其他事物的干扰和影响,这就给人们进行认识活动增添了重重困难。"当我们通过思维来考察自然界或人类历史或我们自己的精神活动的时候,首先呈现在我们眼前的,是一幅由种种联系和相互作用无穷无尽地交织起来的画面,其中没有任何东西是不动的和不变的,而是一切都在运动、变化、生成和消逝。"③

---

① 《马克思恩格斯文集》(第9卷),人民出版社,2009,第559页。
② 《马克思恩格斯文集》(第1卷),人民出版社,2009,第162~163页。
③ 《马克思恩格斯文集》(第3卷),人民出版社,2009,第538页。

自然界的这个特点，使它的本质规律不会轻易地暴露在人类面前，给人类的认识活动增加了极大的困难。人类的认识活动都是为了满足人类的某种需要才进行的，为了保证认识活动的稳定持续发展，就需要发挥意志的动力作用。如果认识主体没有浓厚的兴趣和爱好，没有坚强的意志，人类的认识是不能够顺利地进行的，即使进行了，也可能是半途而废，因此，坚强的意志是推动主体积极主动地运用各种能力进行认识活动的强大动力。同时，艰难的环境是对一个人是否有坚强意志力的考验。一般来说，艰难的环境会使人沉沦下去，但是，在具有坚强意志、积极进取的人面前，却可以产生相反的结果。环境越是困难，人越能发奋努力。困难被克服了，就会有出色的成就。意志使认识主体注意力集中、思维敏捷、精力充沛、情绪稳定，并能使直觉、灵感、想象充分发挥作用，这样更能调动各种非理性要素的积极性，更能有效地克服困难、排除干扰，保证认识向着主体预先确定的目标前进。

意志的推动作用体现在主体为实现其价值目标的运行过程中。从其运行过程来看，意志是主体对于自身行为的价值关系的主观反映。价值目标体现主体的目的性、需求性，为了实现主体的价值目标，可能产生一系列的运行过程：价值目标的确立—整体规划的设计—实施细则的制定—具体行为的落实—意志动力特征的修正。意志的运行过程就体现了"意志自由"。"意志自由"不是绝对的自由，只能是有条件的、相对的自由。这是因为，主体的价值关系虽然反映了主体的主观性，但又不是纯主观的，要受到一定自然条件和社会历史条件的制约。要把主体的主观性的价值关系转化成客观性的价值关系，真正达到目的性与规律性的统一，就需要主体充分发挥主观能动性，使主体的知、情、意协同发展，主体只有通过对客观条件的认识，了解了客观对象的本质以及对我有何价值以后，才能做出选择，采取正确的处理措施来实现价值目标。从价值目的性来看，知、情、意也是相互统一的：情感使认知具有了目的性，使认知能够按照人的价值需要进行发展；意志又使情感具有了目的性，使情感能够按照人的价值需要进行发展。如果没有情感的引导，人的认知活动就是漫无边际的，人就会遇到什么就认识什么；没有意志的引导，人的情感活动也是盲目的、受本能控制的，人就会见利忘义、见异思迁、产生低级趣味。就此而言，意志的本质是目的，而不是自由，意志具有推动引导作用。

意志的推动作用在人类认识中是非常重要的，特别是对非常复杂的对象进行认识时，意志力的强弱直接关系到能否达到认识事物的本质的目的，从而也会影响到实践活动的成败。历史上许许多多著名的艺术家、科学家、文学家、政治家，在回顾他们自己走过的路程时，都深感成功的重要条件是必须具有坚韧不拔的意志。我国古代的苏轼说过："古之立大事者，不唯有超世之才，亦必有坚忍不拔之志。"这里的"志"既有"志向"之意，也有"意志"之意。就是主体对目的的坚信、坚持。意志，即对实现其目的方向的坚信、坚持的一种心理动力。进化论的提出者达尔文说："如果我有什么成绩的话，那不是我有才能的结果，而是勤奋和毅力的结果。"马克思在说到科学研究时也强调了意志的重要性，他说："在科学上没有平坦的大道，只有不畏劳苦沿着陡峭山路攀登的人，才有希望达到光辉的顶点。"① 美国有一位心理学家曾对许多天才儿童进行跟踪调查，30年后发现智力与成就之间不完全相关，智商高的不一定就有成就。在8000名男性中，将成就最大的20%的人和成就最小的20%的人进行对比分析发现，他们的主要差异在个性意志方面。这就说明，对人来讲意志比天资重要得多，同时也说明了，在进行认识和活动时不能忽视意志的推动作用。

综上所述，非理性在认识中具有内在的动力作用。在主体认识世界的过程中，如果没有非理性因素的欲求、激励和推动作用，就不可能保证认识的顺利进行。如果说认识发展的最终动力是社会实践，理性因素又是认识主体内部结构的主导方面的话，那么在一个个现实的具体认识活动中，需要、情感、意志等非理性因素的作用，也就是主体认识的能动性的直接表现。并且这些动力因素又是相互影响、相互渗透，共同构成一个动力系统，共同推动认识向前发展。

二　非理性在认识中的选择定向作用

认识是主客体之间的相互作用，它不仅取决于客体的性质，也取决于主体的性质。正是由于认识的这种性质，马克思在谈到认识时指出："对象如何对他来说成为他的对象，这取决于对象的性质以及与之相适应的本质力量的性质……每一种本质力量的独特性，恰好就是这种本质力量的独特

---

① 《马克思恩格斯文集》（第5卷），人民出版社，2009，第24页。

的本质……因此，人不仅通过思维，而且以全部感觉在对象世界中肯定自己。"[1] 人类活动与动物活动的根本区别在于人的活动是有目的、有计划、有选择的行动。从认识论的角度看，我们通常说外部世界是我们认识的对象，这只是从可能性上来说的，从认识的现实性来看，主体认识的对象不是指广袤的外部世界，而是指与认识主体的结构、性质以及目的和愿望相对应的那部分物质世界。换言之，认识对象是根据客体的性质、结构和主体自己的需要选择的。任何认识都具有明确的目的性，认识什么、改造什么，先认识什么、先改造什么，如何改造，这一切都取决于主体自身的需要和目的，主体的需要和目的是主体选择认识对象的内在动力。因为客观对象及其属性不会因人的存在而存在，也不会自动满足人的需要，它们之所以成为人认识和改造的对象，之所以能满足人的需要，是因为人作为主体，按照自己的需要而进行选择。可见，需要和目的是认识具有选择性和指向性的基本依据，是认识的出发点和归宿。但在实际认识活动中，一旦确立了具体的认识对象，就需要做出价值评价，从而形成价值观念，价值观念反过来又直接影响着主体对认识对象的选择。因此，非理性在人类实际认识活动中的选择定向作用具体表现为情感、直觉的价值评价、价值选择作用以及意志的定向作用。

（一）情感、直觉的价值评价和价值选择作用

我们知道认识是人的认识，而人之所以要进行认识，归根到底是要进行实践活动，使人类更加有针对性地改造客体，从而更好地满足人的物质和精神需要。这就必然要涉及主体和客体之间的需要和满足的关系，即价值关系和审美关系。价值的本质就是客体对主体需要的某种有用性或积极意义，即人和物之间的需要和满足关系。而要确定客体对主体的有用性和意义，就必须参照主体内在的价值尺度和标准。依据主体内在的价值尺度和标准对客体进行价值评价，并进而选择那些对于主体当下更有实际价值的事物作为认识对象。从人类认识的客观过程来看，在主体的认识结构中既有理性的逻辑思维活动，也有非理性的情绪和情感活动，而且这两类活动之间存在内在的联系。在特定环境下情感、直觉等非理性因素正是通过

---

[1] 《马克思恩格斯文集》（第1卷），人民出版社，2009，第191页。

主体内在的价值尺度和评价标准参与认识活动，因而对认识活动具有内在的评价和选择作用。

就一般理论而言，情感与认知是辩证统一的关系。就其对立面而言，认知一般是以抽象的、精确的、逻辑推理的形式出现，情感一般是以直观的、模糊的、非逻辑的形式出现；认知主要是关于"是什么"的认识，情感主要是关于"应该怎样"的认识。如果把情感与认知割裂开来，就会使情感没有客观依据而陷入"公说公有理，婆说婆有理"的相对主义；如果把情感与认知混淆起来，又会使情感失去公正性而秉持"成者为王，败者为寇"的态度。就其相互依存、相互联系而言，没有主体对外在对象的认识，就不会产生任何价值关系，实际上，情感是在认知的基础上产生的，同时又反作用于认识对象，因此，认知是情感的源泉；主体在认识世界和改造世界的过程中，与周围现实事物发生相互作用，产生多种多样的关系和联系。主体根据客观事物对人的不同意义而产生对这些事物的不同态度，在内部产生肯定或否定的体验。主体选择外在对象中哪部分作为认识对象，是以主体的价值关系为导向的，这就说明，真理尺度要以价值尺度为导向，认知以情感为导向。换言之，情感是人对客观事物的态度的一种特殊反映。

人的认识活动是有意识、有目的、有计划的，是按照一定的价值取向来认识世界和改造世界，即认识主体在选择什么样的对象作为认识客体时，是以客体的外在尺度和主体的内在尺度为依据的。主体的内在尺度主要是指主体的需要和本质力量。由情感的本质决定，情感和主体的需要密切相关，客体满足了主体需要，主体就会对它产生肯定性情感态度，没有满足需要就会产生否定性情感态度。凡是符合主体需要的客观对象，主体都予以肯定并按照一定程序加以认识；主体不需要的东西就引不起主体的情感，就没有去认识的必要。平常所说的"熟视无睹""充耳不闻"可能就是这个意思。情感因满足与否而具有肯定或否定的性质，它成为人的需要是否获得满足的标准。对此马克思有所论述："忧心忡忡的、贫穷的人对最美丽的景色都没有什么感觉；经营矿物的商人只看到矿物的商业价值，而看不到矿物的美和独特性；他没有矿物学的感觉。"[①] 列维-斯特劳斯从另一角度说出了同样的思想："自然条件不是独立存在的，因为它们与人的技能和生活

---

① 《马克思恩格斯文集》（第 1 卷），人民出版社，2009，第 192 页。

方式有关，正是人使它们按特定方向发展，为它们规定了意义。自然界中的一切事物都是按自身的逻辑进行运行，其本身无价值可言，本身也无矛盾可言；它之所以成为矛盾的，只是从人的角度来进行评价的，只是某种特殊的人类活动介入的结果。而且按照某种活动所采取的历史的与技术的形式，环境的特征就具有不同的意义。另一方面，即使当环境被提高到唯一使环境能被理解的人的水平时，人与其自然环境的关系仍然是人类思维的对象：人从不被动地感知环境；人把环境分解，然后再把它们归结为诸概念，以便达到一个绝不能预先决定的系统。同样的情境，总能以种种方式被系统化。"[1] 人们对于同一事物或现象的认识，由于每个人的情感不同，会选择不同的认识角度或认识层次，得出不同的结论。就是同一个人在不同的情感状态下对认识对象的选择和评价也有所不同，得出的结论有时也会截然不同，这就是认识过程中的主观差异性。总之，主体的主观能动性的发挥具有差异性，使得主体对事物的关注、分析和得出的结论也就不同。

另外，情感的选择作用，尤其是激情和热情的选择作用不只是表现为对现有信息进行过滤和挑选，而且还表现为能根据自己的需要提出假设或主动预测某种信息的出现，积极地探索、追求自己所需要的信息，从而推动认识的进步。

情感虽然是认知结构中的一个因素，但它却不能作为一个独立的认知因素在认识过程中表现出来，它需要借助于直觉、灵感、想象等因素才能发挥作用。情感的评价和选择作用也是通过直觉的选择作用渗透到认识中。直觉就其迸发来看具有突发性，但在迸发之前，却是有一个相当长的酝酿过程，在直觉酝酿的过程中，认识主体的精神高度集中，全身心地投入认识问题的研究之中，同时，主体调动其全部的知识和思维方式对认识问题进行全面而深刻的研究。在这期间，直觉是在主体情感选择的基础之上，依据主体认识问题的需要，对认识对象以及主体的知识、经验和思维方式进行分解，选择符合主体需要的元素不断地进行重新组合，一旦重新组合的形象与主体大脑中储存的信息块相似时，直觉就迸发出来了。这种组合的结果能达到对事物本质的领悟，从而加速了认识问题的解决。实际上，直觉的这种分化组合的过程，就是直觉的选择过程。因为，主体在认知对

---

[1] 〔法〕列维-斯特劳斯：《野性的思维》，李幼蒸译，商务印书馆，1987，第109页。

象的时候，对象的很多信息都反映到大脑视神经区。这些信息有的与主体当下研究的问题直接相关，有的信息不是直接相关，而那些不直接相关的信息不是没有用的信息，只是暂时没有找到与所研究问题的对接方式，这时直觉的分化组合过程，即选择过程，就可以根据主体的需要重新组合那些不直接相关的信息，使它们对主体所研究的问题起到促进作用，有时会起到意想不到的作用。美国著名心理学家克雷奇，对直觉的选择作用做了比较好的论述："不论有方向或无方向的思维过程，常常包含着意象和别的符号元素的处理和相互作用这样一种流程。在思维中，这些元素以不寻常和意想不到的方式组合和再组合，像我们在求解一个引起思维的问题时那样。元素的一些组织建立起来又被打破，然后又被重新建起来。一些元素从它们的正常的或熟悉的周围联系中被抽取出来，而且在性质上以无限多的方式被改变。常常是元素的这类改变与重建，使我们俨若看到了疑难问题新解法。"① 在这里克雷奇所说的，"元素以不寻常和意想不到的方式组合和再组合"，实质上指直觉在思维和认识中对元素的选择和重新组合，从而创造出主体需要的新形象，加速了认识问题的解决。可见，直觉的选择功能是主体能力的一个有机组成部分，理所当然地也是主体内在尺度的组成部分。因此，认识主体在进行思维和认识的时候，如果没有情感评价和直觉选择的参与，那么认识对象的价值和意义就无法确定，进而会导致认识方向的迷失。认识主体一旦确定了认识的目的和选择了认识对象，就必须要有坚强的意志来确保认识的目标得以实现。

（二）意志的定向作用

认识客体是一个复杂的统一体，包括很多信息，并不是所有的信息都能满足主体活动的需要，因此需要在这众多的信息中进行选择。认识的选择作用只是为认识提供满足主体需要的信息，有助于实现其实践的目的，而使主体在认识过程中不至于迷失方向，并能保证认识的目的能顺利实现，在整个认识过程中，始终离不开意志的定向作用。所谓定向，从肯定角度而言，是指意志在社会实践的基础上，对主体的需要和情感进行选择与巩固，以保证认识活动的唯一指向性；从否定方面来看，是指意志排除影响

---

① 〔美〕克雷奇等：《心理学纲要》（上册），周先庚等译，文化教育出版社，1980，第205页。

认识朝着既定的目标前进的一切干扰因素,以保证认识目标得以实现的功能。因此,意志的定向作用,就可以从肯定和否定两个角度来论述。当然,这里的肯定和否定是辩证统一的关系。

主体的认识活动归根到底要服从人的对象化活动的目的,服从人的物质生活和精神生活发展的需要。主体的认识活动不可能一次性完成,而经过实践、认识、再实践、再认识的多次反复的辩证过程。这是由认识的主客观条件所决定的。从主观方面来看,主体总是生活在一定的社会历史条件下的主体,主观认识要同特定的历史发展阶段的客观实践相适应,总是受到自己认识能力和实践活动范围的限制,这体现了主体认识的社会历史性。从客观方面来看,主体在认识对象的时候是要借助一定的认识手段,而认识手段要受到科学技术条件的限制,以及客观过程的发展和表现程度的限制。对客观事物本质的认识是一个不断深化的过程,决定了人的认识也是一个不断反复的过程。认识的辩证过程说明,主体认识尤其是对复杂对象的认识需要有坚定意志,有咬定青山不放松的吃苦耐劳的精神,才能完成认识任务。而这一切离不开意志的定向作用,也正是意志的定向作用,才使认识主体与客体之间不断进行信息交换、物质交换和能量交换,从而使主体的认识既定目标得以实现。意志的这种肯定的定向作用可以在认识的检验标准中体现出来。

意志的定向作用本来就是认识本身的客观要求,而实践是检验认识正确与否的唯一标准,所以意志的定向作用就可以通过实践体现出来。我们知道,人的认识活动是合规律性与合目的性的统一,而合规律性和合目的性是以规律性和目的性为基础的。规律是不以人的意志为转移的、客观对象本身所固有的、内在的必然联系,规律是针对客观对象本身而言的。合规律性是针对人的认识而言的,是指人的认识必须符合客观对象的规律,这样才能把握住对象的本质,从而达到认识的目的,否则,认识就不是对客观对象的正确认识,是错误的认识或者是主体的主观臆想。目的性是指主体在认识客观世界、尊重客观规律性的同时,还总是根据一定的目的和要求来确定反映什么、不反映什么,以及怎样反映,从而表现出主体的选择性。马克思说,人在"劳动过程结束时得到的结果,在这个过程开始时就已经在劳动者的表象中存在着,即已经观念地存在着"①。而合目的性是指人们的认识与主体的需要相一致,是人的认识在主体的需要和客体之间建立起来的一种定向性联系。在具体的认识中,人的认识并不像照镜子那样完全客观地反映客体的属性和规律,而是在自己的需要所划定的范围内,按照主体的内在尺度来进行反映的,因而认识的结果就既有客体的规律性,也有主体的目的性,并把客体的规律性和主体的目的性有机地统一起来。而人的认识活动的合规律性和合目的性最终是否达到,只有回到实践中去,才能得到检验。正如列宁所言:"必须把人的全部实践——作为真理的标准,也作为事物同人所需要它的那一点的联系的实际确定者——包括到事物的完整的'定义'中去。"②列宁所说认识的实践检验标准就是合规律性与合目的性的有机统一。换言之,合规律性可以称为知识性认识,合目的性可以称为评价性认识,评价性认识与知识性认识一样,都是由人们改造客观世界的需要而产生的,都是为实践服务的。成功的实践既表明知识性认识是正确的,同时也表明评价性认识是正确的,表明评价正确地反映了客体与主体的价值关系。同时,我们还应看到,正是认识的合目的性在不断地调节着认识活动的进行,控制着认识的方向不发生偏离。认识每前进一步,实践就会把这种认识是否符合主体的需要和目的的信息反馈回来,主体立即根据反馈回来的信息继续维护或是及时调整认识的方向,修正认识的偏差,使之能始终沿着既定的方向进行下去。这一切如果没有意志的参与,是不可能进行下去的。因为主体对客体的本质和规律的探索的认识过程是一个艰苦的过程,马克思曾经将科学的入口比喻为地狱的入口,也就是说如果没有下地狱的决心和毅力,无法攀登科学的高峰。我国清朝学者王国维提出的读书的三境界之一"衣带渐宽终不悔,为伊消得人憔悴",就可以理解为意志的定向作用,是意志确保行动者为"伊""憔悴"。在科学上有重大贡献的科学家,都有坚强的意志来确保其认识和研究的方向,爱迪生发明电灯试验了上千次,埃利希发明"606"经过数百次失败才获得成功,门捷列夫经过多年的思考才发现元素之间的关系,爱因斯坦相对论的发现也是他长时间思考的结果,等等。如果这些科学家的意志不坚定,

---

① 《马克思恩格斯文集》(第5卷),人民出版社,2009,第208页。
② 《列宁全集》(第40卷),人民出版社,1984,第291~292页。

在他们各自的研究领域内，经过多次的失败和挫折后放弃自己的探索也是无可厚非的，也可以为自己找到放弃的正当理由，那么对于人类来说，就是不可估量的损失。这些科学家们并没有因为挫折就心灰意冷，而是坚定自己的信念，改善自己的研究方法，最终取得了伟大的成就。正是他们锲而不舍的坚定精神，成就了他们的事业。

意志定向作用的肯定方面是维护主体认识始终朝着既定的认识方向发展，而意志定向作用的否定方面则是要排除影响认识方向的一切干扰因素，就这个意义而言，意志的否定功能是意志定向功能的组成部分。

人类认识的进展是由具体个人认识的合力推动的。而个人认识的进步与其有坚强的意志密不可分。根据系统论的观点，世界是普遍联系的统一体，任何事物受周围其他事物的影响，同时也影响其他事物。人的认识活动也是如此。人的认识活动是在一个复杂的系统之中进行的，而在这个复杂的系统里面，既有有利于人的认识发展的因素，也有阻碍认识进程的因素存在。既受到外界因素的干扰，也受到主体自身消极因素的妨碍。因此，认识主体要想认识方向不发生偏离，使认识达到合规律性，就必须既要克服主客观条件的限制和主体自身的消极因素，又要战胜来自各方面的诱惑，还要克服理论的抽象和枯燥性带来的困扰，控制自己的情感和欲望，把全部精力投入正在从事的认识活动中。我们很清楚地知道，每个人的精力都是十分有限的，如果不克服各种不利因素的干扰，集中一切力量实现特定的认识目标，最终只能导致精力分散，半途而废。没有克服障碍的勇气和信心，就谈不上有意志。从这个意义上说，意志的否定功能是意志本质的组成部分，同时也是主体能动性的表现之一。对此，美国思想家罗洛·梅在其名著《爱与意志》中明确肯定了意志的否定性功能："人的意志，在其特殊的形式中，最初总是表现为一种否定。这是意识固有的属性……一切意志皆起源于我们能够说'不'。这个'不'，是对一个我们从未参与创造的世界的抗议，但它同时也是对我们竭力要创造和重新改变世界的一种肯定。在这个意义上，意志总是以反对某种东西开始的。"[①] 意志的这种否定功能也是为了肯定，是为了推动主体对认识对象本质的掌握，有助于实践任务的顺利完成。

意志的否定功能与主体认识的目的性和意志的自觉性紧密结合在一起。

[①]〔美〕罗（May, R.）：《罗洛·梅文集》，冯川译，中国言实出版社，1996，第341页。

主体认识的目的性不仅来自人的认知需要，而且来自人类的生存和发展的需要，甚至来自主体的审美需要，因而认识总是既包括客体的规律性，即包括"真"，又包括认识活动的意义，即包括"善"，还包括对客体的审美特征，即包括"美"。这就是说，主体认识的目的性是真、善、美的统一。意志的自觉性是指人在认识活动中具有明确的目的性，并充分认识到活动的社会意义，从而使自己的认识活动服从于社会的要求。而意志的否定功能是通过意志的自觉性，排除对认识活动起阻碍作用因素的干扰，来达到主体认识的目的性，即主体在认识过程中，会自觉地有意识地排除那些妨碍认识顺利进行的不利因素。这在人类认识史上有许多事例作为佐证。布鲁诺坚持和捍卫哥白尼的"太阳中心说"，面对宗教裁判所的折磨，他始终坚贞不屈，拒绝放弃自己的观点，最后被活活烧死。19世纪初，匈牙利著名数学家亚诺什·波耶在创立非欧几何学时，曾经遇到各方面的挫折。父亲对他的大胆探索表示坚决反对，自己多年用心血凝成的手稿也被他的教师丢失，当时的数学权威高斯对他采取拒绝态度，他自己又染上了疟疾和霍乱，后来又因车祸而得了脑震荡。正当他的身体处于半残废状态时，他的父亲又无情地将他赶出家门。真可谓祸不单行，命运对他就是这样苛刻。然而，他没有灰心，没有放弃自己的理想和目标，以顽强的毅力，坚定自己内心的信念，终于成功地创立了非欧几何学，这对整个人类对数学的认识做出了巨大的贡献。如果没有坚强的意志，没有意志的自觉性，没有对外在干扰因素说"不"的勇气，这些有作为的杰出人物，就不能战胜困难，就不会达到他们的理想和目的，这些真理不知道要推迟到什么时候才能被发现。所以大发明家爱迪生说："伟大人物最明显的标志，就是他坚强的意志。不管环境变换到何种地步，人的初衷与希望仍不会有丝毫的改变，而终于克服障碍，以达到期望目的。"[①] 可见，意志的否定功能对维护主体认识的确定方向起了极为重要的作用。

随着人类科学技术的发展和进步，人类认识在不断发展，认识的客体范围在不断地向宏观世界和微观世界扩展，认识的难度在不断增大，在人类未来的认识活动中既需要意志的定向作用，也离不开非理性的适时调控作用，并且非理性的调控作用，在一定时期还显得尤为重要。

[①] 王通讯、朱彤编《科学家名言》，河北人民出版社，1980，第94页。

三 非理性在人类认识中的调控作用

人类认识是在复杂的系统中进行的，就不可避免地要受到诸多因素的相互影响、相互制约和相互作用，要使认识能够持续稳定地进行下去，就离不开逻辑思维，即主要靠理性认识在认识过程中的调控作用。但并不是只有理性才具有调控作用，在一定条件下，非理性在认识过程中也起到一定的调控作用，弥补理性认识的不足，从而推动认识的发展。非理性在认识过程中的调控作用表现在两方面，一方面是对理性认识的补充和调节，另一方面，是认识主体非理性因素的自我调控。

（一）非理性对理性认识的补充和调节作用

从认识本质上看，人类认识是以理性认识占主导的认识，是对对象的内在本质规律的把握。人类认识只有从感性认识上升到理性认识才具有普遍性，才能对人类的实践活动具有指导作用。它具有程序性、逻辑性、概括性的特点。这是就认识的一般性来说，但在具体的认识过程中，光靠理性认识是难以完成认识任务的。由于理性认识具有程序性、逻辑性等特点，因此，它在认识过程中是按照严密的逻辑推理进行的，而客观对象的本质规律隐藏在内部，不可能轻易地就被揭示出来，运用理性方式对客观对象的本质规律进行认识，实际上是采用试错的方法。波普尔认为，人们推动客观知识的进步的方法为发现问题（P1）—提出假设（TS）—反驳假设（EE）—提出新的问题（P2）。在波普尔看来，理论、科学、知识都是一种猜想，它们是不可证实的、不能得到充分支持的；科学理论与假说没有区别。科学理论的获得方式就是不断地试错。这个方法也就是"科学家只能从这样的增长中区别各种现有理论，从中选择较好的一种，或者在没有合乎要求的理论时提出他们为什么抛弃现有理论的理由，并由此提示一种合乎要求的理论所应遵循的条件……科学知识增长并不是指观察的积累，而是指不断推翻一种科学理论、由另一种更好的或者更合乎要求的理论取而代之"①。人们在实践和认识中，"基本上都是通过试探和错误学习的方法，

---

① 〔英〕卡尔·波普尔：《猜想与反驳——科学知识的增长》，傅季重等译，上海译文出版社，1986，第 310 页。

也即从错误中学习的方法"①。这种试错法一方面要受认识主体自身素质的限制，另一方面，又要受认识对象复杂性的限制，如果认识主体按照理性思维的严密逻辑对假设一个又一个地进行试验，那么他可能在有生之年找不到解决问题的途径。另外，即使是按照理性思维的严密逻辑进行推理，也并不是每一次都能顺利地进行下去，需要认识主体有坚强的意志才能坚持下来。高斯为了证明一条定理花了两年的时间，门捷列夫经过多年的思考才发现元素之间的关系。在他们找到解决问题的途径之前，理性认识一度陷入中断。就在理性认识中断之处，非理性认识才充分发挥作用。非理性具有非逻辑性、灵活性，在一定程度上可以减少进行试探的次数，而直接领悟到对象的本质，从而推动认识的发展，非理性认识的这种作用使其成为对理性认识的补充。无意识、想象和直觉在认识中的作用就体现了非理性认识的这种补充作用。

我们知道，人的认识过程就是不断从外界获取信息的过程，而大脑接收信息的方式可以分为有意识接收和无意识接收。我们每天都会受到不同程度的有形或无形的刺激，它引起我们的注意，令我们产生不同程度的反应。有意识接收即人脑对于周围事物的刺激能自觉地接收相关信息，而无意识接收即人脑对于周围事物的刺激在不知不觉地接收一些信息。显意识对外界客体信息的接收是有限度的，它只能接收那些具有条理性和规律性的信息，而对那些无条理和无规律性的信息是无能为力的。我们在实际认识活动中，大量的信息是通过神经阈限下的渠道进入人的大脑里，它们不能通过大脑思维的加工而上升为有意识，只能以无意识的形式储存在大脑的深层。以后遇到相应的外界刺激，这些无意识的信息有可能被激活，从大脑深层上升到大脑表层而转化为有意识。最新科学研究表明，大脑每 1/10 秒可接收 1000 个信息单元，一个正常的大脑记忆容量相当于 6 亿本书的知识总量，相当于一部大型电脑储存量的 120 万倍。英国的心理学家、教育家托尼·布赞说："人的大脑就像一个沉睡的巨人。"这个"沉睡的巨人"是指潜意识。而实际上这些信息只有 1% 经过大脑加工成为显意识，其余的信息都是以潜意识的形式

---

① 〔英〕卡尔·波普尔：《猜想与反驳——科学知识的增长》，傅季重等译，上海译文出版社，1986，第 311 页。

储存在大脑的深层,等待大脑随时调遣。可见,潜意识的信息量要远远大于显意识的信息量。弗洛伊德把意识比作一座冰山,显意识只是露出海面的冰山一角,而潜意识是海平面之下的大部分,这个比喻是十分贴切的。

显意识和潜意识只是相对的,而不是绝对的,这取决于认识主体的注意程度。受认识主体注意程度的影响,显意识和潜意识相互转换。这有点类似于电脑的前台和后台的关系,操作过电脑的人都知道,我们可以同时打开几个窗口,只有当前操作的那个窗口显现在前台,其余的都隐藏在后台,而前后台的切换是根据需要随时进行的,即使是处于后台的程序并不"落后",也是在积极地运行。在我们的实际认识过程中,一旦认识目标确定下来,显意识在积极地活动,潜意识也处于激烈的运动状态,只是不被我们觉察而已。当主体在进行某项认识活动时,一旦显意识思维受阻或者是不足以解决问题时,潜意识发挥作用的机会就凸显出来了,这时潜意识就会被激活而转化为显意识;当先前的显意识长期不被注意,就会受到压抑而转化为潜意识。而先前的潜意识在外界条件的刺激下,不断向显意识转化,实质上是在不断地对理性因素中的显意识起补充作用。

在认识过程中,由于存在个人经验、知识和能力的局限性,以及理性认识自身的呆板性等不足之处,如果认识过程完全按理性思维进行,那么认识是很难顺利地进行下去的,而人类认识史上的许多事例就证实了这点。幸好有非理性来弥补这一缺陷,而非理性因素中的想象在认识中的补偿作用显得尤为突出。在人们日常的认识过程中,想象可以打破人们惯常的思维方式,以超时空的形式把不同的形象联系到一起,创造出一个新的形象,从而缩短了认识的历程,加速了认识问题的解决,弥补了有时因理性认识按部就班而导致的认识中断。

想象为人类认识的进展提供了深刻而又广阔的认识图景。"想象是在人脑中对已有表象进行加工改造而创造新形象的过程"[①],想象是以记忆表象为基础,其主要特点是它的形象概括性,而这个形象概括性是认识主体形成广阔的认识图景的前提。想象是人类认识过程中不可缺少的一个因素,是认识的特殊形式,正是这种特殊形式为人类认识提供了深刻而又广阔的

[①] 叶奕乾、祝蓓里主编《心理学》,华东师范大学出版社,1991,第 160 页。

认识图景，以弥补和调节理性认识在认识中的不足，正如意大利思想家维柯所言，"推理力愈薄弱，想象力就愈雄厚"①，推理力指人进行抽象思维的能力，即理性思维能力；想象力指人的形象思维的能力，即非理性思维能力。就深刻性而言，想象不满足像知觉那样只反映事物外部的和表面的联系，也不满足像记忆那样只再现过去的认识，而是人脑对已有的感觉材料经过加工改造后进一步深化的认识；就其广阔性而言，想象不像感觉、知觉只限于个人狭窄的直接认识的范围，而具有更丰富的内容。借助想象，人们可以驰骋于无限的现实世界和神奇的幻想世界之中，可以追溯上至几千年的过去，也可以展望几万年以后的未来。刘勰在论想象时说，想象可以使人"寂然凝虑，思接千载，悄焉动容，视通万里"②，就是说想象可以打破时空的界限，使人的认识更为丰富充实。康德在《判断力批判》中把审美理念称作想象力，并认为人们尤其是诗人利用想象力的广阔图景极大地推进了创造性工作。康德说："想象力（作为生产性的认识能力）在从现实自然提供给它的材料中仿佛创造出另一个自然这方面是极为强大的。……它们至少在努力追求某种超出经验界限之外而存在的东西，因而试图接近于理性概念（智性的理念）的某种体现，这就给它们带来了某种客观实在性的外表；……诗人敢于把不可见的存在物的理性理念，如天福之国，地狱之国，永生，创世等感性化；或者也把虽然在经验中找得到实例的东西如死亡、忌妒和一切罪恶，以及爱、荣誉等，超出经验的限制之外，借助于在达到最大程度方面努力仿效着理性的预演的某种想象力，而在某种完整性中使之成为可感的，这些在自然界中是找不到任何实例的；而这真正说来就是审美理念的能力能够以其全部程度表现于其中的那种诗艺。但这种能力就其本身单独来看就只是一种才能（想象力的才能）。"③ 认识主体正是依靠这种广阔的认识图景，在无限的时空中自由驰骋，能把古今中外的事件、客观存在的事件和幻想中的事件彼此联系起来，并组成丰富多彩的图画，把它凝集到自己所要解决的认识问题上去。并根据认识的需要，对各种感性材料进行选择、加工、改造，从而达到概括出一般性、

---

① 中国社会科学院外国文学研究所外国文学研究资料丛刊编辑委员会编《外国理论家 作家论形象思维》，中国社会科学出版社，1979，第24页。
② （梁）刘勰：《文心雕龙全译》，龙必锟译注，贵州人民出版社，1990，第326页。
③ 〔德〕康德：《判断力批判》，邓晓芒译，陶祖德校，人民出版社，2002，第158~159页。

揭示事物的本质规律的目的。可见,想象为人类认识的进展提供了深刻而又广阔的认识图景,避免了理性认识因资源不足而导致认识中断的局限性,推动认识活动继续下去。对此,爱因斯坦有过非常深刻的表述,他认为:"想象力比知识更重要,因为知识是有限的,而想象力概括着世界上的一切,推动着进步,并且是知识进化的源泉。"① 这一论述表明了想象力在人类的科学认识进程中是何等重要,缺乏想象力,科学之树就会枯萎,思想之花就会凋零,文明之路就会中断。

非理性在认识中的补偿作用还体现在直觉这种方式上。作为非理性因素的直觉,虽然不是一种独立的认识形式,但如果我们从直觉发生的整个过程来看,直觉这种非理性的认识形式实质上也是对逻辑的、理性的认识形式的补充。直觉是指主体在进行研究或从事实践活动的过程中,一种突如其来的领悟或理解。这种突如其来的思想能突破显意识和潜意识之间的障碍。直觉迸发之前致力于一个目标和认识活动,主要是以显意识为主要组成成分的理性思维活动。与此同时,致力于同一个认识目标的以潜意识为主要组成成分的非理性思维活动也在进行。虽然理性认识具有程序性、逻辑性,使认识活动的结果真实可信,但有时也正是理性思维的这些特点,限制了思维的空间,使认识活动陷入了困境,认识活动难有进展。认识主体被迫暂时放下所进行的认识活动,做一些轻松愉快的和无关紧要的事情,在思想处于松弛的状态下,在外界信息的刺激下,长期压抑的潜意识就被激活而转化为显意识释放出来。如果释放出来的潜意识与显意识接通了,就迸发出直觉,使久攻不下的问题反而有了解决的突破口,使曾经中断的问题又接通了,加速了认识问题的解决。在科学史上有不少这样的事例。"彭加勒在一次紧张的数学研究之后,不再想工作了,要到乡间去旅行,'我的脚刚踏上刹车板,突然想到一种设想……,我用来定义 Fuchs 函数的变换方法同非欧几何的变换方法是完全一样的。'又一次,在对一个问题久思不得其解时,他来到海边休息几天想些完全不相干的事情。一天,在山岩上散步的时候,他简洁、突然和直截了当地想到,不定三元二次型的算术变换和非欧几何变换方法完全一样。"② 这里所说的"简洁、突然和直截

---

① 《爱因斯坦文集》(第1卷),许良英等编译,商务印书馆,1976,第283页。
② 田运:《思维科学简论》,北京工业学院出版社,1985,第116页。

了当"就是对直觉来临时状态的描述。直觉具有瞬时性，如果主体没有自觉的准备，直觉很容易被错过或忘记。这说明，直觉只会光顾有准备的头脑。但直觉只能是对理性认识的补充，因为直觉对认识问题的解决带有很大的偶然性和不确定性，这就需要理性思维进行必然的和确定化的论证，使直觉所领悟到的思想具有科学性和合理性。可见，直觉这种非理性的认识形式在认识过程中弥补了理性认识的不足，使认识得以继续下去。

（二）认识主体的非理性因素的自我调控

我们前面分析了非理性因素在认识中的动力作用和选择作用，实际上，这些作用都是通过非理性因素的自我调控而实现的。非理性因素的自我调控主要指某些稳定的非理性因素潜移默化地影响、控制主体的认识活动，以及当主体的非理性因素与认识活动不协调时，非理性因素中的一些稳定因素就会来调整认识过程中的不协调状态，使非理性因素的消极作用得到调整并向积极的方面转化。从这里我们看到，非理性因素的自我调控作用表现在两方面：一是非理性因素潜移默化地影响、控制主体的认识活动。在一定意义上说，人的非理性因素主要是由客体的刺激所引起的，它的极限则由主体的辨别力和控制力所决定。主体的辨别力和控制力的强弱，决定于人的理性能力强弱。因此，在认识活动中呈现出来的主体和客体的矛盾，使主体的理性因素与非理性因素互相干涉，导致了两者之间的不平衡。这种不平衡的实质就在于，在认识过程中，由于受到主客观条件的限制，理性因素和非理性因素在特定条件下的调控作用此消彼长，即当理性因素对认识活动控制减弱，非理性因素对实践活动控制增强，反之亦然。非理性因素对认识活动的积极控制，能促进实践活动朝着好的方向发展，协助理性因素解决主体和客体之间的矛盾，推动认识的发展。二是稳定的非理性因素调整认识过程中出现的非理性因素与认识活动不协调状况。在认识活动中，主体可能由于知识经验的缺乏，周围环境的不理想，主客观条件的不稳定，事前考虑不充分、不周全或准备不足，在认识过程中会遇到许多新情况、新问题，以及认识本身需要付出大量的智力劳动等，这些都势必会产生种种困难和障碍，带来种种不愉快的心理体验和感受。如果意志不够坚强，一遇困难就退守回避、颓废彷徨，就只能使认识半途而废。因此马克思说："在科学上没有平坦的大道，只有不畏劳苦沿着陡峭山路攀登的人，才有希望达到光辉的顶点。"① 但是，如果在情感上固执己见、僵死刻板，在困难面前一意孤行，最终也只能是头破血流。由此，在认识活动中，需要通过情感、意志，强化坚定的信念、激发热烈的情感、树立顽强的斗志、激励无畏的勇气、调动拼搏的毅力、培养发奋的精神等，来克服认识前进过程中的障碍和困难，从而有助于达到认识的目的。

总之，非理性因素在认识活动中具有调控作用。对主体内部不同品质和强度的情感进行选择、整合和驾驭，使之成为稳定的内驱力量，以保证认识活动的持续稳定性；通过对那些妨碍主体认识和把握客体的本质和规律的非理性因素进行抑制和排除，以保证认识结果的客观真理性。如果说，客观真理最终是以理性形式表现出来的话，那么，在获得真理的过程中时时刻刻都离不开非理性因素的参与和调控作用。从这个意义来说，真理性的认识军功章上也有非理性的一部分功劳。

四　非理性在认识过程中的消极作用

任何事物都具有两面性，非理性在认识中的作用也是如此，也就是说，非理性在认识中既有积极的作用也有消极的影响。通过前面的分析，我们看到，非理性作为人类认识的一翼，对人类认识起着重大的积极作用并且具有不可替代性。但是由于非理性是认识主体的心理形式，具有明显的主观特性，因而在认识过程中它的积极作用和消极作用都有可能表现出来。为了更好地发挥非理性的积极作用，就要抑制和消除它的消极作用，因此，对非理性的消极作用的了解也是不可忽视的，也是研究非理性作用的重要步骤。积极的非理性因素在认识活动中具有推动作用、选择定向作用和调控作用，而消极的非理性因素对认识活动起束缚阻碍作用、误导作用以及消极的认知定势影响人类认识向纵深方向发展。

（一）非理性因素性对认识活动起束缚阻碍作用

非理性因素作为认识主体的心理形式，具有明显的主观性，而主观性在认识中都会呈现出两面性，即积极、肯定的一面和消极、否定的一面。非理性因素作为认识动力系统的一个子系统，其积极、肯定的品质会推动

---

① 《马克思恩格斯文集》（第 5 卷），人民出版社，2009，第 24 页。

认识向前发展，而消极、否定的品质会束缚、阻碍认识的发展。

　　需要、意志和情感等非理性因素不仅受外界环境刺激，而且也受主观条件影响，因此，它们在认识中并不能始终保持积极肯定的状态。当非理性因素以消极否定的姿态出现时，它们对人类认识就起阻碍作用。愿望和动机是需要的表现形式，是认识活动的主观动力，"就单个人来说，他的行动的一切动力，都一定要通过他的头脑，一定要转变为他的意志的动机，才能使他行动起来"①。然而这些动力因素自身有一个最佳激活水平问题。根据耶尔克斯—多德逊定律，"动机的激活水平和行为效率之间的关系是一个倒 u 的函数关系"②。这就是说，动机激活得不足或过多都不能达到最佳效率，心境不佳、情绪低落、愿望不强烈，从而导致动力不足，也就影响了认识的强度和效果；当情感过于强烈时，人一时会完全被情感所控制，不能冷静地思考问题，也就不能正确全面地认识事物。我们平常所说的"一时冲动""感情用事"可能是指这种情况。因此认识过程中，把非理性因素调整到最佳状态，有利于取得最佳认识效果，从而推动认识的发展。

　　在认识过程中，人的认识具有能动性，能动性体现为认识的选择性和创造性，而认识的选择性受认识主体的需要、情感和意志的制约，使认识主体只能把注意力放到认识对象的某一局部或某一层次，从而阻碍了主体对认识对象的其他部分或其他层次的认识。我们知道物质世界是普遍的联系的整体，如果认识主体把从对象的某一局部或某一层次上得出的认识的结论上升为对全体的认识，就会犯形而上学的错误，阻碍我们获得对对象的正确的、全面的认识。"我们为一种感情所支配，把全部注意力固定在一个对象的一个方面，企图仅仅从这个方面来判断整个对象的时候，就要犯错误。"③ 如果以这种片面的认识指导实践也不可能取得成功。从认识的辩证过程来看，认识是要不断接近对象的本质，而主体的需要、情感和意志等非理性的"执着"，阻碍了认识主体对事物的本质的认识，因而，需要、情感和意志的"执着"过于强烈时，它们的消极作用就凸显出来了。

---

① 《马克思恩格斯文集》（第4卷），人民出版社，2009，第306页。
② 梁良良、黄牧怡：《走进思维的新区：当代创意思维训练指南》，中央编译出版社，1996，第93页。
③ 北京大学哲学系外国哲学史教研室编译《十八世纪法国哲学》，商务印书馆，1963，第439页。

（二） 无理性指导的非理性认识易得出错误结论

就认识的整体而言，理性认识规定了认识的本质和方向，非理性只是作为认识的特殊因素和环节对理性认识起到一定的积极作用。非理性具有非逻辑性、非程序性和盲目性等特点，它在认识中的积极作用是在理性的指导下发挥的。如果离开理性的指导，没有理性参与的非理性认识是盲目的，它的积极作用就会被消极作用所取代，非理性就有可能把认识引向错误的方向，也有可能与真理性认识失之交臂。

我们知道，认识主体在选择认识方向、认识对象和认识手段时，主体的情感和意志等非理性因素也参与其中，而情感和意志又具有倾向性和意向性，当这种倾向性和意向性与认识目的相一致时，就会推动认识朝正确的方向前进，当这种倾向性和意向性与认识目的不一致时，并仍以这种情感和意志为动力，它就会使认识迷失方向。这种倾向性和意向性使认识主体的注意力只集中在对象的某一方面，而忽视了其他方面，并把所注意的一方面的特性夸大为整个对象的特性，得出以偏概全的错误结论。"情感引导我们陷于错误，因为它们使我们把全部注意力固定在它们向我们提出的对象的一个方面上，不容许我们从各个方面来考察对象。"① 可见，情感、意志等非理性因素在认识中的消极作用不仅使认识走向歧途，而且也妨碍了获得真理性认识。

此外，由于情感是主体对外在对象是否满足自身需要的一种体验，主体的主观体验具有很大的主观随意性，人们在生活中经常根据自己的主观愿望给对象附加了对象本身所没有的特性，这就体现出情感的意向性。"感情不但只让我们考察它们向我们提出的对象的某些方面，而且还欺骗我们，常常在这些对象并不存在的地方向我们指出这些对象。"② 爱尔维修讲了一个有关感情的盲目欺骗性故事。故事大意是这样的。一个神父和一位多情夫人听说月亮上有人生活，他们相信这是真实的，并想知道月亮上的人是如何生活的。于是这两个人就拿着望远镜，努力观察月亮里的居民，夫人

---

① 北京大学哲学系外国哲学史教研室编译《十八世纪法国哲学》，商务印书馆，1963，第439页。
② 北京大学哲学系外国哲学史教研室编译《十八世纪法国哲学》，商务印书馆，1963，第440页。

首先说：“要是我没有弄错的话，我看见了两个影子；他们互相偎依着，我觉得毫无疑问，这是一对幸福的情人。”神父说：“太太，您看错了，您看见的这两个影子是一座大礼堂的两口钟。”以18世纪的科学水平来看，当时人们还不知道月亮上的具体情况，只是根据自己的情感来猜测对象，并把自己的意愿赋予对象，并且是感情专注的盲目程度越深，感情的力量就超强。如果感情失去理性的引导，就会诱导主体的认识偏离方向，使主体陷于迷惘，撒下无穷错误的种子。

想象是人类认识中不可或缺的因素，在人类认识中起过积极的作用，但想象自身的随意性，会使认识的方向发生偏离，影响认识的进程。想象不受物质规律的束缚，可以随意把自然界里分开的东西联合，联合的东西分开，在事物之间造成不合法的联合和拆分。如果把想象的作用任意地夸大，使想象摆脱理性的束缚和控制，成为脱缰的野马，任意驰骋，想象就可能是错误的，甚至走向理性的对立面，成为理性的敌人。法国思想家巴斯卡尔对想象的消极作用有所描述：“想象——这是人性里欺骗的部分，是错误和虚诳的女主人；……想象有潜移默化的大本领。理性大声疾呼，也是枉然，因为它不会增饰事物。这个高傲的功能是理性的仇敌，喜欢把理性管束、压制，以表示自己的威权。……（由于想象）我们把虚无变成永久而把永久变成虚无。这在我们的心里有着活生生的根子，我们的理性对它无能为力。"[①] 想象的超时空的随意性，不可能始终保持与认识目的相一致，也不可能保证想象的结果都是正确的，这些都会影响真理性认识的获得。因此，我们必须在理性的指导下，发挥正确的想象，抑制消极错误的想象，才能加速问题的解决，推动人类认识的发展。

（三）消极的认知定势影响人类认识向纵深方向发展

所谓认知定势是指人们在长期的认识过程中所逐渐形成的特定的认识框架。认知定势具有强大惯性的特点。这一特点使认识主体认识和处理简单问题时，能够驾轻就熟、得心应手，使问题得到完满的解决。然而这一特点的弊端在于，当我们面临新情况、新问题而需要开拓创新的时候，它就会变成

---

① 〔法〕巴斯卡尔：《思感录》，转引自中国社会科学院外国文学研究所外国文学研究资料丛刊编辑委员会编《外国理论家 作家论形象思维》，中国社会科学出版社，1979，第16页。

"认识枷锁",使认识局限在原有的范围内,不易被新的信息所突破,阻碍新观念的构想,阻碍头脑对新知识的吸收,并影响认识向纵深方向发展,从而也就阻碍了新的真理性认识的获得。正如法国生理学家贝尔纳所说,人们学习的最大障碍,并不是未知的东西,而是已知的东西。从心理学的角度说,先入之见阻碍人们获得新的认识和新的知识,妨碍人们的新发现。氧气的发现就是最有力的例证。当新信息与原有信息不相符时,认知定势就促使主体想出许多稀奇古怪的理由来解释,想方设法使信息为原有燃素说服务,坚信物体燃烧就是释放燃素。瑞典的舍勒和英国的普利斯特列分别用不同的方法制取了氧气并研究了其性质,但由于笃信燃素说,对燃素说有强烈的情感认同,他们毫不犹豫地称这种气体为"无燃素气体",把氧气称为"火空气"和"脱燃素气体"。这种气体燃烧一段时间后自行熄灭是因为它吸饱了物体释放出的燃素而变成了"燃素化气体"。把氧气发现的成果拱手让给了拉瓦锡。如果舍勒和普利斯特列摆脱燃素说的制约,敢于接受新的信息,打破认知定势,实现范式革命,把认识向纵深方向推进一步,他们也就不会留下遗憾。他们被传统的燃素说所束缚,把自己的思想限定在燃素说内,并以此指导他们的科学活动,对此恩格斯有比较精辟的论述,"从歪曲的、片面的、错误的前提出发,循着错误的、弯曲的、不可靠的道路行进,往往当正确的东西碰到鼻子尖的时候还是没有得到它(普利斯特列)"[1]。可见,认知定势在认识活动中会阻碍新知识的获得,影响认识向纵深方向发展,严重的时候会阻碍人类社会的进程。因此,在认识过程中要正确地对待情感的认知定势,限制它的消极作用,发挥它的积极作用,有助于推动认识向纵深方向发展。

总之,非理性因素的阻碍作用、误导作用和消极的认知定势作用,在认识过程中阻碍了认识的进行,妨碍了真理性认识的获得。因此,人们在认识活动中,要在理性的指导下,充分运用非理性因素的积极作用,把非理性因素的消极作用降低到最小限度,从而使获得真理性认识的概率最大化。

自从苏格拉底提出"认识你自己"以来,人们一直在对人进行认识,但在认识的过程中,却把人变成残缺不全的人,要么把人看成是理性的人,要么把人看成是非理性的人,从而在认识中不是抬高理性贬低非理性,就

---

[1] 《马克思恩格斯文集》(第9卷),人民出版社,2009,第499页。

是夸大非理性的作用而贬低理性的能力,都没有正确地认识人,非理性在人类认识中的地位也就没有得到正确的界定。我们通过对非理性在认识中的作用分析来看,非理性对认识具有双重作用,既有推动、选择定向及调控等积极作用,也对认识起着阻碍作用、误导作用和消极的认知定势作用。从人类认识的过程来看,理性认识和非理性认识共同构成人类认识的两翼,二者协同作用才能使认识得以进行和完成。从理性因素和非理性因素的关系来看,人类认识是在实践的基础上,以理性为主导,非理性认识对理性认识起补充作用。人类的认识是一个系统过程,是一个理性和非理性相互作用和相互影响的过程。非理性在人类认识中应占有一席之地,随着科学的发展和人类认识的进步越来越受到人们的关注。"科学作为一种现存的和完成的东西,是人们所知道的最客观的,同人无关的东西,但是,科学作为一种尚在制定中的东西,作为一种被追求的目的,却同人类其它一切事业一样,是主观的,受心理状态制约的。"[①] 因此,人们只有正确地看待非理性的作用,并正确处理理性和非理性的关系,才能够正确地认识人,才能够彻底地解开斯芬克斯之谜。

---

① 《爱因斯坦论文集》(第 1 卷),许良英等编译,商务印书馆,1976,第 298 页。

结语　非理性与人类认识图景

认识是认识主体通过认识中介对认识客体的自觉能动反映。就认识主体而言，认识主体实际上是有活动能力的人，人本身具有肉体和精神二重性的特点，而人的精神是理性和非理性的统一体。就认识客体而言，客观事物的发展是逻辑性和随机性、偶然性、非逻辑性等相统一的结果。就客观事物发展的整体而言，客观事物的发展具有规律性，但在其发展过程中的某个阶段或局部伴随有大量的偶然性、随机性等非逻辑现象。就认识中介而言，认识中介不仅包括物质中介，也包括思维中介，而思维中介是理性思维和非理性思维的统一体。总之，在整个认识系统中，非理性是不可缺少的部分。随着科学的发展和人类认识的进步，人类认识将展示出一幅新的图景，这幅图景是由理性和非理性共同着色而成。随着人类认识和实践活动向广度和深度的发展，人类认识不断产生出新的特点。人类认识的新特点就构成人类认识的新图景。

恩格斯指出："我们只能在我们时代的条件下去认识，而且这些条件达到什么程度，我们就认识到什么程度。"[1] 当代认识是人类认识的历史继承和合乎规律的发展，也是当代人类实践发展的必然产物。然而，人类认识正处于线性与非线性、系统与非系统、逻辑与非逻辑以及有序与无序、必然与偶然等对立范畴的矛盾交织之中，人类认识已经取得或正孕育着思维方式的巨大变化，这使得人类关于自然界的认识图景出现了新的变化，它们对传统认识观念的冲击会越来越强烈。与传统认识相比，现代人类认识呈现出比较明显的特征：一方面是随着科学技术的突飞猛进，人类认识活动在时空上也在不断扩展；另一方面是认识活动在选择性和建构性的基础上实现了深度分化与高度综合。而这些新特征是在理性和非理性的

---

[1] 《马克思恩格斯文集》（第9卷），人民出版社，2009，第494页。

共同作用下形成的。

一 认识活动在时空上的巨大扩展

人类认识之所以能不断进行下去，是由于人们的生存需要和求知欲望的推动，这符合马克思主义认识论中的实践是认识发展的动力的原理。随着现代科学技术的发展，这种需要和欲望更加强烈，从而推动人类认识不断扩展。任何形式的认识活动都是在实际的时空中展开的，都有一定的时空特点。认识作为主体观念地把握客体的活动过程，总是在一定的时空中进行的，也必须在一定时空中经历一定的发展才能得以实现。然而，当代的认识活动却有着新的重要特点。从空间上看，在科学技术不发达的时代，人们的认识所及只限于周围世界有限的宏观客体。直到19世纪初，自然科学革命推动了原子物理学、量子化学、分子生物学等一系列研究微观客体的新学科发展，这些新的学科已动摇了传统理论在微观世界中的权威地位。人类的认识活动不仅由宏观世界扩展到微观世界，而且还扩展到宇观世界。特别是20世纪以来，随着微波技术的发展和射电望远镜的发明，人们观察的视线超出了银河系，投向了河外星系乃至总星系。微观世界和宇观世界，不仅与宏观世界的质量和时空特性不同，而且有着迥然不同的形态和运动形式，这对传统的认识方式也提出了挑战。在时间上，人类的认识在相当长的时间里，基本上还是停留在对既成事物或事物的现时状态的研究。现代科学认识更重视用历史演化的观点去研究事物，不仅把人类的认识引向遥远的过去，研究其起源和发展过程，而且还把对事物的认识从现在指向遥远的未来，预测事物发展的趋势和方向及其特点。人类的认识从事物的中间阶段向微观、宇观和过去、未来的时空延展，不仅会使人类对现实事物的认识更加深刻和精确，而且必然更为有效地指导人类的社会实践活动。当前我们所关注的全球化实际上是以全球性的认识作为自己的信息和观念基础，而目前全球性的认识还存在许多不确定性。人们在扩展认识活动范围的过程中，虽然主要是依靠现代科学技术，但认识主体的个人情感在认识活动开始时就已经介入其中，也许正是科学家们的个人情趣、好奇心和坚强的意志促使他们坚持不懈地从事艰难的科学研究。

二 人类认识活动向深度分化与高度综合发展

认识是主体对客体的能动反映，但主体的认识并不是简单的"刺激—反映"活动，而是包括各种复杂的判断、分析与综合、选择与建构等特点。正是由于主体的积极选择、建构，才能实现对客体能动的创造性反映，把握事物的本质和规律。认识主体在认识过程中不断选择、建构，认识也在不断地进行分化与整合。在分化的基础上整合，在整合的基础上重新分化。其具体表现是新的交叉学科不断产生和学科宏观体系的系统建构。在一般意义上，学科分化是指由原来统一完整的学科发展成为两门或多门新的分支学科，例如声、光、热、电、磁等现象原来都是传统物理学研究的对象，在实践和认识活动中，由于研究对象的细化，从物理学中发展出声学、光学、热学、电磁学等分支学科，从而使分支学科不断丰富，进而使学科体系不断完善。分支学科的产生源于人类思维的发达，本来联系在一起的对象，在思维中进行分析，使得对各个部分或层次的认识相对独立，推动认识更加深入细化，有助于人类解决更加微观的问题。学科的整体化是指两门或多门独立的学科，在相互影响和渗透过程中融合为一门具有新质内容的新兴学科。例如，生态学、地质学、气象学、水文学、土壤学、工程学等学科，在相互影响和渗透过程中形成了新兴的环境科学的知识体系，不断涌现出新兴的交叉学科。这是由于自然界本来就是一个相互联系的有机整体，人类社会也是自然界的一部分，因而人类对于自然界的认识所形成的科学知识体系也必然具有整体性的特征。随着人类认识的深化，交叉学科也必将不断出现。学科交叉点往往就是科学新的生长点、新的科学前沿，在这里最有可能产生重大的科学突破，使科学发生革命性的变化。同时，交叉学科是综合性、跨学科的产物，因而有利于解决人类面临的重大复杂科学问题、社会问题和全球性问题。

学科分化与学科整体化特点，在人类认识发展的不同时期有不同的表现。有时学科分化比较显著，有时则是学科整体化较为突出。它们在人类认识活动中相互促进、相互补充、相互交错、相互转化，不断融会出新兴学科。人类认识活动的这种发展形式，使人类对事物的科学认识不断深化。

分化与整体化的相互转化是现代认识发展的一般规律，但是，认识的整体化趋势已经成为当代认识发展的基本方面。这是因为，现代科学的分化使人们在更深的层次上发现了事物或现象之间更深刻的联系，而这种联系在以往彼此分离的学科之间架起了互通的桥梁。现代认识的整体化趋势突出地表现为：边缘学科的兴起，如生物化学、天体物理学；横断学科的出现，如控制论、信息论、系统论、耗散结构理论、协同学等；综合学科的形成，如环境科学、海洋科学、能源科学等；自然科学和社会科学的相互渗透，如科学社会学、技术经济学、工程美学、工程哲学等交叉学科。这些新兴学科的兴起标志着人类认识世界和改造世界的能力和水平有了新的提升。这些新兴学科的兴起对传统理论的挑战也越来越强烈。"在微观物理学中，量子力学原理只有在对被观察的现象进行模糊描述时，才能维持它的合理性。M. 玻恩曾经指出量子力学中的矛盾：被观察的现象服从偶然律，它们的概率演变服从因果律。在生物学中，偶然变异、自发变异，是决定论语言所不能描述的。数学家认识到，并非一切思维方式都能形式化，如已经形成的多种逻辑论，如直觉逻辑、多义逻辑、概率逻辑、情态逻辑等，说明判断的形式已经越来越受到限制。人工智能越是发展越难以将人的智力活动严格地区分为理性或非理性。而科学的非理性正在从我们通常阐述理性的地方顽强地表现出来。"① 在这样的态势下，把人类认识活动中的非逻辑、非线性、非理性因素孤立起来或是加以排斥，使之脱离人类认识图景，现在已是不可能的事情了。

随着人类认识和实践活动范围空前的扩大以及认识的分化和整合能力的增强，人类认识的方法也趋于多样化，在原来的系统方法、结构方法、模型方法等认识方法的基础上，又产生了丰富的辩证思维的方法论原则，如相对性原则、不完全原则、不确定原则、互补原则等。这些认识方法与方法论原则为当代人的认识活动，开拓了广阔的思维空间和提供了全新的思维方式，也对传统的思维方式发起了冲击，改变了人们一味追求认识对象的确定性、平衡性和规律性，而忽视了事物的偶然性和随机性的形而上学的思维方式。

认识是认识主体对客体的能动反映，其目的是把客观对象的规律揭示出来，用以指导人类的实践，创造可持续发展的人与自然和谐的命运共同体，营造良好的、安定有序的社会生态环境，有助于人类的生存、享受和

---

① 夏军：《非理性世界》，上海三联书店，1998，第431页。

发展。长期以来人们的思维方式是一种两极对立的思维方式，为了揭示客观对象的规律就要排斥客观对象的偶然性和随机性。客观对象具有自身的发展规律，而它的规律又是隐藏在其内部，是客观存在的，不以人的主观意志为转移的，但它通过大量的偶然性和随机性现象表现出来。排斥了偶然性和随机性也就无所谓规律性，这一点恩格斯曾经以运动中的排斥和吸引的关系对两极对立的思维方式有过精辟的论述："这里似乎还留下了一切运动总有一天会停止的两种可能性：这或者是由于排斥和吸引有一天在事实上终于互相抵消，或者是由于全部排斥最终占据物质的一个部分，而全部吸引则占据另一个部分。从辩证法的观点看来，这两种可能性从一开始就不可能存在。辩证法根据我们直到目前为止的自然经验的结果，已经证明了：所有的两极对立，都以对立的两极的相互作用为条件；这两极的分离和对立，只存在于它们的相互依存和联结之中，反过来说，它们的联结，只存在于它们的分离之中，它们的相互依存，只存在于它们的对立之中；这样，就不可能存在排斥和吸引最终抵消的问题，也不可能存在一种运动形式最终分配在物质的这一半上，而另一种运动形式最终分配在另一半上的问题，这就是说，既不存在两极互相渗透①的问题，也不存在两极绝对分离的问题。"② 而人类认识也正是依靠理性和非理性的相互联系、相互作用取得的。在人类认识中，非理性认识方式不是可有可无的，而是在一定条件下起着重要作用。当原有理论无法解释新发现的事实时，逻辑思维显得力不从心，而非逻辑或非理性思维如直觉、灵感等却可以大显身手，在这种情况下，非理性思维方式就出现在人类认识活动的前台，引起认识的瞬间飞跃。现代科学的新发展，打破了两极对立的思维方式，提供了一种新的方法论，将必然性与偶然性、确定性与随机性、决定论与非决定论有机地、内在地统一起来，重新使人们正视客体发展的规律性，从而，使人类认识离符合规律更近一步。

从我们前面分析的非理性在认识中的作用来看，非理性因素不仅是认识活动的起点，而且贯穿于认识发展的全过程，它既可以使认识主体具有积极主动性，也可以使认识主体具有消极盲目性。非理性不仅参与创造性

---

① 意思是互相抵消或中和。——编者注
② 《马克思恩格斯文集》（第9卷），人民出版社，2009，第516页。

认识活动，也影响创造性认识活动。在认识过程中是继续朝着认识目标迈进还是半途而废，是采纳新的方法还是采用陈旧的方法，是原地踏步还是要不断进行新的探索，这些都与人的非理性有密切关系。可见，非理性是人类认识活动中不可缺少的一翼。在人类认识图景中，如果没有非理性这种色调，那么人类认识图景就会黯然失色，人们也就不会全面地揭示认识的本质和特征，人类认识就可能会陷入停滞状态。随着时代的发展和人类认识的深化，非理性在人类认识图景中的地位和作用越来越突出。因此，加强非理性研究是人类认识发展的必然要求，也是时代赋予知识分子的一种责任。

参考文献

《马克思恩格斯全集》第1、3、49卷，人民出版社，2002。
《马克思恩格斯文集》1~10卷，人民出版社，2009。
《马克思恩格斯选集》1~4卷，人民出版社，2012。
《列宁全集》第25、40卷，人民出版社，1984。
《列宁选集》1~4卷，人民出版社，2012。
《列宁专题文集：论辩证唯物主义和历史唯物主义》，人民出版社，2009。
《毛泽东选集》第1~4卷，人民出版社，1991。
〔德〕埃里希·弗洛姆：《逃避自由》，陈学明译，工人出版社，1987。
〔古罗马〕奥古斯丁：《忏悔录》，周士良译，商务印书馆，1981。
〔美〕A. H. 马斯洛：《动机与人格》，许金声、程朝翔译，华夏出版社，1987。
《爱因斯坦文集》（第1卷），许良英等编译，商务印书馆，1976。
〔法〕柏格森：《时间与自由意志》，吴士栋译，商务印书馆，2004。
〔法〕柏格森：《形而上学导言》，刘放桐译，商务印书馆，1963。
北京大学哲学系外国哲学史教研室编译《十六—十八世纪西欧各国哲学》，商务印书馆，1975。
北京大学哲学系外国哲学史教研室编译《古希腊罗马哲学》，生活·读书·新知三联书店，1961。
北京大学哲学系外国哲学史教研室编译《十八世纪法国哲学》，商务印书馆，1963。
北京大学哲学系外国哲学史教研室编译《西方哲学原著选读》上、下卷，商务印书馆，1993。
〔美〕C. W. 莫里斯：《开放的自我》，定扬译，徐怀启校，上海人民出版社，1985。

《辞海》，上海辞书出版社，1979。

〔法〕福柯：《何为启蒙》，载杜小真编选《福柯集》，上海远东出版社，2003。

范明生：《柏拉图哲学述评》，上海人民出版社，1984。

高清海主编《欧洲哲学史纲新编》，吉林人民出版社，1990。

高文新：《欧洲哲学史专题研究》，吉林人民出版社，1994。

〔德〕海德格尔：《存在与时间》，陈嘉映、王庆节译，生活·读书·新知三联书店，2000。

〔德〕海德格尔：《海德格尔存在哲学》，孙周兴等译，九州出版社，2004。

〔德〕海德格尔：《路标》，孙周兴译，商务印书馆，2000。

〔德〕海德格尔：《面向思的事情》，陈小文、孙周兴译，商务印书馆，1998。

〔德〕黑格尔：《精神现象学》上、下卷，贺麟、王玖兴译，商务印书馆，1979。

〔德〕黑格尔：《历史哲学》，王造时译，上海书店出版社，2001。

〔德〕黑格尔：《逻辑学》上卷，杨一之译，商务印书馆，1982。

〔德〕黑格尔：《逻辑学》下卷，杨一之译，商务印书馆，1966。

〔德〕黑格尔：《小逻辑》，贺麟译，商务印书馆，1996。

〔德〕黑格尔：《哲学史讲演录》第1~4卷，贺麟、王太庆译，商务印书馆，1996。

韩震：《西方历史哲学导论》，山东人民出版社，1992。

贺麟：《现代西方哲学讲演集》，上海人民出版社，1984。

洪谦主编《西方现代资产阶级哲学论著选辑》，商务印书馆，1982。

胡敏中：《理性的彼岸：人的非理性因素研究》，北京师范大学出版社，1995。

江怡：《实践推理中的非理性：从中国哲学的观点看》，《世界哲学》2004年第5期。

〔德〕卡尔·雅斯贝斯：《生存哲学》，王玖兴译，上海译文出版社，2005。

〔德〕卡尔·雅斯贝斯：《时代的精神状况》，王德峰译，上海译文出版社，1997。

〔德〕康德：《纯粹理性批判》，蓝公武译，商务印书馆，1997。

〔德〕康德：《历史理性批判文集》，何兆武译，商务印书馆，1990。

〔德〕康德：《判断力批判》，邓晓芒译，陶祖德校，人民出版社，2002。

〔德〕康德：《实践理性批判》，韩水法译，商务印书馆，2001。

〔美〕克雷奇等：《心理学纲要》上册，周先庚等译，文化教育出版社，1980。

〔英〕卡尔·波普尔：《猜想与反驳——科学知识的增长》，傅季重等译，上海译文出版社，1986。

（梁）刘勰：《文心雕龙全译》，龙必锟译注，贵州人民出版社，1990。

〔波兰〕拉·科拉柯夫斯基：《柏格森》，牟斌译，中国社会科学出版社，1991。

〔德〕路德维希·费尔巴哈：《费尔巴哈哲学著作选集》上卷，荣震华等译，商务印书馆，1984。

〔德〕路德维希·费尔巴哈：《费尔巴哈哲学著作选集》下卷，荣震华、王太庆、刘磊译，商务印书馆，1984。

〔法〕列维-布留尔：《原始思维》，丁由译，商务印书馆，1997。

〔法〕列维-斯特劳斯：《野性的思维》，李幼蒸译，商务印书馆，1987。

〔美〕罗（May, R.）：《罗洛·梅文集》，冯川译，中国言实出版社，1996。

〔英〕罗素：《西方哲学史》上卷，何兆武、李约瑟译，商务印书馆，1982。

〔英〕罗素：《西方哲学史》下卷，马元德译，商务印书馆，1982。

〔英〕洛克：《人类理解论》，关文运译，商务印书馆，2009。

梁良良、黄牧怡：《走进思维的新区：当代创意思维训练指南》，中央编译出版社，1996。

刘放桐等编著《现代西方哲学》修订本下册，人民出版社，1990。

刘小枫：《现代性社会理论绪论——现代性与现代中国》，上海三联书店，1998。

〔德〕马丁·海德格尔：《林中路》，孙周兴译，上海译文出版社，1997。

〔德〕马克斯·霍克海默、西奥多·阿道尔诺：《启蒙辩证法——哲学断片》,渠敬东、曹卫东译,上海人民出版社,2003。

〔美〕M.W.瓦托夫斯基:《科学思想的概念基础——科学哲学导论》,范岱年等译,求实出版社,1982。

〔美〕M.怀特编著《分析的时代:二十世纪的哲学家》,杜任之主译,商务印书馆,1987。

〔美〕麦金太尔:《德性之后》,龚群等译,中国社会科学出版社,1995。

《马克思 恩格斯 列宁 斯大林论宗教》,中国社会科学出版社,1979。

《马克思主义基本原理概论》,高等教育出版社,2018。

马克思:《博士论文》,贺麟译,人民出版社,1961。

梅里亚姆-韦伯斯特公司编《韦氏词典》,世界图书出版公司,2000。

苗力田主编《古希腊哲学》,中国人民大学出版社,1989。

〔德〕恩斯特·卡西尔:《国家的神话》,范进等译,华夏出版社,2003。

〔德〕恩斯特·卡西尔:《人论》,甘阳译,上海译文出版社,1998。

〔德〕恩斯特·卡西尔:《神话思维》,黄龙保、周振选译,柯礼文校,中国社会科学出版社,1992。

〔德〕尼采:《瞧!这个人》,刘崎译,中国和平出版社,1986。

彭聃龄主编《普通心理学》,北京师范大学出版社,2004。

钱学森:《关于形象思维问题的一封信》,《中国社会科学》1980年第6期。

全增嘏主编《西方哲学史》上,上海人民出版社,1983。

〔德〕叔本华:《作为意志和表象的世界》,石冲白译,杨一之校,商务印书馆,1982。

〔法〕萨特:《存在与虚无》,陈宣良等译,杜小真校,生活·读书·新知三联书店,1997。

〔荷兰〕斯宾诺莎:《伦理学》,贺麟译,商务印书馆,1958。

〔美〕S.汉姆普西耳编著《理性的时代》,陈嘉明译,光明日报出版社,1989。

〔美〕苏珊·朗格:《情感与形式》,刘大基、傅志强、周发祥译,中国社会科学出版社,1986。

《圣经·旧约》,南京,中国基督教协会,2003。

盛平主编《学生辞海》,海洋出版社,1992。

舒炜光、邱仁宗主编《当代西方科学哲学述评》,人民出版社,1987。

〔美〕梯利：《西方哲学史》，葛力译，商务印书馆，2000。

田运：《思维科学简论》，北京工业学院出版社，1985。

〔德〕韦伯：《新教伦理与资本主义精神》，彭强、黄晓京译，陕西师范大学出版社，2002。

〔德〕文德尔班：《哲学史教程》上卷，罗达仁译，商务印书馆，1987。

〔加〕威廉·莱斯：《自然的控制》，岳长龄、李建华译，重庆出版社，1993。

〔美〕W.考夫曼编著《存在主义》，陈鼓应、孟祥森、刘崎译，商务印书馆，1987。

王勤：《非理性的价值及其引导：社会发展视野里的非理性问题研究》，中共中央党校出版社，2001。

王天思：《理性之翼——人类认识的哲学方式》，人民出版社，2000。

王通讯、朱彤编《科学家名言》，河北人民出版社，1980。

〔英〕休谟：《人性论》，关文运译，郑之骧校，商务印书馆，1983。

夏军：《非理性世界》，上海三联书店，1998。

肖君和：《论思维》，时代文艺出版社，1989。

〔古希腊〕亚里士多德：《论灵魂》，王月、孙麒译，外语教学与研究出版社，2012。

杨祖陶：《德国近代理性哲学和意志哲学的关系问题》，《哲学研究》1998年第3期。

张汝伦：《现代西方哲学十五讲》，北京大学出版社，2004。

张志伟：《西方哲学十五讲》，北京大学出版社，2004。

中国社会科学院外国文学研究所外国文学研究资料丛刊编辑委员会编《外国理论家 作家论形象思维》，中国社会科学出版社，1979。

邹化政：《〈人类理解论〉研究——人类理智再探》，人民出版社，1987。

邹化政：《黑格尔哲学统观》，吉林人民出版社，1991。

后　记

　　非理性是人类精神的组成部分，它与理性相互依赖、相互补充，才使人类精神得到全面发展。非理性在人类历史发展中起过重要作用。历代学者都依据自己的理解给予了非理性不同的诠释。非理性问题也是我长期关注的问题之一，在学习学术界前辈们研究成果时，始终有一些问题困扰着我：非理性问题何以能吸引学者的关注？非理性问题如何能以理性的方式诠释？它到底包含怎样的精神价值和理论问题？2003年我获得了攻读哲学博士学位的机会，在高文新老师及吉林大学哲学社会学院其他老师的指导下，终于明白其中的理论意蕴：非理性是在理性指导下，又不同于理性，以社会实践为基础，以直觉、灵感、顿悟等方式揭示认识对象的本质及其规律的一种非逻辑、非程序化的认识能力和思维形式。于是，我的博士学位论文围绕非理性及其在人类认识中的作用问题进行了研究。

　　本书的问世，绝非笔者一人的能力所为，背后有很多人的智慧渗透其中，我对此永远心存感激。

　　感谢吉林大学哲学社会学院，为我的大学生涯提供了良好的学习环境。在我的硕士生导师姚大志教授，以及王天成教授、王振林教授等的引领下，我在哲学的海洋里受到洗礼，开始接触到非理性，激发了对非理性的兴趣。感谢我的博士生导师高文新教授，在多年的求学中，高老师学业上的指导、生活上的关心，都使我终生难忘。虽然毕业多年了，还经常期待与高老师相聚，聆听他的教诲，产生思想的火花。从论文的选题、开题、写作到论文的评审和答辩过程，孙正聿教授、孙利天教授、贺来教授、邴正教授、陆杰荣教授、吴晓明教授、李景源教授等知名学者都提出了宝贵的意见，为论文的后期完善指明了方向。在写作过程中，参考借鉴了学术前辈的相关研究成果，在此一并致以衷心的感谢！

　　感谢耕耘在大别山区的父母兄弟，没有他们的支持，我就不可能有今天的成绩。也要感谢我的妻子王红霞，没有她的辛勤付出，没有她的理解和支持，我不可能如期顺利地完成我的学业。

在本书出版过程中，社会科学文献出版社的陈凤玲、宋淑洁及其他同志默默付出了辛勤的劳动，在此表示诚挚的谢意！

本书的出版得到了吉林大学马克思主义学院学术著作出版基金的资助。

本书是在我的博士学位论文基础上修改完善的。虽然构思很久，但由于本人的水平以及掌握的资料有限，书中肯定有不完善之处，敬请学术界同仁批评指正。

方杲
2021年1月20日于长春柏翠园

图书在版编目(CIP)数据

非理性：人类认识之翼 / 方杲著. -- 北京：社会科学文献出版社，2022.1
ISBN 978-7-5201-9303-0

Ⅰ.①非… Ⅱ.①方… Ⅲ.①认识论-研究 Ⅳ.①B017

中国版本图书馆 CIP 数据核字(2021)第 221750 号

非理性：人类认识之翼

著　　者 / 方　杲
出 版 人 / 王利民
组稿编辑 / 恽　薇
责任编辑 / 宋淑洁
文稿编辑 / 周浩杰
责任印制 / 王京美

出　　版 / 社会科学文献出版社
地址：北京市北三环中路甲 29 号院华龙大厦　邮编：100029
网址：www.ssap.com.cn
发　　行 / 市场营销中心（010）59367081　59367083
印　　装 / 三河市尚艺印装有限公司

规　　格 / 开　本：787mm×1092mm　1/16
印　张：16　字　数：262 千字
版　　次 / 2022 年 1 月第 1 版　2022 年 1 月第 1 次印刷
书　　号 / ISBN 978-7-5201-9303-0
定　　价 / 88.00 元

本书如有印装质量问题，请与读者服务中心（010-59367028）联系

▲ 版权所有 翻印必究